バイロン・ケネディ（左）

Photo courtesy of the family of



ョージ。1992 年 10 月 1 日撮影。

hoto courtesy of the family of Byron Kennedy

『マッドマックス』 撮影現場でオートバイのスタントを指導するグラント・ペイジ（左端）
Photo courtesy of Andrew Jones

『マッドマックス』 撮影中のキャスト&スタッフ
Photo courtesy of Andrew Jones

『マッドマックス』を撮影中、メルボルンの町はずれを走るMFPのビッグホッパー
Photo courtesy of Andrew Jones

『マッドマックス』の撮影中。左から、メル・ギブソン、デイヴィッド・エグビー、ハリー・グリナシス
Photo courtesy of Andrew Jones

『マッドマックス2』撮影現場でのジョージ・ミラー
Photo courtesy of Lloyd Carrick

『マッドマックス2』撮影現場でのメル・ギブソン
Photo courtesy of Lloyd Carrick

ジョージ・ミラー。『マッドマックス2』の撮影現場にて
Photo courtesy of Lloyd Carrick

『マッドマックス2』のタンカー
Photo courtesy of Lloyd Carrick

『マッドマックス2』撮影現場でタンカーに乗って女戦士役のヴァージニア・ヘイ（左端）を演出するジョージ・ミラー（メガホンを持った中央の人物）
Photo courtesy of Lloyd Carrick

グレアム・〝グレース〟・ウォーカーがデザインした『マッドマックス2』の改造車
Photo courtesy of Lloyd Carrick

ヒューマンガス卿のトラック。『マッドマックス2』撮影現場にて
Photo courtesy of Lloyd Carrick

# ジョージ・ミラーとマッドマックス

## シリーズ誕生から伝説までのデス・ロード

ルーク・バックマスター
有澤真庭［訳］

# MILLER AND MAX

GEORGE MILLER AND THE MAKING OF A FILM LEGEND

TAKESHOBO

スタントや爆発や爆速カーの話をこんなにたくさん読むなんて夢にも思わなかった人、
愛するローズへ

# 目次

凡例

映画・書籍名は『』、テレビ番組名は「」、シリーズ名は《》で示した。新聞・雑誌・ウェブサイトなどは〈〉で示した。

原則として日本で放映・公開（ビデオ・DVD・配信なども含む）・翻訳された作品は邦題で表記し、未放映・未公開・未翻訳のものは原題のままとした。

題名のあとに〔〕で記した数字は製作年（または公開年）である。

割註は訳者・編集部による補筆である。

# INTRODUCTION
# イントロダクション

二〇一五年、フィルムメーカーのジョージ・ミラーは〈ガーディアン〉紙（のオーストラリア版ウェブサイト。以下同様）の電話インタビューで、わたしにこういった。「すべての物語には警告文をつけるべきだ、〝取扱注意〟って」。その発言を監督自身の人生に、彼の最も有名な監督作――並はずれた《マッドマックス》シリーズをふくめ、どう関連づけたらいいか、わたしは首をひねった。おそらく、こんな警告もつけ足すべきだろう、〝ご家庭では決して真似《まね》しないでください〟。

これからあなたが読まれる話はあまりに奇想天外すぎるため、でっちあげだと思われても無理はない。誓って、でっちあげではない。確かに一読しただけではジョージ・ミラーのキャリア、そして本書の中心を成すパラドックスをふくめ、理屈に合わないように思える部分もあるかもしれない。いかにも良識人で優しい語り口の男が、三十代で医師となり、救急治療室で幾多の人命を救い、交通事故に遭った負傷者の手当てをする。その同じ人物が、だれの目にも――ミラー本人をふくめ――とてつもなく危険な、暴力的で息つく間《ま》もないスタント・シークエンスを撮ることで一目置かれるアーティストとなった。

しかし、確かなことがひとつある。ジョージ・ミラーが一九七〇年代に処方箋《メディカル・スクリプト》を書くのをやめ、ひどく異なる種類の脚本《スクリプト》に興味を移してくれたことへのわれわれの感謝の念だ。その感謝は、間一髪のところで生命維持装置につないでくれた医学のプロに対するそれには及ばないかもしれない、けれども、ほら——世界は偉大なアートを必要としている。それこそがまさに、聴診器を置いてカメラを手にしたミラーがわれわれにくれたものだ。

《マッドマックス》シリーズは楽観的なヴィジョンの人類の未来とはほど遠い（〝修羅道〟ということばを連想する）が、人間たちの魂を感じずにはいられない——一陣の熱風のように、顔に吹きつけてくる。シリーズの根底にあるのは（それが監督自身のものとわたしは信じて疑わないが）、絶望のどん底にある時代でさえ、人類には闘う価値があるという思いだ。

アメリカとオーストラリア映画に目のないわたしのような批評家にとって、映画製作の場におけるジョージ・ミラーは、稀少《きしょう》なだけでなく完全にユニークな存在だ。ミラーの映画はハリウッドのスケールとスペクタクル、そしてオーストラリアの真髄である無頓着な、清濁併せ吞《の》む精神を持っている。ここで述べているのは《マッドマックス》映画についてだ。ミラーの生みだした作品はそれ以外にもあるが、本書では同シリーズに的を絞る。

タイヤをきしませたロード・ウォリアーの爆走アドベンチャーが、ポップカルチャーのあらゆる分野に浸透していると指摘するのはいまさらという気がしないでもない。マックス・ロカタンスキーの影響がそこかしこに見られる現象を説明しようとたくさんのことばが費やされたが、とても挙げきれるものではない——映画にはじまり、テレビ、音楽、文学、ファッション、ビデオゲーム、コミックブック、おもちゃ、その他もろもろ。一九七九年に映画館に猛攻をかけて以来、《マッドマックス》の衝撃は世界の隅々まであまねく広まった。これほどたちまちにして浸透した英語（またはそのほかの言語）など、数えるほどしかない。その意味において〝マッドマックス〟は、〝マクドナルド〟や〝スター・ウォーズ〟に匹敵する。

本書を執筆していた数ヶ月あまり、そのことば——〝マッドマックス〟——にわたしのリサーチとは関係のない文脈《コンテクスト》で出くわすたび、メモをとった。以下に挙げる。

アメリカ合衆国では、イラクのISISテロリストが「《マッドマックス》を想起させる」新車をつくったとの報告書をペンタゴンが作成した。シリア北部では、クルド武装勢力がトラクターとトラックを戦車に改造、「《マッドマックス》の二作目から抜けでてきたかのよう」と形容された。韓国では、出産可能な女性を追跡する政府のウェブサイトが『マッドマックス　怒りのデス・ロード』を思わせるとの声があがり、閉鎖された。カナダでは、保守党リーダーに立候補した下院議員が、選挙活動の一部としてマッドマックスになりきった自分の画像を配布して物議をかもした。

ロンドンでは、ファッションデザイナーのヴィヴィアン・ウエストウッドが《マッドマックス》テーマのパーティーを主催、気候変動にとりくむための資金集めをした。オーストラリアのヴィクトリア州では、《マッドマックス》の愛好家が一作目のロケ地と二作目のロケ地を巡礼後、ニューサウスウェールズ州シルヴァートンにある『マッドマックス2』博物館で集会を開くという企画を立てた。

シアトルでは、Uberが《マッドマックス》テーマのプロモーションを導入、乗客を未来的な外装の車に無料で乗せた（「なぜなら荒野《ウェイストランド》では金は無意味だから」）。日本では、多摩美術大学の学生が卒業式で《マッドマックス》テーマのコスプレをしてレプリカ車を組み立てた。中国では、《マッドマックス》のパクリ映画『Mad Shelia』〔二〇一六・日本未公開〕が拡散した。途中でメモるのをやめてしまった。あまりに《マッドマックス》が多すぎた。

わたしのなかではジョージ・ミラーが二十世紀で最も影響力のあるオーストラリア人アーティストであることに疑問の余地はない。彼の力量と、いまもってつづく注目度にかなう者がいるだろうか？　この国がたかだか百二十年前に建国されたことを思えば、それはまた、ミラー――ギリシャとトルコ移民の息子――が歴史上最も影響力のある同胞ということにもなる。人類のアートへの祖国最大の貢献が、おそらくはハチャメチャなクレイジー・カー・ムービーのかたちをとるとは、まさしくオーストラリア人の鑑ではないか。

ミラー監督は、どうやってそれほど大それたことをやってのけたのか？　本書がお教えしよう。ビートルズの歌詞を借りれば、「友だちにちょっとばかり助けてもらい、なんとかやってきた」。チンチラの小さな田舎町出の少年が世界じゅうに名前を轟《とどろ》かせるまでの物語に、とりわけ欠かせない人物がひとりいる。その点において、わたしは故バイロン・ケネディのご家族に感謝しなくてはならない。彼らの寛大さに恐縮し、久しく先延ばしになっていたケネディのレガシーの詳細を――ミラーの物語とともに――光栄にも、共有させていただく。

才能に恵まれながら、明けても暮れても謙虚を貫き、気どらないでいつづけられるものだろうか？　ジョージ・ミラーは最大限それをやってみせたとわたしは信じる。この結論にいたったのは、膨大なリサーチ（何千本もの記事を読み、何百時間ものフッテージ（撮影済みの未編集の映像）に目を通す作業をふくめ）の結果のみならず、わたし自身が監督とやりとりし、長時間電話で会話をしたうえでのことだ。そのうちのひとつで、ミラーは本書のためのインタビューをもうしわけなさそうに断った。われわれ全員にとって時は金なりであり、この企画にかかわれば、彼の時間が奪われるという事実を回避するすべはない。

本企画にあたっておこなった七十九回のインタビューでは、きわめて多様な個性を持つ人々と接した。インタビューした全員に共通する思いを挙げる必要があるとすれば、それは、彼らの語るストーリー——どうやって《マッドマックス》映画がつくられたのか——が貴重であり、だれかが書くべきであるという信念だ。

わたしがいちばんに感謝すべきは、もちろんジョージ・ミラーだ。ミラー監督はアートが「高級《ハイ》」と「低級《ロー》」に分かれるとは決して考えない。わたしもそう思う。真に偉大な映画は、観客を困惑させて放りっぱなしにしたり、製作者よりも知性が劣ると感じさせたりすることはまずない。人類の祖先が洞窟の壁に絵を描いたときに生まれた普遍的な物語のコンセプトを、それらの作品は利用している。《マッドマックス》のような映画は、階級はおろか言語の違いさえ突き抜ける。

この作品には爆発がある。銃撃戦がある。狂気じみた速度で突っ走る車がある。突拍子もない衣裳があり粗野な手づくりの武器がある。そして、戦士《ウォリアー》がいる。

戦士のひとりは、元ハイウェイパトロールのマックス・ロカタンスキー。最初にメル・ギブソン、のちにトム・ハーディが演じたアイコン的キャラクターだ。もうひとりはジョージ・ミラー、チンチラ生まれの少年だ。不屈の根性と才能と粘り強さを備えている。本書で解き明かされるように、ミラーは闘いと無縁ではない。争いと無縁ではない。そして、絶対に勝利と無縁ではない。

PROLOGUE : MAD MAX AND THE ROCKET CAR

# プロローグ：マッドマックスとロケット・カー

「よし、行ったぞ。煙が見える。あー、あれ、くそ！　こっちに来る！
まくれビル！」

一見、ジョージ・ミラーの長編デビュー作はオールナイトの上映館やドライヴインシアター向けに思えるかもしれない。道路を地獄に変える略奪者たちと、それに立ち向かう革《レザー》の制服に身を包んだ警官たちの、ビールとポップコーンを手に気楽に楽しめる、テンポよく進む映画。題名に冠された主人公は絵に描いたようなアンチヒーローで、ぶっきらぼうかつ無口、その行動原理はB級復讐《ふくしゅう》映画でおなじみのものだ。「すべてを失い」、「復讐の鬼と化す」。

また、別の印象としては、西部劇にも似ている。馬の代わりに車を駆り、ジョン・フォードやセルジオ・レオーネら〝あぶみと六連発拳銃〟映画の伝説的監督たちがおそらく夢にも思わなかったであろう、勢いのある感覚を備えた西部劇。しかし、車がスキッド（高速でカーブを切るときに遠心運動で車体が横に滑ること）をやめたあとも観客の精神をえぐり、長いあいだ心にとどまりつづけたのは、『マッドマックス』の哲学的かつ社会政治的なトーンだ。シリーズ成功の秘密――ジョージ・ミラーがどうやってあれほど人の神経に突き刺さる映画をつくりあげたのかを説明しようと、多くのことばが費やされた。

〝ロード・ウォリアー〟の常軌を逸した衝撃をしかと説明する決定打は、まだ放たれていない――学術研究の領域かも――が、確かなのは、ミラーと彼の親友にしてプロデューサーのバイロン・ケネディが、幅広い層に受ける映画づくりを目指したことだ。『マッドマックス』が劇場公開された一九七九年は、一九七〇年代に起きたオーストラリア映画ルネッサンス末期に当たる。この時期、国内で撮影された映画が二十本以下だった一九六〇年代の事実上のデッドゾーンから、豪映画界は鮮やかに巻き返す。深遠で志の高い作品の奔流が観客を惹《ひ》きつけ、批評家の目を瞠《みは》らせ、国内外に長く尾を引く印象を与えた。『ピクニックａｔハンギング・ロック』〔一九七五〕『美しき冒険旅行』〔一九七一〕『荒野の千鳥足』〔一九七一〕『The Getting of Wisdom』〔一九七七〕『わが青春の輝き』〔一九七九〕などの評価の高い作品群は熱狂的な支持に恥じない出来だ。格調高く、多くが強い土着性を感じさせる。

しかし、それらの映画は間違いなく高い年齢層と特定の好みに偏っていた。土曜の夜にドライヴインシアターで見るデートムービー向けではない。いっぽう、『マッドマックス』はスラム出身のオーストラリア映画だ。郊外のアンニュイなぬるま湯から観客を引きずりだし、暴走族や無頼漢のひしめく人間性の最後のかけらにしがみついた無法の荒野へとロケットで打ちだし、臓腑《ぞうふ》をえぐるような経験をさせた。ミラーとケネディの狙いは、ふたりによれば、「ロードムービー、『キャリー』〔一九七六〕路線のホラー映画、カーアクション映画、暴走族映画、そして警察もの」を合わせたような一本をつくることだった。それに、もちろんヒットさせたかった。

**ジョージとバイロンは、当時わたしのもとを訪ねてくるありふれたフィルムメーカーとは違っていた。政府の助成金をたんまりせしめ、恋愛やら更年期やらを描く映画を撮りたがるような連中ではなかった。**

と、メディア帝国ヴィレッジ・ロードショー社配給部門の共同設立者、グレアム・バークはいう。「ふたりのとんがって時代に敏感なところにも、ひどく印象づけられた」。バークはまた、《マッドマックス》フランチャイズを観客に届けるにあたって長期にわたる重要な役割を果たすことになり、全《マッドマックス》映画の公開に尽力し、シリーズ四番目の作品――『マッドマックス　怒りのデス・ロード』ではエグゼクティヴ・プロデューサーをつとめている。

「バイロンはうわべがきれいなだけの映画には批判的だった」と、バイロンの父エリックが回想する。母ローナがつけ加える。

**あるとき、あの子は映画館へ行って、『マッドマックス』の上映がはけた直後、ふたりの老婦人に映画の感想を聞いてみたの。そういうことをする子だった。よく観客といっしょに座って映画を見た。みんなが何を望んでいるか知りたかったのね。**

『マッドマックス』の共同脚本ジェームズ・マッカウスランドは、パーティーではじめてジョージ・ミラーに会ったときのことをふり返る。

**ぼくたちは映画について雑談していた。映画を見たあと、ある場面を思い返して友だちに「あのシーンを覚えてるか？」って聞くだろ。ぼくらは『スター・ウォーズ（再公開時から「スター・ウォーズ　エピソード４　新たなる希望」〈Star Wars　EpisodeIV：A New Hope〉と改題）』〔一九七九〕の話をした。あれはじつに「あのシーンを覚えてるか？」がてんこ盛りの映画だよなってね。『マッドマックス』を書いていたとき、ぼくらは人々が話題にするシーンの出てくる映画にしようと、強く意識した。**

そんなシーンが、映画開始早々にある。警官の拘束を振りきりハイウェイを爆走するスピード狂の暴走族を、メインフォース・パトロール（ＭＦＰ、《マッドマックス》世界の警察に当たる）が追う、猛スピードのチェイスシーンだ。追跡を受けるのは、ナイトライダー。悪名高き犯罪者トーカッター率いる暴走族の、頭のイカレたメンバーだ。ナイトライダーは本人いわく「燃料噴射装置つきの自殺マシン」、常識破りの向こう見ずな走り屋だ。

現実では、俳優のヴィンス・ギルが演じているが、ギルは運転ができない。というか、少なくともナイトライダー役にサインするまではできなかった。「おれは運転できないぞといったら、ドライヴィングスクールで十六時間の教習を受けさせられた」と、ギルは記憶をたぐる。「法律上、免許が必要なのは常識だからね」

「法律上」とは興味深いことばだ。ギルが車に乗りこむころには（このシーンは映画の冒頭に来るが、撮影は最後のほうになされた）スタッフは法律書に載っているありとあらゆる交通法規を破っていた。それに、おそらくはまだできていないものも、いくつか。

ギルの短いが脳裏に焼きつく演技は、徹底的かつ絶妙にひとりよがりだ。のっけからアドレナリン全開、ミラーは彼を使って爆音轟《とどろ》く半端《はんぱ》ない映画の勢いを決定づけた。とはいえ運転席の俳優が、自分が何をしているのかわかっていないという事実は問題だった。かなり複雑な運転を要するシーンではことに。スタント・コーディネーターのグラント・ペイジがギルに代わり運転するという決定がなされた。かくしてペイジはフレームに映らぬよう、ぎこちない姿勢で車内に収まった。

鼻づらをギルの肩に強く押しつけ、助手席に座る共演者のルル・ピンカスのとなりに身体を割りこませる。ピンカスは「ナイトライダーの彼女」、もしくは——脚本で彼女に割り当てられたいささか不吉な名前によれば——ロボトミー・アイズを演じる。そり返ったペイジの視界には、ダッシュボードの表面と、ハンドルの下側をゆるく握る自分の手がやっと入った。片足をペダルに乗せると、「邪魔なハンドブレーキにケツが突き刺さった」のを覚えている。

伝説的なスタントマンのペイジによれば、このシーンのためのリハーサルは必要ないと判断したあと、彼らは「すぐに本番に入った。人間よりも車のほうが危険だった」。

**ああいうマシンに囲まれた場合、必要な予防措置をぜんぶとる。すべてを理論どおりに。おれはかつて物理教師だった。すべては作用と反作用、慣性と運動量の問題だ。優秀なプレイ**

**ヤーは練習なんかしない。黒球をビリヤードのポケットに入れるには何が必要か、経験上ちゃんとわかっている。**

ギルにも彼なりの理論があった。身の危険にさらされているという理論だ。「グラントのことは、天才なのかばかなのか判断しかねたよ」

**グラントは〝禅〟と呼ぶやりかたでスタントの準備をしていた。月か何かを見るか、あるいはメイポールの周りを踊ってスピリチュアル・アドバイザーにコンタクトする。そうやってスタントを組み立てていた。まともじゃないよ。精神科病院の運営を患者がやっている時代だったね。**

制御を失ったナイトライダーの車が劇的に傾き、その直後炎に包まれるという、まばたきすれば見逃すショットがある。映画のマジックで、観客はそれがナイトライダーが運転していたのと同じ車――壊れたホールデン・モナーロ――だと考えるが、実際は違う。これはひどく異なる、ひどく特別なマシンだ。馬力と推力と火力において、本作あるいはこれ以降の《マッドマックス》シリーズ全作でつくられた獰猛《どうもう》なガソリン食いのすべてを軽く凌駕《りょうが》する。この思いきった改造車――まさしく〝燃料噴射装置つきの自殺マシン〟――を「速い」とか「スーパーチャージされた」とか形容するのでは、軽すぎる。《マッドマックス》映画の精神《エートス》――すばらしいアートと革新と完全な無鉄砲すれすれの大胆さとのコンビネーション——を要約するのに、ロケット・カー以上のエピソードはまずない。

発端は、一九七七年、『マッドマックス』の撮影たけなわのころ、メルボルンのパブでバイロン・ケネディとクリス・マレーが交わした会話だった。マレーは本作の特殊効果コーディネーターとしてケネディが電話口で雇った男だが、そもそも電話したのは飴《あめ》ガラス（薄く透明な砂糖のシート。ガラスの代用にする）を購入するためだった。シドニー在住の爆発の専門家であるマレーは、生きてメルボルンにたどりついたのを奇跡だと感じていた。中心商業地区《CBD》の北、コーバーグ付近で信号待ちをしていたマレーは、うしろから激しく追突されてハンドルに頭をぶつける。フォルクスワーゲンのリアエンジンがはずれ、後部座席の上に押しだされた。しかし、マレーが心底怯《おび》えたのは衝突そのものではなく、同乗させているものが原因だった。

後部座席の上、はずれたエンジンのとなりには大きな木箱があり、白い文字でデカデカと「爆発物」とステンシルで表示されている。なかにはきわめて危険な揮発性の化合物が入っていた。〝着弾表現〟（着弾の衝撃をシミュレートする小装薬）をつくるのに使用する、どぎついオレンジ色をした鉛塩をプラスチック製の瓶に入れ、水中に沈めて保管していたのだ。箱にはさらに亜鉛粉末と硫黄も収めてあり、両者を混ぜれば爆破スタント用の火薬になる。

床の上のダンボール箱のなかで気泡緩衝材《バブルラップ》にくるまれているのは、黒鉛をさらに黒くする（爆破の見栄えをよりよくするため）のに使うトリクロロエタン。いいかえれば、大爆発を起こせるだけの爆薬をマレーは運んでいた——建物全体をふっ飛ばせるほどの威力だ。

追突車を運転していた恐縮しきりの女性は、注意を払っていなかった。「あとで、自分がぶつけた相手のなかでぼくがいちばんいい人だったといっていたよ」と、マレーはふり返る。「爆発しなくてほっとしたせいなんだけどね」

現在マレーは爆発とパイロテクニクス業界のマクガイバー的な人物となり、映画やテレビのプロダクションでは爆発を、鉱山会社では制御爆発を請け負っている。今日び、殺し屋を雇うより爆弾をレンタルするほうがお手軽というわけだ。当時のマレーは不慣れな駆けだしで、経験はないに等しく、ほとんどの『マッドマックス』スタッフ同様あれこれ実験したがった。そのため、車のエンジンを軍事級のロケットにとりかえ、進路をセミトレーラーに向けてロケット噴射するという映画屈指のハイオクタン・ショットを提案したとき、マレーはなかば冗談、なかば本気だった。押しの強さと速く走るものへの愛では人後に落ちない若きプロデューサーのバイロン・ケネディに、タブーなどなかった。ロケットを入手することは、完全に合理的な段どりに思えた。

**ロケット、ガジェット、テクノロジー、そういうものぜんぶを彼は好きだった。エンジンがついたものをたくさん、動くものをたくさんね。バイロンはスピード狂で、なんにでも興味があった。とんでもなく好奇心旺盛だったよ。**

と、バイロンの父エリックが述懐する。

ロケットがどこで手に入るかを知っている人間はそう多くないが、クリス・マレーはそのうちのひとりだ。マリバーノン軍需工場はメルボルンの北西部にある百二十八ヘクタールの施設で、ＣＢＤからは約十キロ離れ、三方を川に囲まれていた。工場は二十一世紀初頭に操業を停止する。二〇一五年から最低でも五年がかりの汚染除去作業がはじまり、アスベスト、揮発性溶剤、土壌に染みこんだ爆発物の残《ざん》滓《し》を除去している。だが、一九七七年に話を戻すと、二年前にベトナム戦争が終わり、工場は活気にあふれていた。革の肘当てつきツイードのジャケットを着た白髪の科学者タイプがうようよいた。マレーとケネディは序列トップの高齢の従業員、ノーマン・ラフに面会する。工場にはイギリス的な、第二次大戦時の雰囲気があった。木材がたくさんに、おびただしい本棚。ふたりは詰物をした革張りの椅子に座り、ロケットを所望する旨を述べた。マレーたちの狙いは、駆逐艦の甲板から自動追尾魚雷を迎撃するのに使用されたオーストラリア製ロケット、ロディンガ・ブースターだ。

「面会の予約をとって話を聞いてもらった。技術的な話はぼくがして、バイロンが残りを話した」と、マレーはふり返る。

**バイロンはすごく話し上手だった。どういう映画か説明したんだ。口がうまくてね。ヴィクトリア州にとってこれがどんなに有益か、ロケットを提供することがどれほどいい考えかを力説していた。**

いまとは違う時代だった。９・１１テロ事件ははるか未来の出来事だ。そんな次第で、ラフは承知し、どのみち遠からず自分は引退する予定だというようなことを口にした。ふたりの男はテンプレート用に空《から》のロケットモーターの外被《ケーシング》を手に入れ、工場からの使いが現役のロディンガ・ブースターを『マッドマックス』の撮影当日に現場に搬入して点火するとの約束をとりつけた。マレーはオーストラリア放送協会（ＡＢＣ）で特殊効果の仕事をしている友人のデイヴィッド・ハーディに協力を頼む。ふたりは近くのガレージでホールデン・モナーロからエンジンをとりはずすと、ロケット装塡用のテンプレートをつくった。ロケットはトランクに設けられたスチール製のゆりかごに、傾斜をつけて搭載される。マレーとハーディは車のサスペンションを溶接して、一・五秒間に推力三トンで発進し、時速二百キロで走行しても（理論上）路上でガタつかないようにした。

**クリスが車にくそロケットを積みたいといったとき、おれは「おいクリス、ばかをいうな」といったんだ。クリスは「わかってるわかってる、やろうぜ」と返した。それでこういった、「くそ、絶対うまく行きっこないって。でもまあ、やってみるか」**

と、デイヴィッド・ハーディはふり返る。

**毎晩ガレージへ行って、あのくそったれな車を溶接する手伝いをした。シャーシ全体を手製の溶接機で溶接したよ。準備には手間がかかった。ＡＢＣのスタジオでこっそり、溶接機をまるごと組み立てた。部品を毛布にくるんでは持ちこんだんだ。**

テレビ番組「サンダーバード」〔一九六五～六六〕に出てくる科学者に似ているため、〝ブレインズ〟というあだ名のマレーのいとこは、計算機数学の達人だった。厳密にはロケット工学ではないものの、ブレインズは速度や推進力その他を算出するロケット計算の任を、高校か大学の科学プロジェクトの延長とみなし、嬉々《きき》として請け負った。スチール製のアイボルト（穴のあいた大きなボルト）二本を車の下側にねじこみ、ガイドとなるワイヤーケーブルを通す。ワイヤーは別のワイヤーとクロスするように接続し、クロスしたほうの両端をコンクリートの支柱に結びつける。支柱はドリルで地面に穴をあけ、六フィート（約一・八メートル）分埋めこむ。横に長い〝H〟のかたちを思い浮かべてもらえれば、横の線がガイドワイヤー、縦の線二本がクロスワイヤーに当たる。横線が縦線と出会うところをT字継手でつないだ。特機《リギング》会社と契約してドリル作業を頼み、彼らの指示に従ってマレーとハーディが最も重要なガイドワイヤーの張り具合を調整した。饒舌《じょうぜつ》なプロデューサーのケネディが、エスキモーに氷を売りつける口八丁を駆使してロケットを積んだモナーロ発射の手伝いを、どうやって電話越しに会社に承知させたのかは想像するしかない。計画では、ダミー人形を二体フロントシートに乗せ、ロケット・カーを打ちだす。車が圧力マットに当たった拍子に切断用装薬に点火し、ワイヤーケーブルから切り離された車がセミトレーラー目がけて突っこむ。その過程が進行する数秒間のアクションを撮影するため、道路脇の要所に配置したカメラ三台のスイッチを、ジョージ、バイロン、カメラオペレーターのティム・スマートの三名がそれぞれに押す。そのあとトリオはジョージの弟ビル・ミラーの運転する車に飛び乗り、猛スピードで――可能な限り素早く、ロケット推進車から離れる。

とうとうその日が来たとき、空気はよどんで暑かった。果たせるかな、軍需工場からジェフリー・ハント博士が未使用のロディンガ・ブースターを携えてやってくる。ロケットには海軍の標識がスプレーされ、「ロケットXでロケットパワー——幸運を祈る」という文言が、白いケーシングにステンシルで刷られていた。

「ロケット技師は、フィート目盛の木製物差しも携帯してきた。博士はセミトレーラーの後部から百二十フィート（約四十メートル）離れる必要があるといって譲らなかった」と、トラフィック・スーパーバイザーのアンドリュー・〝スラッグ〟・ジョーンズはふり返る。

**物差しで測ってから、車を三、四フット（約一メートル）前進させろという。ぼくたちは互いに顔を見あわせ、「あ、そう、了解。おおせのとおりに。とにかくやっちまおうぜ」**

ジョーンズと同じく準備に手を貸した、やはり『マッドマックス』トラフィック・スーパーバイザーのスチュアート・ビーティが撮影当日に立ちあう。「ロケットを持ってきたこの職員は実際すごく協力的で、こまかいところまでいろいろ提案してくれた」と、ビーティはふり返る。「よく想像するようなカタブツじゃなかった。ずいぶん乗り気だったよ」。ロケットを点火する段になり、スマートがカメラを回したあと、ビルの運転する車に飛び乗ってケネディとミラー兄弟に加わる。最後のオーケーが出て、ハント博士が点火にかかる。

「すごくおかしかった。ロケット科学者のジェフは映画の登場人物みたいでさ。白髪とかなんとか」と、デイヴィッド・ハーディ。オートマチックのカウントダウンがついた、立派なNASA風のロケット点火装置をハント博士が携行してくるものとスタッフが期待していると、博士はポケットから懐中電灯の電池をとりだし、ワイヤーを二本押しあてた。興奮のあまり高名な科学者は手を震わせ、スタッフがじりじりしながら見守る。「すると」と、クリス・マレーがいうには、

**ものすごい音がして、灰色の煙がもくもく立ちあがった。そのあと「ヒューッ！　ガシャン！　ドカン！」みたいな音が聞こえてくるのを待ちうけた。ところが車がセミトレーラーに激突する音なんてちっともせず、不思議に思った。それに、煙で何も見えやしない。**

ざっくりいえば、計画どおりにことは運んだ。ロケット・カーが骨をも揺るがすスピードで発射されたという点においては。もう一点、おそらくより正確な意味においては、ことは計画どおりに運ばなかった。ほぼ発射すると同時に、ガイドとなるべきワイヤーケーブルから車体がはずれ、自由意志で走っていった。男たちはその場に突っ立ち、煙幕の背後でぼう然となった。ハント博士（ロケット技師）が沈黙を破る。「空に打ちあがったのかも」。一同は同時に天を仰ぎ、空飛ぶ車を探した。この場面をロケ撮影したのはヴィクトリア州アヴァロンの郊外で、ごく近くに空港がある。「ぼくたちは低空の飛行経路の領内で撮影していた」と、スチュアート・ビーティがふり返る。「ということは、旅客機をモナーロで撃ち落としたかもしれないという意味だったんだと、あとから思ったのを覚えているよ」

ブレインズの計算に反し、車は気まぐれに行動した。セミトレーラーに突っこむ代わり、拘束を解かれたロケット・カーは左へ曲がり、さらに左へ左へと曲がって、道路のアスファルトを削りながら

百八十度ターンした。車は意図した衝突ポイントを回りこみ、通りすぎる。そのあと奇跡的に軌道修正すると、道路を直進した。ロケット・カーは、空を飛びはしなかった。ジョージ、ビル、バイロンとティムがそれに気づく。いまや、ロケット・カーがものすごいスピードでこちらへ向かってくるのを、リアウィンドウから目撃したからだ。二体のマネキンが彼らをまっすぐ見つめている。何年もあとに撮影されたドキュメンタリーのインタビューで、運転していたビルがその場面をふり返った。

**車のリアウィンドウからのぞいていたやつらが実況放送してた。こんな感じだ。「よし、行ったぞ。煙が見える。あー、あれ、くそ！　こっちに来る！　まくれビル！」**

だが、ビルは最高速度で走っていた。これ以上は出しようがない。ロケット・カーが時速百五十キロで向かってくる。ティム・スマートはこの瞬間を事実上の臨死体験として記憶している。「正直、おれたち全員の目に走馬灯がよぎった。二秒後には死ぬんだって覚悟したよ」。しかし、ロケット・カーと命のないその乗客はいま一度、突然向きを変える。車は舗装路から飛びだしてグラウンドに進入し、途中でフェンスを壊した。

ミラーとケネディが九死に一生を得て感謝したとしても、表には出さなかった。「ふたりはカンカンだった。ぼくにこういったよ、『この世界で二度と働けると思うな』って」と、クリス・マレーは反芻《はんすう》する。

そしたらデイヴィッド・ハーディがこういったんだ。「待ってくれ、結論に飛びつく前にフッテージを見てみようぜ」。ラッシュはすばらしかった。ただもうすばらしかった。突如としてぼくらはヒーローから無になって、それから再びヒーローになった。

ハーディはいう。

バイロンにだと思うが、「もしこれが少しでもおまえたちの責任なら、ふたりとも映画とテレビ業界に二度と出入りできないようにしてやる」っていわれた。でも、なんてこった、うまくいってた。おれたちの考えかたは間違ってなかった。悪いのはどう見てもリギング会社の連中だ。あいつらはあの直後にずらかってた。段どりを引き受けていたから、うしろめたくなってさっさと現場から消えたんだ。大チョンボをしたのさ。

スチュアート・ビーティの記憶では、チームがフッテージを何度も見直して何が悪かったのか見極めようとしたあとで、夜中の三時に酔っ払ったリギング会社の男から電話があったと、数日後ケネディから聞いた。「ロケットが発射するまで、ジョークだと思ってたんだ」。男はうしろめたそうに、そううちあけたという。

多大な努力――とリスク――を払った末、数秒間のフッテージが手に入った。オーストラリア映画史上おそらくは最も象徴的な「家ではやるな」の例だ。このアイデアを思いついた爆発の専門家、クリス・マレーはミラーたちを殺しかけた科学実験をなつかしみ、いまではあんな撮影はもうやらないと認めた。

「単に、車を滑車とワイヤーで引っぱるだけでよかったんじゃないかって、あとから気がついた」と、彼はいう。「ロケットは別に、いらなかったよ」

Chapter1 : A CHINCHILLA CHILDHOOD

# 第一章　チンチラで送った少年時代

「ティーンを卒業するころには、仲間の何人かは交通事故ですでに死んでいるか重傷を負っていた。まっすぐな道路がどこまでもつづき、速度制限なんてなかった」

クイーンズランド州南部の片田舎、小さなチンチラの町は現在の人口が約五千人を数え、ジョージ・ミラーが生まれ育った当時の二千人から増加した。乾燥したほこりっぽいこの土地は州都ブリスベンから約三百キロメートル離れ、近年の炭坑と炭層ガスセクターブームのおかげで新興住宅のインフラが起きた。チンチラが長く生きのびてこれたのは、果実と穀物を基盤とする経済には不可欠な灌漑《かんがい》施設を、ジョージが生まれたころに整えたおかげだ。町の最盛期は二年ごと、隔年開催のチンチラスイカ祭りとともにやってくる。

チンチラの人口の三倍を惹《ひ》きつけるこの祭典は、スイカを二十トンほど消費し、そのうちの四分の一ほどが実際に祭り客の胃に収まる。「スイカスキー」は多かれ少なかれ名前どおりのイベントだ。スキー代わりにスイカに足を乗せて斜面を滑りおりる参加者に、見物客が陽気な声援を送る。この多肉果の祝祭の盛りあがりぶり（一九九〇年代なかばにはじまり、州外、さらには海外からも客を集める）にもかかわらず、町の大半はいまも昔も変わらず、ジョージが生まれ育った、周囲には何もないコミュニティでありつづけている。

一九四〇年代と五〇年代に建てられた建物はもとの姿を維持していた。そのひとつ、古風な白と青の下見張りの家に、ミラー一家は住んでいた。なんの変哲もない家だったが、ひとつだけ特筆すべき点があり、それが住まいを非凡な存在にしていた。チンチラ初の水洗トイレを備えていたのだ。電話はいまだ交換手が接続し、テレビが入ってくるのは数年先の未来の町で、ミラー家の便所はとなり近所、およびチンチラ外部の者の注目を浴びる。訪問者が見学に来ると、家人のだれかがごくありふれたエナメル製便器の脇に立ち、ひどく芝居がかってトイレの水を流してみせた。

ジョージの父、ジム・ミラーはギリシャのキティラ島にあるミタタ村に、ディミトリ・カストリシオス・ミリオティスとして生まれた。二十世紀初頭、船に乗って故郷を発《た》つジムを、母親が大きな白いスカーフを振って見送ってくれた。スカーフが視界から消えるまで見つめていたのを、ジムは忘れなかった。オーストラリアに着いたのは九歳のときで、母親とは二度と会っていない。ジムはのちに詩を書きはじめる。何編かでは、慣れ親しんだものすべてをあとに残して旅発つ、胸の張り裂ける瞬間をふり返っている。

ジム・ミラーは、妻にしてジョージの母親であるエバンジェリア（アンジェラ）とカフェを経営していた。エバンジェリア・バルソンはギリシャ＝トルコ戦争の余波で一九二二年にトルコからギリシャのミティリーニへ、さらにはオーストラリアへ移民した家族のもとに生まれる。ジムとアンジェラが出会ったのは、オーストラリア軍人のジムが、軍務の初期にニューサウスウェールズ州北部の海辺の町ケンプシーへ転属したときだった。ふたりは恋に落ち、結婚し、転居してカフェを開く。ミラーズカフェは社交の場として人気を集め、シロップをたっぷりかけたサンデー、アイスクリームソーダ、適正価格で売るジムご自慢の新鮮な魚料理が売りだったが、息子のキャリアへとのちに受けつがれる風変わりな創造性と無縁ではなかった。ジムのいちばん記憶に残る宣伝活動は、飛行機を雇って町じゅうにビラをばら巻いたことだ。特別に印の付いたビラを拾った幸運な勝者は、果物の箱詰めをただでもらえた。

ジョージ・ミラーは一九四五年三月三日、二卵性の双子の兄弟ジョンとともにチンチラに生まれる。のちに両親はさらにふたりの男の子、クリスとビルをもうける。

ミラー家は界隈《かいわい》で唯一、ギリシャ系の一家だった。シドニーにいるジョージの祖父母を訪ねたとき、ミラーはのちに「一種の赤ちゃんギリシャ語」と形容したことば——熱心ではあるものの理解に苦しむことばを話した。ディナーテーブルを囲むなじみのある面々を手づくりの料理でもてなすのが、ギリシャ人の誇る伝統だ。ミラー家もまたしかり。チンチラに肉親以外の親族はいなかったが、古風なギリシャ式おもてなしの数々に触発され、ジムとアンジェラはこども時代の記憶にある共同体の姿を再現した。日曜日の午後、ふたりは近隣から二、三十人の人々を招いては盛大な昼食会を開き、テーブルを囲ませた。

飛行機を使ってさえ、チンチラ——地元のアボリジナル語でその土地の松を指す jinchilla にちなむ——はどこからも遠い。家族の車で旅に出ると、ジョージはウィンドウの外に広がる周囲の味気ない風景を眺めた。長い平坦《へいたん》な道路を白い線が延々とのび、夏の高温で揺らめいている。「どうして父はよりによってチンチラに引っ越したんだろう、とよく不思議に思った」と、ミラーはのちに語った。「でも、とうとうキティラ島に行ったとき、合点がいった。陽光が同じ、植生が同じなんだ」

家族の車に座るジョージは、ほとんどの人が白昼夢と表現するだろうことで頭がいっぱいになる。長じて彼はその活動に違った表現をする。「寝入りばなの夢想」と。彼の映画数作を触発した、目覚めている状態から意識のなくなるときに経験する瞬間。「あの無防備な瞬間、ある種の解離状態になる」

ミラー一家のドライヴはジョージを農地、道路、さらには彼の最も成功したフランチャイズを特徴づける轢《れき》死体にさえになじませた。娯楽のないチンチラでは、ティーンエイジャーや若者の多くが路上に出て、ときには悲惨な結果を招いた。「どんな仕事であれ、自分のそれまでにした経験の決算なんだと思う」。クイーンズランドの僻地《へきち》で過ごした幼少期が与えた影響について、フィルムメーカーはそうふり返ったことがある。

**土曜の夜、町の目抜き通りは若者を乗せた車であふれた。ティーンを卒業するころには、仲間の何人かは交通事故ですでに死んでいるか重傷を負っていた。まっすぐな道路がどこまでもつづき、速度制限なんてなかった。**

少年時代のあるとき、ジョージ・ミラーは危うく死にかける――とはいえ、それは暴走車ともごろつきとも回転するタイヤとも関係ない。ある暑い日、ミラー少年は友だちと乗馬に出かけた。向こう岸が草地になった川で馬を降り、泳いで渡ろうとふたりは決める。仲間うちで最年長の友だちは学校のトップアスリートだったが、泳げなかった――ミラーが事前に知っていたなら、ずっと平和にすんだはずだ、つぎに起きたことを考えあわせれば。

ジョージが川の反対側に泳ぎついてふり返ったとき、きらきらと川面《かわも》に反射する日射しを通し、年若い友人が水中でもがくのが見えた。必死に腕を上下させている。沈んでいく。パニックになったミラーは、川に戻ろうと瞬時に判断し、助けに向かった。ジョージがそばに来ると少年は彼をつかみ、恐怖で前後不覚になって生きた救命ボートよろしくジョージ少年にすがりついた。ふたりはバシャバシャもがきながら沈んでいき、ジョージは意識を失う。あわやというとき、馬に乗った男が現れ――映画から抜けでたように――間一髪のところを救いだした。ミラーは咳《せ》きこんで水を吐きだし、意識をとり戻す。幸運にも無事だった。

彼が育った絵のような片田舎の思い出の大半は楽しいものだった。「ふり返れば、並はずれて恵まれた少年時代だった」と、監督はのちに述べている。平日の放課後を、ミラーはジョンや仲間たちとブッシュでいたずらをして過ごす。砦《とりで》や隠れ家をつくり、地面にトンネルや縦穴を掘った。カウボーイとインディアンごっこをしてゴミ箱のふたに色を塗って盾にした。うなじにタオルを挟んで屋根から飛びおりスーパーマンのように飛べるふりをし、線路脇の、もとは巨大な防空壕だった砂場で何時間でも遊んだ。母親が夕飯どきに呼びに来たり、玄関先で鈴を鳴らしたりと、おとなの目が行きとどいた男の子ならやるであろうあらゆることをやった。美しいオーストラリアの水平線がどこまでも果てしなくのびる土地で、ミラーは自由気ままに遊んだ。

ジョージとジョンの親友は、地元っ子のヴィヴ・ブラウンとチャーリー・サマーズのふたりだ。「ジョンはやせていてジョージは太っていた。それで、〝ファッティー〟と〝スキニー〟って呼んでたんだ」と、ミラー家の目と鼻の先に住んでいたブラウンは回想する。ある日、彼は双子がいい争っているのに気がついた。ジョンを追いかけまわし、ジョージ少年が「逃さないぞミラー！」と叫ぶのをブラウンは目撃した。いまでもチンチラに住む地元民のブラウンはいう。

**ジョージは何かしらばかな真似《まね》を考えてた。けれどふたりは基本的にはすごくおとなしい子たちだったよ。しあわせで、陽気なこどもだ。校庭でのケンカとかそういうのにはかかわらない。ジョージはいつもゆったり構えてて、物静かな、引っ込み思案なこどもだった。**

チャーリー・サマーズは、ジムの店に毎日のように通っていた記憶がある。「わたしたちはミラーズカフェに入りびたっていた」

**何年間も毎日通い、麦芽乳をただでもらった。カフェで麦芽乳の代金を払ったことは一度だってないと思う。**

ブラウンはいまでも店の配置を覚えている。

**片側に小さなテーブルとベンチがあった。麦芽乳を注文するときは、すごく高い位置から注文しなきゃいけなかった――われわれの頭の高さにある大きくて高いロングベンチからね。**

コミックブックを読んだり、ラジオ番組を毎週聞いたりしてはジョージ・ミラーは想像力をかきたてられ、地元の映画館へ行っても同じく刺激を受けた。町なかとその先の大通りで騒ぐ以外に、チンチラでのもうひとつの娯楽が、何十年後かにジョージの夢がたどりつく場所、映画館だ。座席数千席の映画の殿堂スター・シアターは、ジョージが六歳のときに建てられた。町にとうとう本格的な娯楽ができ、だれもが早晩映画を見に行った。それがごく自然な流れだった。映画館は二重ガラスの保育室をも備え、母親がそこで赤ん坊をあやした。

週末はスターでかかる土曜日のマチネ上映でもちきりだった。こどもであることにはもちろん不利な点があり、ジョージと仲間たちはいつでも入場できるとは限らなかった。上映作品がこどもには暴力的すぎるとみなされれば――またはジョージと仲間たちがチケット代を持っていなければ――彼らは奥の手を使った。ばかでかい建物の下には小さなすき間があり、床板の下の空間まで潜りこめ、そこから映画の音を聞けた（画面は見えないにしても）。ミラー兄弟と友人は焦がしたポップコーンとアイスクリームと汗じみた男の子のにおいでむせ返るその穴を這《は》って進み、頭上でかかっている映画を耳でたどった。

何年もあと、おとなになったジョージ・ミラーは彼の初長編『マッドマックス』を音なしで編集する。映像は見えども聞こえなかった。スター・シアターでのありし日の経験とは逆だ。ジョージは映画の編集を、彼自身のことばによると、あたかも「メロディか一編の曲を組みあわせる」ようなアプローチでとりくんだ。観客が地理的な把握――登場人物がどこにいるか――に苦労して混乱するのを慎重に避ける、きわめて直線的なヴィジュアルスタイルによってミラーの作品は定評がある。その技術が培われたのはたぶん、仲間と暗闇に身を寄せあったジョージ少年が、頭上の映像を見ることなく自分で想像しはじめた少年期だったかもしれない。

ミラー一家がシドニーに引っ越し、チンチラのつつましい周りの環境から大都会にスケールアップすると、ジョージはイプスイッチ・グラマースクールに入学し、つぎにシドニー男子高校に上がった。シドニー男子高では上級生が下級生のネクタイをつかんで首を引っぱるというしきたりがあり、「タイ・タギング」と呼んで恒例になっていた。ジョージとジョンが登校初日にバスから降りると、最上級生がハゲタカのように待ち構えている。ジョージは危ういところを、小柄だが元気旺盛な同級生のマイケル・ジョンソンに救われ、彼の手に引かれて上級生の一団をすり抜けた。たちまちふたりのあいだに友情が芽生えた。ジョンソンはのちに薬剤師になり、『マッドマックス』に投資する。

成長するとともに、ミラーは深刻な夜驚症《やきょう》に悩む。頭のなかのヴィジョンのひとつは、馬に乗った男が砂漠を渡っていると、風景が動いて彼を飲みこむというもので、繰り返し夢に現れた。

ミラーは以前からずっと医者になりたかった。小さな田舎町で育った彼は周囲の皆と同じく、最も影響力があり――そして最もマジカルに見える――人物は町医者であると、固く信じた。「それに、人間としての自分たちとは何者なのか、すごく興味があった」と、ミラーはのちにふり返る。「医療教育はおそらく、少なくともわたしにとって、自分たちとは何者かを理解する最良の道だと信じている」

高校卒業後、ジョージとジョンはニューサウスウェールズ大学の医学部に進んだ。同じ一九六六年、ミラーは肖像画を独習し、翌年オーストラリア・バレエ団用に一連の絵を描きあげた。ミラーはキャンパスライフにロマンチックな理想を抱いていた。大学を、他種多様な考えを競いあう遊び場として見た。在学三年目、ミラーは大学を訪れたアメリカ人の建築家兼発明家、バックミンスター・〝バッキー〟・フラーの講演と、人によって頭脳の異なる部分を異なる用途に使うという研究に深く影響された。

ある日、講義室にいるはずの時間にシドニーの映画館の前を通りがかったミラーは、ウィンドウに飾られたポスターに目を奪われる。手がピースサインをつくり、人差し指にはアメリカ軍のヘルメットがひっかかっている。そしてありえないことに、ハイヒールをはいた足が二本、手首から生えていた。ロバート・アルトマンが一九七〇年に撮った皮肉な朝鮮戦争コメディ『M★A★S★H マッシュ』の風変わりなキーアートだ。パブロフの犬よろしく本能的に劇場に入り、チケットを買ったミラーは、心を奪われる。鑑賞後、凧《たこ》のように舞いあがった心地のまま学校に戻る気は完全に失《う》せ、代わりに別の映画館に歩いていき、別の戦争映画、イタリアとアルジェリアの歴史劇『アルジェの戦い』（一九六六）を鑑賞した。

講義に追いつけなくなる心配はまったくしていなかった。ジョンがノートをとってくれている。なんにせよジョン――ジョージより熱心な医学生――のほうが文字がうまく、ふたりのためにノートをとるのがジョンなのは理にかなっていた。医学部をサボって映画教育をとったのはそのとき限りではない。にもかかわらず、ミラーは落第しなかった。卒業して、医師となる。シドニーの聖ヴィンセント病院の研修医になり、ミラーはそこで、人間の状態のさまざまな局面に、内と外の両方にさらされ――砂漠に飲みこまれる馬に乗った男の夢のように、トラウマ的なヴィジョンは決して彼を離れなくなる。

聖ヴィンセントで送るそのようなある晩、おそろしい事故が起き、五人がERに担ぎこまれた。「若い女の子が担ぎこまれた」と、ミラーはのちにふり返る。「その子はゴム製の毛布をかけられており、持ちあげたら、どうしたらいいかすらわからないほど足がひどく潰れていた」。点滴する場所を探したが、腕に静脈が見つからずに首に刺した。女性はその間ずっと意識があり、同じことばを何度も何度も繰り返した。「死なせて。死なせて。死なせて」。司祭がつきそい、彼女に懺悔《ざんげ》をしろと叫んでいた。女性は手術室に運ばれ、その晩死亡する。

研修を受けた医師が、とんでもなく危険な、命知らずのスタント描写を讃《たた》えられるフィルムメーカーになるなど、前代未聞とまではいかなくとも確かにそうあるものではない。とはいえ、医師からフィルムメーカーへのミラーの転身は素早いカットではなく、ゆっくりとディゾルヴしていった。もし、弟のひとり、クリスが一九七一年の、ちょうどミラーが卒業試験を受けているとき、ニューサウスウェールズ大学主催による短編映画のコンペティションに気づいていなければ、それは決して起きなかったかもしれない。勝者にはメルボルン大学の映画ワークショップ参加資格が与えられる。四十名のフィルムメーカー志望者がそこで専門知識を学べた。

課題は、一分間の短編を一時間で撮影して編集するというもの。クリスとジョージが提出した上映時間五十七秒の作品はつぎのような内容だ。帽子を被《かぶ》りオーバーコートを着た長髪の男に、カメラが背後からトラッキングショットでゆっくりと近づいていく。男がこちらをふり向くと、ふたりのフィルムメーカーは画面を字幕に切りかえ、「映画の短所は現実ではないことだ」と主張する。ラスト数秒で、男の帽子と長髪が突然飛ばされ、コートが地面に落ちる――まるで、実際にはだれもいないかのように。ミラー兄弟が一等賞を獲得した。

いわゆるすべてのはじまりとなった映画をふり返り、ミラーはこう語った。

**傑作とはいかないが、すごくつつましいのが美点だ。あの一時間でみんなは『ベン・ハー』〔一九五九〕級の大作を撮ろうとしていたんじゃないかな……こっちは単純なアイデアを、制限内の時間と予算で収めてみせた。**

（『ベン・ハー』を越えるミラーの大作はずっとあとにつくられ、そして大量のガソリンを必要とする）。兄弟が撮った短編は、その後ＡＢＣテレビで放映された。審査員のひとりは偉大なオーストラリア人監督ピーター・ウィアー、当時は注目の若手監督だった。一九七四年製作のウィアーの長編デビュー作『キラーカーズ　パリを食べた車』は『マッドマックス』の製作に影響を与えることになる。

クリスの名義でコンペティションに正式登録したため、ジョージはワークショップに参加するには交渉しなければならず――映画の神々に彼を信じるよう説得する必要が生じたのは、それが最後とはならなかった。もしここで説得に成功していなければ、あるいはもし手間をかけていなければ、彼のキャリア――そしてアクション映画の歴史――は違う方向へ進んだかもしれない。ワークショップでミラーはフィリップ・ノイスと出会う。一九七〇年代に起きたオーストラリア映画ルネッサンスに大きく貢献したもうひとりの立役者だ。とてつもなく刺激的な環境だった。「あのとき」と、ミラーはのちにふり返る。

**本当に映画づくりに夢中になった。なぜなら線画や油絵を描くという二次元的な努力に加え、時間というもうひとつの次元が加わるからだ。絵に時間を加えたとたん、動く画《え》と物語が手に入る。**

だが、ワークショップの参加者で最も重要な人物――ジョージ・ミラーの人生においては確実に――はウィアーでもノイスでも、そのほかの講師でもない。それは生徒仲間だった。ミラーと違い、この人物はティーンエイジャーのときから映画を撮っており、十一歳の誕生日プレゼントにもらったスーパー8カメラを手に、裏庭で遊んでいた。

『マッドマックス』の製作、そしてひいてはミラーのキャリアの形成にたいへんな影響を与えるようになったというのでは、ことばが足りない。彼なくしてロード・ウォリアーは存在しなかったはずだ。また、ミラーと違い、車、エンジン、スピード――速く走るものならなんであれ愛した。彼の名前は、バイロン・ケネディ。

# Chapter2 : THE KENNEDY CONNECTION

# 第二章　ケネディ・コネクション

## 「母さん、ぼくらは映画を撮るけど『風と共に去りぬ』にはならないよ」

バイロン・ケネディの存在は、アリストテレスのことばの生きた証《あかし》のようだ。「七歳になるまでわたしのもとに預ければ、一人前の男を返してやろう」。すべてに対して答えを持っているような男——燃料噴射装置のしくみでも、地球から太陽までの正確な距離でも答えられる、トリヴィア大会で相席になりたいたぐいの——知りたがり屋の少年のまま、おとなになった男。

チンチラのジョージ・ミラー少年が雑草のまばらに生える遊び場で想像力を燃やすあいだ、バイロン・ケネディはこどもの好奇心に期待される以上の旺盛な知識欲に油を注《そそ》いでいた。ふり返れば、ふたりが補完しあう個性を育んでいたのがわかる。かたや白昼夢にふけるアーティスト、こなた目的に向かって突き進む実践家。ただ、ケネディは静かな学者タイプとはほど遠かった。そんな示唆をされれば、彼の家族は笑いとばすはずだ。頭同様に身体もほぼ休みなく跳ねまわるエネルギー過多、いつでも絶好調のこども時代の逸話を山ほど反証に挙げて。

「彼がやったことは、いってていいのかわからないけれど」と、彼の母親ローナはふり返る。眉毛を弓なりに持ちあげ、顔には満面の笑みをたたえ、六十年以上昔の、わが子の年齢を片手で数えられたころに思いをめぐらせながら。

**いつも走ってた。いつもしゃべってた。いつも遊んでた。つぎに何をやらかすかわからなかった。そして、絶対に止まらなかった。こどもをもっと増やすつもりか聞かれるたび、よくこう答えてたわ。うちにはもうライオンがいるから、これ以上子ライオンはいらないのよって。**

バイロンがまだ四歳のとき、ローナは息子を連れてメルボルンのマイヤーデパートに出かけた。小さな黒い蝶ネクタイとボタンをとめたシャツ姿の（息子は母親の服装センスを引き継いだ）バイロンはいつものように手にあまり、あっちやこっちに引っ張りまわしては気の毒な母親の手から逃れようと、飽かずに挑戦した。突然任務に成功し、母から離れたバイロンが駆けだす。顔を上げたローナは、息子が走っていく先に気づくと、心臓が止まった。ドアが開いているエレベーターだ。こどもがタイミングよく着けば、ローナが予期したように『レイダース　失われたアーク《聖櫃》』（一九八一）冒頭の、素早く閉まる扉をすり抜けて罠《わな》が仕掛けられた寺院を脱出するインディアナ・ジョーンズそこのけになる。ギリギリのすき間に身体を押しこまれたら、追っ手にチャンスはない。

バイロンはエレベーターめがけて飛びだす。ところが活発で生意気なちびっこに、乗りこむつもりはまったくないのがあきらかになった。ドアの外で止まると、エレベーター係の袖を引っ張る。降下しはじめたエレベーターを指さしてバイロンが聞いた。「これはどうやって動くの?」。従業員はもごもご答え――あきらかに男の子は答えに満足せず、顔をしかめてそれを表明するあいだ――ローナがほっとしたことに、追いついた。ケネディ一家は長年にわたり何度もその話を繰り返し、バイロンの気質を端的に表すエピソードとして挙げた。彼らの抱えていたものを説明する小話だ。

バイロン・ケネディ少年にまつわるもうひとつの話は、やはりどうやってとなぜが関係するものごとに異常にこだわる少年の姿を伝える。一家が近所のスイミングプールをはじめて訪れた日があった。客たちはプールに飛びこんでしぶきをあげていたが、バイロンの注意はほかに向けられた――水をくみだしている脇のフィルターポンプに。エレベーター同様、しくみを知りたがった。

「生きるクエスチョンマークみたいな子だったよ」と、バイロンの父エリックはいう。

**息子はなんにでも興味を覚え、いつでもすべてを知りたがった。たいていの人はこどもに答えるときは適当にはぐらかすが、あの子に聞かれたすべての質問に、わたしは納得いくようにできるだけ説明しようとした。息子は喜びはしたものの、決して満足しなかった。さらに質問を重ねた。わたしは答えつづけ、そのパターンがつづいた。**

バイロン・エリック・ケネディは一九四九年八月十八日、メルボルンのクイーンヴィクトリア病院にて生まれた。名前は十九世紀のロマンス派詩人バイロンにちなむ――ローナの望みで、母は息子に芸術と文化の好みを伝授した。ローナは過去も現在も（本書執筆時は九十代）快活な人柄で、ちょっぴり芝居がかったところがある。その場を存在感で満たし、スポットライトを浴びて生きる性分のようだ。バイロンの饒舌《じょうぜつ》と場を仕切る能力は、おそらく母譲りだろう。

父親のエリックはヴィクトリア州の小さな田舎町ヤローンノースで育ち、機械工学技師をしていた。オーストラリア人が「公明正大」とか「志操堅固」と呼ぶような人物の典型で、率直な話しぶり、落ちついて礼儀正しく、善意のユーモアを好む。

第一次世界大戦に出征し、一九一五年の悲運のガリポリ作戦をすんでのところで生きのびたパトリック・ジョセフ・ケネディの息子エリックはまた、第二次世界大戦が勃発すると、祖国に奉仕した——王立オーストラリア空軍（RAAF）の教師およびインストラクターとして。

メルボルンのポイントクックに駐留したとき、ある晩ダンスホールに足を向けたエリックは、運命の女性ローナに出会う。初デートでは映画館へ行った。ふたりは一九四八年に結婚、一年のちにバイロンを授かる。メルボルン中心商業地《CBD》の西側、当時は労働者階級が住んだ郊外地区ヤラヴィルの土地を一区画購入する。

エリックはその土地に最初の家を建て、三十年近く住んだ。帰宅して赤ん坊を抱きあげ、洗いたての毛布にミミズのようにくるんでやったことをエリックはまざまざと覚えており、いまでもにおいを思い出す。そして、スピードを。スピードを覚えている。バイロンの両親によれば、息子は三歳のときにはじめて三輪車を買ってもらった。大喜びだった。バイロンの小さな足がしゃかりきにペダルを踏み、手は車輪の方向を定めようと四苦八苦する。磁石のような注意力が、車輪のついた物体からやがてはそれると母と父がちらとでも考えたとすれば、誤算だった。

一九五七年、バイロンが八歳のとき、エリックとローナは結局子ライオンを迎えようと決めて、バイロンの妹アンドレア・ルイーズ・ケネディが生まれる。アンドレアと兄のふたりっ子は床に腹ばいになり、目を見開いて「サンダーバード」や「スーパーマン」〔一九五二～五八〕などのテレビ番組をいっしょに見た。クリーンカットのジョージ・リーヴスが、見せパンをはいたタイトルロールのヒーローを演じていた。高高度でのアクションと向こう見ずのスタントは、とりわけバイロンにアピールしたことだろう。現実世界のローナの父、トーマス・フランシス・フリンがオーストラリアじゅうをバイクレースで回った話に、孫息子は確かに興味を示した。トーマスおじいさんの話が大好きだったバイロンは、のちにテープレコーダーを携えて祖父を訪ね、話を録音した。

「おじいさんの血かしらね、バイク好きなのは」と、ローナはいう。

**父さんはオーストラリア各地をバイクで回ったときの武勇伝を、バイロンによく話してた。母さんはバイロンが訪ねてくるのを喜んだわ。ローストビーフを用意してね。ずいぶんあと、バイロンが最初に千ドル稼いだとき、手紙に同封したの。「ローストビーフのお礼です、おばあちゃん」って。母さんはすごく喜んで、何年も冷蔵庫に貼っていたわ。**

そういった価値観を大切にする保守的な家庭に育ったケネディは、あきらかに祖父母を深く敬ったいっぽう、同じ礼儀正しさを妹に常に向けたとは限らなかった。

家族の歴史はどれも、横暴な年上のきょうだいが妹や弟に地獄を味わわせる話で一杯だ。われわれの多くにとっての通過儀礼であり、アンドレアとて例外ではない。バイロンの恐怖政治を、彼女は決して忘れない。ジョージ・ミラーがおもちゃの家をつくって双子の兄弟と塹壕《ざんごう》ではしゃいでいたとき、バイロン・ケネディは妹と裏庭でボール遊びをしていた。ただし、彼はひねりを加えて興趣を増した。マッハの速さでボールを投げつけたため、アンドレアは泣きながら家のなかに逃げ帰った。ところが就寝中も安心できない。寝入ったらホットアイロンで焼いてやる、または針を刺してやると兄に脅され――アンドレアは悪夢にうなされた。

「兄はブタ野郎になるときがあったの」と、妹は冗談めかして笑いながらいった。

**だけどいまはわかってる、あれはバイロンなりの、お兄さんぶったやりかただったって。よく考えれば、悪意は決してなかった。絶対、ちょっとしたいたずらだった。**

ケネディの常識はずれのユーモア感覚は、成人後および《マッドマックス》に引きつがれた。シリーズは、たがのはずれた大仰な演技から粗暴で不気味なヴィジュアルまで、ケネディのいたずらっ気のあるユーモア感覚ではじけている。何年も先、『マッドマックス2』のプリプロダクションの打ちあわせ中、美術監督のグレアム・〝グレース〟・ウォーカーはバイロンがワニのスナッパーで遊んでいるのを目にした――プラスチックのワニの頭が十二インチ（約三十センチ）の棒についているおもちゃで、引き金で口を開け閉めする。みんなが意見をいうか黙考しているなか、ケネディは「そのおもちゃで身体を掻《か》いて、脚をトントン叩《たた》き、そのあとみんなに向けたんだ」と、ウォーカーがふり返る。

**それから引き金を引いて、パチンパチン、パチンパチン。パチンパチン、パチンパチンってやった。みんなに向けて「パチン」ってね。そういう様を見て、わたしは「ワオ、こいつのユーモア感覚はどうかしてるな」って思ったよ。**

ティーンのとばぐちに立ったバイロンは、さんざん乗りまわしてボロボロになった愛用の三輪車には見向きもしなくなり、父エリックが中古のゴーカートを手に入れると、エンジンに夢中になった。ゴーカートをガレージに保管し、父と息子がよくやるように、ふたりで少しずつ、ありし日の姿に修復していく。エンジンを分解して組み立て直し、シャーシをクリーンナップし、隅々まで磨きあげた。作業が終わるとバイロンは外に持ちだしてアクセルを踏み、三輪車のペダルよりも少しばかり手ごたえを感じる乗り心地を喜んだ。

とはいえ、それまでに両親からもらったガジェットでいちばんの影響があったのは、十一歳のときにもらったものだ。それは、スーパー8（八ミリ）カメラだった。バイロン・ケネディの撮った初期のアマチュア映画を見ると、「動く」や「マシン」のような単語をすぐさま連想する。ケネディはティーン時代ずっとスーパー8で実験をし、あれこれつなぎあわせては短編に仕立てた。素材は、カメラを手にしたこどもが撮るだろうと予想のつく範囲ながら、多岐にわたる。たとえば、家族が湖に出かけるシネマ・ヴェリテ風（素朴な撮影・編集スタイル）のスナップショットでは、黄金色の夏空の下、ジェットスキーをする父親とおじの姿が映っている。あるいは稚拙なスタントに挑戦した悪ふざけの裏庭ショット。アンドレアを屋根から飛びおりさせるのに失敗したバイロンは、巧妙な編集をひとつふたつやって、彼女が飛びおりたように仕上げた。われわれが「映画のマジック」と呼ぶ初歩的な例だ。

バイロンの裏庭スタイルの映画づくりは年々スケールが増し、かなり野心的になる。ある年、バイロンは毎年開かれるアヴァロン・エアショーにスーパー8カメラを持っていき、全方位的に刺激的な光景を記録した――爆発やパラシュート降下から、爆撃のシミュレーションに、模擬空中戦まで。ショーは彼の食欲をふたつの面で刺激した。ひとつ、カメラで大型のマシンを撮ること。センセーショナルな映像が手に入る。ふたつ、重力をうち負かす欲望。エンジンから煙をあげて道路を疾走する芸当をすでに演じたバイロンにとり、空はつぎなる論理的なフロンティアだった。空中アクロバットの数々を見あげた彼は、家族にこういった。「あそこに行きたい」

バイロンが製作したほかのフィルムは、より創意工夫に富んでいた。とある一本では、あきらかに単純な目の錯覚の特殊効果に浮かれたケネディが、鏡を注意深く配置して、戸外で無為に過ごす妹の、そっくり同じヴァージョンのイリュージョンをつくりだした。別の映像では、ミニチュアの列車を接写し、あたかも実物さながらの不吉さで、カメラに突進してくるように見せるショットがある。

けれどもケネディ少年の傑作は「Battle Cry」と題されたアクション大作の決定版で、エリックがアシストに入りガレージで撮影された。父子がともに精を出した、また別のプロジェクトだ。映像は小さなおもちゃ、ストップモーション・アニメーション、第二次世界大戦の実際のフッテージを組みあわせてある。オープニングショットには、昔ながらの緑色のプラスチック製おもちゃの兵士がうつ伏せになり、カメラがその脚を這《は》いのぼっていく。雲が点在する空の絵をバイロンがダンボールに描いて背景にし、ひもに飛行機を吊《つる》して飛ばした。「アクション！」の声がかかると同時にエリックが偽の空に飛行機を飛ばし、息子が爆竹を鳴らして爆撃の音をシミュレートした。

十八歳になると、企業精神あふれるバイロン・ケネディは最初の製作会社ワーロック・フィルムズを立ちあげ、自身の短編作品にロゴをつけた。

エネルギー。推進力。速度《ヴェロシティ》。スピード。それらのことばはこの若者の映画的衝動と同義であり、おとなになっても消えることはなかった（それらはもちろん『マッドマックス』と同義でもある）。おもちゃは大きくなった。マシンはうるさくなった。スペクタクルの感覚は空高く打ちあげられた。

とはいえ、野心家のフィルムメーカーが二十一歳で一九六九年コダック杯のコンペティションに優勝したのは「Battle Cry」の爆音でも、ほかの短編の巧みなギミックのためでもない。優勝をもたらしたのは、メルボルンCBDの南西にある自宅にほど近い湾岸地帯を探求した、より落ちついた、シネマ・ヴェリテ風のドキュメンタリー「Hobsons Bay」だった。報賞は海外旅行で、映画産業の各種専門家に会って指導を受けられた。

旅の成功に励まされ、帰国後、ケネディは自分を求職中の若きフィルムメーカーとして売りこむ。メルボルンとシドニーでフリーランスのカメラマンや製作コーディネーターとして定期的に仕事にありつき、一九七一年の夏、オーストラリア学生連合という組織の主宰により、いまでは廃校になったアクエリアス映画学校で講座を開いた。その年彼はまた、メルボルン大学で開かれた映画ワークショップに参加し、そこでジョージ・ミラーという若者と出会う。ミラーはつい最近学業を終えて医師になる間際だったにもかかわらず、フィルムメーカーとしてのキャリアを模索中だった。

ふたりは意気投合する。まるで、ことわざの陰と陽みたいだった。ひとりに欠けるものを相手が持ちあわせた。

「ふたりは互いにわかりあい、ふたりとも同じものを目指していた」と、エリック・ケネディがいうと、「それに、確かにふたりとも野心家だった」と、バイロンの妹アンドレアがつけ加える。

**ジョージがクリエイティヴだとしたら、バイロンはもっと実際家。けれどふたりは同じヴィジョンを共有していた。すぐにふたりはくっついた。ぶつかりあって、息ピッタリだった。**

一九七一年、ふたりは真っ黒なコメディ「Violence in the Cinema Part 1」を撮る。疑似ドキュメンタリースタイルで、もったいぶった学者きどりの男が映画で描かれる暴力の影響性について説教するあいだ、あらゆる不快な方法で襲われる。短編は不穏当でけんか腰、反面どことなく慎重で、製作者のはっきりした意図を示さない。

シドニーとメルボルンの映画祭で好評を博し、オーストラリア政府は一九七三年のカンヌおよびモスクワ映画祭に「Violence in the Cinema Part 1」を正式出品する。一九七二年六月十二日にシドニーで上映されたあと、ある配給会社がミラーとケネディに迫ってきて、こう申し出た。「きみたちの映画を配給したい」。ケネディはオーストラリア国内での公開をブリティッシュ・エンパイア・フィルムズ（配給・映画館主グレーター・ユニオンの密接な提携相手）と、それ以外のイギリス連邦での公開をメトロ・ゴールドウィン・メイヤー（MGM）と契約する。

つぎの数年間、才能ある若手ふたりは小規模な企画の仕事に携わる。一九七四年、ケネディとミラーはオーストラリア映画についてのコメディ特番「They've Got To Be Jokin'」を脚本・監督・制作し、オーストラリアのチャンネル・ナイン・ネットワークに買われた。

チャンネル・ナインはまた、ケネディとミラーがつくった別の短編ドキュメンタリー「The Devil in Evening Dress」〔一九七五〕も買いとる。亡くなったオペラ歌手フェデリチの幽霊がメルボルンのプリンセス劇場に現れるとされる伝説を検証した一時間のスペシャル番組だ。ふたりは番組のためにたくさんの再現場面を仕立て、そのうちのひとつにはバイロンの母ローナ・ケネディが出演したが、編集でカットされる憂き目に遭う（演技過剰だとの意見で家族が一致したため）。また、メルボルンのだだっ広いジェネラル墓地での早朝撮影も決行した。そのときに撮られた、会葬者を演じている俳優の一団を写した写真が、二〇一一年に出版された書籍『A Paranormal File: An Australian Investigator's Casebook』〔未邦訳〕に掲載されている。

ふたつのちょい役で番組に出演もしている写真家のラッセル・オレガンは、この写真には幽霊が写っているかもしれないとほのめかす。隅のぼやけた部分に、おぼろげながらフードを被《かぶ》った人物に見える像が写っている。オレガンがいうには、ミラーに電話をしてそのことを話すと監督はあざ笑ったものの、写真を見た途端「すぐに態度を改めた」

「バイロンとジョージはすごく興味を持ったため、翌朝七時半に墓地へ引き返し、幽霊は光と影のトリックだと証明しようとした」というオレガンの発言が書籍に引用されている。再現に失敗し、「ジョージは墓場から戻るとこういった。『写真の正体がわかったといったらうそになる』って」

一九七六年はバイロン・ケネディのビジネス知識を増やす重要な年となった。ケネディはミラノ国際映画見本市およびカンヌ映画祭の Marché du Film（フィルムマーケット）に参加する。売り手と買い手、一発当てたい者たちが入り乱れて賑《にぎ》わう、世界最大規模のマーケットだ。ケネディは契約手続きにとりわけ興味があった。六週間を費やして、ハリウッドの映画製作と配給、マーケティングの契約と法的な側面を学ぶ。その分野でみっちり鍛えられて帰国したバイロンは、オーストラリアの映画産業においてその手の知識の必要性を強く感じた。

「オーストラリアでは契約の結びかたをだれも何も知らないってバイロンはよくいっていた」と、エリックはふり返る。

**ハリウッドに行ったとき、バイロンはトップレベルの契約を扱う向こうの弁護士たちといっしょにマリファナを吸った。バイロンはそういうふうに他人の懐に入りこめる。法律屋たちは息子に契約の結びかたや注意すべき点などを吹きこんだ。持ち帰って研究できるように、契約書をいくつか提供してくれた。**

同じ年、ケネディ家はヤラヴィルを離れ、ヴィクトリア州ウェリビーの新居に引っ越す。もっと大きく、もっと広々した家は、やはりエリックが建てた。ある意味、四人家族は五人家族に増えた。新居に新たな同居人が転がりこんだからだ。卒業したてのドクター・ジョージ・ミラーが、数年間そこへ住みこむ。ローナはおおらかな間借り人《テナント》を思い返し、「ジョージが面倒を持ちこむことはなかった。透明人間みたいだった。そこにいることさえ意識しないの」といった。エリックがつけ加える。「ジョージには優しい雰囲気があるね」。そしてアンドレアいわく、「優しくていい人。近ごろテレビで見かける彼そのまんま――おかしくて、科学者然として、まぬけで、気どらないの――いつだってそう」

免許を持つ医師が同じ屋根の下で暮らすことには恩恵がある。記憶に残るある日、エリックは少しばかり、具合がすぐれなかった。タフでがまん強い、オーストラリアの仕事人のお手本であるエリックは口数が少ないのを常とし、健康状態についてはまずこぼしたことがない。だが、ジョージとバイロンが午後十時半ごろに帰宅すると、カウチに沈みこみ、少しばかり具合が悪いのを隠しおおせずにいた。ミラーがどうしたのか尋ねると、家主は諸症状を告げた。さらに質問したあと、若い医師は診断を下した。盲腸に間違いない。「もっと正確に診断できるけど」と、ミラーはエリックにいった。「それには指を肛門に入れないといけません」

全員が指挿入に反対し、ジョージとバイロンはエリックを最寄りの、車で二十五分のフットスクレー郊外にある病院へ連れて行った。到着するとミラーは受付に行って自分は医師だと告げ、診断を伝えた。診断は正しく、一時間と待たずしてエリックは手術を受けた。

「父を知っていると」と、アンドレアがいう。「カウチに座って一晩じゅう痛みに耐えて、気にかけなかったと思う。あとから思えば、死んでたっておかしくなかった」

ジョージ・ミラーにとってケネディ家に居候する理由は、多くのヤングアダルトが実家に戻るのと同じ、驚くには当たらない恩恵があるからだ。生活費の節約になる。彼らとの同居はひとり暮らしより経済的でもあり、必要になれば、そのときバイロンとふたりの時間を注いでいるプロジェクトに一日中かかりきりにもなれた。ふたりは大きなプロジェクトの構想を抱く。はじめての長編映画づくりに乗りだすぞ。作品はその後、うんうんうなって考えた末、『マッドマックス』と題される。

題名は映画の完成後に変更され、さらに映画館封切り前に再び戻される。作品はオーストラリアの映画界に火をつけ、彼ら自身の人生のみならず、たくさんの人々の方向性を変え、同様に、確実にポップカルチャーにおいて、歴史の軌道を変える。

とはいえ目下のところ、ミラーとケネディは野心はたっぷり持っていたが、脚本も資金もなかった。その状況はやがては変わるものの、かなりの苦労を強《し》いられる。粘り強いひとり息子の映画界での成功を止めるものは何もないことがあきらかになると、バイロンの母ローナは彼を脇に引きよせてリクエストをした。

「バイロンに『風と共に去りぬ』〔一九三九〕をつくってってっていったの」と、彼女はふり返る。「息子はわたしを見ていったわ、『母さん、ぼくらは映画を撮るけど『風と共に去りぬ』にはならないよ』」

# Chapter3 : CREATING A MAD WORLD
# 第三章　〈ＭＡＤな世界〉を創造する

「ジョージとバイロンにこういった。『一時間でわたしに売りこめないなら、三十秒しかないテレビスポットでアピールできると思うのか？』売れ線だとは思わなかったし、すごくいいネタだとも思えなかった」

『マッドマックス』の主人公が一匹狼《ローン・ウォリアー》タイプでもなければアクション映画でもないヴァージョンなど、想像できない。ところが、親友でプロデューサーのバイロン・ケネディが長編映画をつくると言い張ったあと、ジョージ・ミラーの頭のなかを駆けめぐったもともとのアイデアには、どちらもふくまれていなかった。紙とペンに書きつけた（比喩ではなく実際に。コンピューターのない時代だ）最初期、激走チェイスシーンはミラーの頭にはなかった。未来の時代設定でもない。アクション映画ではなく、主人公は一匹狼でもない。

やがては『マッドマックス』として固まる作品の土台をミラーが練りはじめたとき、マックス・ロカタンスキーは——よりにもよって——ジャーナリストだった。フィルムメーカーは現実の記者が、いわば悪徳弁護士に等しいゆるい倫理感の持ち主なのを知ると、ピンとくる。「パトカーを追いまわしては交通事故の現場に現れ、居あわせた人々を取材するラジオジャーナリストの男だった」と、ミラーはのちにふり返った。

**なぜか、わたしに響くものがあった。聖ヴィンセント病院の救急医療病棟で働いていたときのヴァイオレンスと轢《れき》死体、自分たちの対処のしかたにひどく気持ちが乱れたのを思い起こさせた。**

脚本執筆の資金稼ぎのため、ミラーとケネディは路上で救急無線代診業（基本的には救急車代行業）に手を染める。三ヶ月間集中的に働き、プロデューサーが運転し医師が治療した。何日も不眠不休で働くときもあり、自分自身やおそらくは友人を危うく殺しかけた者たちの傷口をミラーは縫い――肉体の損傷、苦痛と目のなかに宿る懊悩《おうのう》を観察した。

ケネディはかつて、ヴィクトリア州の路上で経験し、ふたりの脳裏に焼きついた悲劇的な数日間について触れたことがある。「一九七五年のなかば、ある週末、ヴィクトリア州の路上で二十五人が事故死した」と、ケネディは語った。

**路上で死ぬこともあるという事実を、人々が受け入れるのが見ていてわかる。それでもたとえば、だれかが十五階の窓から転落死するほどにはおそろしくはないみたいだった。それで、**

**そこに長編映画のヒントみたいなものがありそうだと、ぼくたちは思った。**

コンセプトをうまくかたちにするのに苦労し、ミラーは登場人物の初期設定の大事な側面――暴力に対する感覚麻痺《まひ》――は残したが、職業を変える。マックスはジャーナリストではなく、警察官になった。つぎの大きな変更は舞台設定だ。ミラーは彼の考えている出来事がいまここで起きるのはありえないと判断し、そのため映画は未来の設定になった。製作費をたっぷり――大がかりなサイエンス・フィクションのセットを組めるほどには確実に――望めないのはあきらかだったため、遠い未来を想定したストーリーは選択肢になかった。『マッドマックス』は〝来週の水曜日〟、つまり気候変動による干ばつと砂漠化から核が落とされて死の灰が降り経済が壊滅するまでの、社会の最悪の危惧が現実になるよりも前に起きる。

『マッドマックス』の脚本が思うように進まず――単純に創造意欲がわかず――行きづまったミラーは助けがいると判断した。とりわけセリフに風味が欠けると考えた。マックスの前職がジャーナリストだったため、メルボルンの〈オーストラリアン〉紙で当時経済面の編集員をしていたジェームズ・マッカウスランドに白羽の矢を立てたのだろう。もしくは酒を飲みながら映画の話をした長い夜のせいかもしれない。

「それからたぶん、どんな経緯でオーストラリアに来てなぜオーストラリアにとどまっているのかを書いたぼくの記事のせいだ」と、ニューヨーク生まれのマッカウスランドは述懐する。

ジョージは記事のトーンが気に入って「映画の脚本を書かないか？」と持ちかけてきた。もちろん書くと答えた。断る手があるかい？　ジョージは一ページのあらすじを書いた。「映画の脚本をきみが書いたことがないのを知ってるが、きみはジャーナリストだ。ジャーナリストはときどき世のなかに対して冷笑的になるものの、世のなかのできごとを書ける。ただ、冷笑的にはしないでくれ」

マッカウスランドがとりわけ触発された、先般起きた騒動が、最初のいわゆる〝オイルショック〟だ。一九七三年、アラブ石油輸出国機構（ＯＡＰＥＣ）の産油国が輸出制限を宣言して、石油不足と世界経済のパニックを引き起こす。ＯＡＰＥＣの庇護《ひご》下にある中東十一カ国（イラク、クウェート、エジプト、シリア、サウジアラビア等）の狙いはごく単純だった。値段をつり上げること。戦略は当たり、石油価格は一バレル三ドルから十二ドルへ高騰する。

マッカウスランドはのちに、〈オーストラリアン〉紙の論説面に署名記事を書いた。

**ガソリンスタンドを襲った数度の石油ストライキは、オーストラリア人がタンクを満たす権利を守るために剝《む》きだす凶暴性を露《あら》わにした。スタンドには長い行列ができ——割りこもうとする者は、手ひどい暴力を受ける。**

燃料タンクのために戦争が起きるのを想定し、一般市民が備えをする世界が、突然ひどく切実になった。映画『マッドマックス』に、神経を逆なでする核となるコンセプトができた。観客は給油ポンプをめぐる騒動を気にかけた。それならば『マッドマックス』を気にかけるはずだ。

しかし、初期に起こした脚本は、大物のグレアム・バークの神経に——おそらくは悪いほうをのぞいて——あまり刺さらなかった。バークは配給会社ヴィレッジ・ロードショーの高い序列に居座る、オーストラリア映画界のパワーブローカーだ。彼を感心させようと、ミラーとケネディはメルボルンのオフィスを訪ね、アイデアを売りこむ。オーストラリア映画の配給を左右するバークにふたりが望む返事は、「すばらしい、気に入った！」のひとことだ。

バークの返事は違った。ふたりの売りこみ《ピッチ》——レザーの制服を着こんだ警官と車の大群が出てきて似《え》非《せ》哲学的なメッセージを忍ばせる——はひねりすぎ、混乱していた。バークは何かセクシーなもの、印象的なもの、凡百とは一線を画すものがほしかった。当時のオーストラリア映画界は高尚なドラマが占めていた。バークが型破りな作品を求めていたのは確かだが、このふたりの新人フィルムメーカーがもごもごいっているのがなんであれ、違うと考えた。

**わたしはジョージとバイロンにこういった。「一時間でわたしに売りこめないなら、三十秒しかないテレビスポットでアピールできると思うか？」売れ線だとは思わなかったし、すごくいいネタだとも思えなかった。**

と、バークはふり返る。

ただし、ふたりの持ちこみ企画には感心しなかったものの、ふたりの人物に感心したのは確かだ。当時わたしに会いに来た並のフィルムメーカーではなかった……ふたりに「わたしに任せろ」みたいなことをいう代わり、正直にいった。単に、この企画を気に入らないとね。

バイロン・ケネディの顔がたちまち真っ赤なトマト色になったのを、バークは決して忘れない。ケネディはそのような批判に慣れていなかった。ふたりが部屋を出るとき、バークはこれが彼らを見る最後だろうと予想した。六ヶ月後、だが、ふたりは戻ってきた。バイロンは三十頁のトリートメント（ストーリーの要約書）をバークの机に叩《たた》きつけていった。「これなら売れますか？」企画を気に入らないと最初に判断したのと同じ早さで、バークは態度を変えた。

その時点で『マッドマックス』と題されたトリートメントを読んだとき、とんでもなく興奮した。わたしはこういった。「きみたち、この映画に必要なのはもう少しだけ骨っぽくすることだ」。それからいくつか提案をした。そのあとふたりは資金調達に行った。政府機関はふたりをはねつけた。なぜなら、彼らの映画はアートについてでも更年期についてでもなかったからだ。ふたりは独力で資金を集めた。われわれも多少提供し、オーストラリア国内の配給元にもなった。

ふたりの駆けだし脚本家、ミラーとマッカウスランドはルーティンを確立した。ニュース編集室から毎晩帰宅したマッカウスランドが、夕飯を食べたあと真夜中ごろまで脚本にとりくむ。ジョージは翌朝午前六時ごろ彼の家を訪ねる。ときどき、マッカウスランドは目覚めたときに考える。「ぼくらがいま書いてる映画は完全にばかげてるぞ」。それでもふたりは書きつづけ、それから書き直し、さらに書き直す。事実上映画のセリフをマッカウスランドがすべて書いた。登場人物にキレキレのセリフを与え、人物ごとに変える彼の手腕をミラーは褒めた。逆に、頭から引きだした映像を発展させて紙に落としこんでいるらしいミラーのアプローチに、脚本担当者はすっかり感服した。マッカウスランドはふり返る。

**ジョージはとんでもないヴィジュアルセンスを持っていた。その感覚を洗いざらいぼくに伝授してくれた。ぼくらは金がほとんどなかったから、撮影に入るときには映画の九十五パーセントが脚本に書かれていないといけなかった。だからただ会話だけを書いたのではなく、映画のエフェクトも書き入れた。あるシーンをぼくたちは五十回書き直さなきゃいけなかったのを覚えている。丘を転がり落ちるホイールのくだりだった。いつもこうやってはじめた。「よし、じゃあ、ホイールが丘を転がって観客の視界に入ってくる」。あのシーンのセリフだけで、何週間もかかったよ。**

《マッドマックス》シリーズで指摘される批判のひとつが、映画の中心的な設定に見られる論理の飛躍への、最大の懸念から来ている。最も稀少《きしょう》で最も価値ある商品がガソリンである未来世界という設定ならば、登場人物たちはなぜガソリンで動くマシンを長時間乗りまわしているのか？　なぜ最も貴重な資源――そして生存のうえで最も重要な通貨であるガソリンを浪費せずにすむ移動手段を使わないのか？

だが、もしその信じがたさを《マッドマックス》の批判に使うなら、もちろん自分たちにも適用すべきだ。稀少な商品を景気よく消費することが、より高いステイタスとされる社会を思いつくのは、それほどとっぴではない。ある意味それこそわれわれのいま住んでいる世界だ。非論理的だが、人間の行動はしばしばひどく非論理的になる。ミラー、ケネディ、マッカウスランドは（交通事故死においては確実に）イケイケなオーストラリアの車文化を、その一部として見ている。ばかげていて無分別だと。その姿勢はスクリーン上に現れている。『マッドマックス』がはじまって早々に観客が目にするのは、今年の交通事故による死亡者数が五十七人と告げる黄色い看板だ。ハッとさせるその前奏曲《プレリュード》のあと、ナイトライダーが登場する。自称「燃料噴射装置つきの自殺マシン」のとち狂ったその男は、幼児をひき殺す期待に、まさしく舌なめずりをする。

当時のミラーとマッカウスランドには知るよしもなかったが、車への常軌を逸した心酔ぶりの描写は《マッドマックス》シリーズが進むにつれ、より極端になる。一作目は、車の愛好家を頭がからっぽのカーマニアとして描く。二作目『マッドマックス２』は、人類の行動が無謀になりすぎて核によるアポカリプスが起きた世界を描く。三作目『サンダードーム』は、合理的でクリーンなエネルギーの解決法（ブタの排泄物《はいせつぶつ》から抽出したメタンを動力源とする町）を提示するが、精製所が破壊され、その後さまざまな確執と権力闘争が起きる。

そして四作目にして最も過激な映画『怒りのデス・ロード』において、車は宗教に準ずる機能を果たす。ハンドルは十字架代わりのシンボルとなる。「キラキラ、ピカピカ」などのフレーズが聖霊への祝詞《のりと》のように唱えられる。陰惨な世界のリーダー、イモータン・ジョーという悪役《ヴィラン》は手下に死後の世界への入り口「ヴァルハラの門」を約束する。天国への門は、駐車場へのエントランスとして再構築される。

『マッドマックス』は年月とともに批判的なエッジを鈍らせる。シリーズが――おそらくは独特の奇妙なやりかたで――風刺している当のスピード狂とならず者の同類たちに信奉された結果として。それは、ミラー、マッカウスランド、ケネディが、観客に路上の惨事を警告するための妙に用意周到な、おそらくは皮肉なアプローチだけではなく、どうやってそれを一本の物語として構成するかを思いついたときにはじまる。

彼らは意図的に『マッドマックス』をクレッシェンド（心をわしづかみにするナイトライダーのロケット・カーのカミカゼミッション）ではじめ、デクレッシェンドで終えようと決断した。大胆な手だ。アクション満載で幕をあけ、尻すぼみととられかねない幕切れを迎え、要所要所で心理的かつ哲学的な思想をふりまく。なおかつ《マッドマックス》シリーズのしきたりとして、Ｃ４火薬も少々添えている。その一部では、いまや世捨て人となったロード・ウォリアーが家族と倫理基準とをなくし、錯乱した犯罪者ジョニー・ザ・ボーイをガソリン漏れの事故車に手錠でつなぎ、最後通牒《つうちょう》を迫る。「自分の足首をのこぎりで切って逃げるか、爆死するか選べ」と。映画の型破りな構成（クレッシェンドからデクレッシェンドへ）同様、これはやはり逆向きの軌道を描いている。悪人もしくは欠陥人間が善人やましな人間になるのではなく、真っ当だった男が悪に染まる。

映画の象徴的なセリフのひとつを、マックスの上官フィフ・マカフィー隊長がいう。「おまえとおれで、やつらに英雄《ヒーロー》を与えるのだ」。これはほぼ悪い冗談となり、《マッドマックス》の世界は市井の男がヒーローになるのではなく、ヒーローがヴィランになる傾向にある。『スター・ウォーズ』はミラーとマッカウスランドのインスピレーションになったが、端的にいえば、主人公はダークサイドに堕ちたのだ。

『スター・ウォーズ』の生みの親ジョージ・ルーカスについて書かれた一九九九年出版の書籍『ジョージ・ルーカス』で、定評ある伝記作家ジョン・バクスターはさらにこの論を押し進め、『マッドマックス』はルーカスのスペースオペラに「存在を負って」おり、映画は「ルーカスの中古宇宙のヴィジョンから論理的帰結を」導きだしたと主張する。

『マッドマックス』が「ルーカスに存在を負っている」との示唆は、映画作品の因果関係を奇妙なほど単純化した視点を反映しているようにみえる。一本の映画がまるごとほかの一本からエッセンスをとっているという見方。映画（そしてより広義にはポップカルチャー）をそのような単純な見方で定義できるはずがない。作品への影響とインスピレーションの源をたどるのは、血液サンプルの分析をするのとも、ファミリーツリーを作成するのとも違う。映画宇宙は、遺産という面においてはよりメレンゲ状、というよりもフィードバックの円環《ループ》によって成立している。

ある作品が別の何かに「存在を負っている」といえるのは、おそらくはクリエイターに任せるべき考察だ。それでさえ、彼らが無意識の影響を受けるのは避けようがない。『マッドマックス』にいたる道のりの肥やしになった映画の先達《せんだつ》はいくつもあり、おそらくは『スター・ウォーズ』よりも大きな影響を与えている。たとえば、いまどきのディストピアな未来を描くジャンル映画は、一九六八年の『猿の惑星』がなければ存在しなかった。あの作品で、チャールトン・ヘストン演じる宇宙飛行士が不時着した惑星は、猿の支配するおそろしく腐敗した世界だったが、実は――ラスト一分のどんでん返しで――地球だと判明する。

海岸での忘れがたいラストシーンで、ヘストン扮する主人公が、砂に埋まった自由の女神像を発見して叫ぶ。「ここは地球だ……人間どもめ！　おまえらはしくじったんだ！」。ポスト・アポカリプスものの真髄の多くが『猿の惑星』には存在する。人類のせいであっという間に地獄と化すというアイデアは確実にある。ドイツ人の映画作家フリッツ・ラングが監督し、オーウェル的未来社会の原型となった一九二六年の傑作『メトロポリス』で描くのは、極端な階級の二分化による荒廃した社会であり、その世界が――『マッドマックス』一作目のように――ディストピアな未来なのか、寓意的な現在なのかは、見る者次第だ。

ほかに、ミラーとマッカウスランドの脚本に関係し、直接的な影響を『マッドマックス』に与えた作品が、年月とともに注目されるようになった。ピーター・ウィアーが一九七四年に撮った長編デビュー作『キラーカーズ　パリを食べた車』は、オーストラリアの架空の田舎町パリを舞台にし、町の経済は事故車の供給に依存している。町に通じる山あいの道路は強風にさらされ、きわめて危険だ。地元の牧師は「ひどいガタガタ道」と呼ぶ。住民が観光客や訪問者を狙って道路から追い落とし、そののち車をスクラップしてパーツを売りさばいているとあれば、不思議はない。

夜ごとパリのストリートを地元のごろつきが乗りまわすイカレた外装の、大改造した車は整備士の悪夢の残骸さながらだ（《マッドマックス》のまさしく同類）。車の一台、走るデスマシンのシルバークロームの外装は、人体を貫くほどの巨大なスパイクにびっしり覆われ、数十年のちにお目見えする《マッドマックス》の車両と酷似している。三つ目の続編『怒りのデス・ロード』に登場する、同じくスパイクに覆われた〝プリマス・ロック〟がそれだ。国内外の映画ファンであるミラーが、『キラーカーズ』のカオスなヴィジョン——車が人里離れたちっぽけな町の目抜き通りを爆走する——を見たとき、チンチラの少年時代とその地の車文化を思い出し、『マッドマックス』の方向性のヒントを得る。

同様に、ガソリン漬けのオーストラリア映画で、ミラーのより成功した映画にいたる重要なもう一本が、一発屋フィルムメーカー、サンディー・ハーバット監督による一九七四年のバイク映画『マッドストーン』だ。『マッドマックス』は世界的にヒットしたかもしれないが、『マッドストーン』は国内でやはり大当たりし、およそ十九万五千豪ドルの製作費で、およそ百五十万豪ドルの興行成績（当時では大ヒットに相当）を収める。『マッドストーン』の時代設定は現在だが、やたらに未来的な見かけのバイクが一台ある。箱形をしたブルーグレイの風変わりなローライディングの車体には、旧型のマッキントッシュ・コンピューターに車輪をつけたような外観のサイドカーが付属している。『マッドマックス』同様（後述）、『マッドストーン』は実在の暴走族（ヘルズ・エンジェルス）とコラボレーションしていた。さらに『マッドマックス』同様みごとなスタントがあり、バイカーが三十メートルの崖から海へ落ちるシーンもある。ミラーのデビュー作に登場するキャスト四名が、その五年前にこの映画で顔を合わせている。ヒュー・キース＝バーン、ロジャー・ウォード、ヴィンス・ギル、デイヴィッド・ブラックスの四人だ。『マッドストーン』の登場人物のひとりは〝バッド・マックス〟

とさえ呼ばれる。ジェームズ・マッカウスランドとミラーはその二本に加え、そのほか数多くの作品を『マッドマックス』の準備のために見た――「できるだけたくさんだ」と、マッカウスランドはいう。

これらのどれひとつとしてジョージ・ミラーの長編第一作を貶《おとし》めはしないが、そこへいたるまでのタイヤをきしませた道のりを、よりうまく操縦するための潤滑油となった。世界のどこかで製作されたほかの映画も何本か、混じりあっているともいえる。たとえば、いつも超クールなスティーヴ・マックイーンがキャリア屈指の演技を見せる一九六八年製作のアクションスリラー『ブリット』。あるいは、復員兵と警官がデンバーとカリフォルニア間の砂漠を警察に追われるという内容の、一九七一年に製作されたポスト・ウッドストック世代アメリカン・ロードムービー『バニシング・ポイント』。そして、マーロン・ブランドが主演した、バイカーが眠ったようなアメリカの町を襲う一九五三年の『乱暴者《あばれもの》』をリストに混ぜないのは難しい。「何に反抗しているの？」と問われ、ブランドは有名な返答をする。

「さあね」

ミラーとマッカウスランドが『マッドマックス』を書き終えたとき、ふたりは怪物を手にしていた。分厚い二百十四頁の脚本は、少しばかり、そう、マッドに思えた。ふたりの脚本を野心的と形容するのは、ひかえめすぎる。「いまから数年後」のテロップと共に、映画は金属のデブリが散乱した、まっすぐにのびる荒涼としたハイウェイで幕をあける。川岸に、パトカーが止まっている。警察無線から声がし、風に抗《あらが》い聞こえてくるのは、「ＭＦＰ本部よりサースへ。緊急配備は認めない。コード44で処理せよ。以上」という指示だ。サースが応答する。「冗談じゃないぜ、そんな甘っちょろい手が効く相手かよ」

やりとりがしばらくつづく。混乱する内容だというのは、やはり軽すぎる表現だ。脈絡がなく、正直いびつな脚本が、キャストとスタッフに『マッドマックス』はコケると当初確信させた理由のひとつだった。着ぶくれしすぎて身動きできずにばったり倒れるぞ。しかし、冗長でカオスなできばえにせよ、ジョージ・ミラーとバイロン・ケネディは脚本を仕上げた。つぎは映画化のための元手だ。三ヶ月の救急代診で貯めた金ではとても足りない。そして、もちろん砂塵《さじん》の舞う、燃料不足の、オイルでまわる未来世界の住人たちを演じる俳優を必要とした。マックスが必要だった。

# Chapter4 : FINANCING (AND FUNDING) MAX

# 第四章　『マッドマックス』の資金調達

「当時でさえ、ルックス以上のものをメルがたくさん持っているのはあきらかだった。最初からずっとそうだった」

ジョージ・ミラーとバイロン・ケネディがメルボルンの株式仲買人ノエル・ハーマンのドアをノックしたとき、ケネディはこういった。「あなたなら災厄を引き受けてくれると聞いて、やってきました」

友人や家族頼みの善意の資金援助は頭を打ったが、『マッドマックス』製作に必要な三十五万豪ドルにはおよそ及ばなかった。それですら、一九七〇年代にあってもこの手の映画の製作費としては破格の安さだ。財政の魔法使いが助けてくれるかもしれないと、ふたりは小耳にはさむ。映画製作には明るくないが、事業形態と投資には詳しいハーマンは、企画を引き受けることに同意した。「バイロンとジョージは大勢に却下されてきた」と、ハーマンは記憶をたぐる。「経験不足でも、ふたりのプロフェッショナリズムに感心したんだよ」

ハーマンの指導のもと、ふたりは約三十人の投資家からひとりにつき約一万豪ドルの投資を募る計画を立てた。すでに手もとにある資金に加え、これで予算にはおつりがくる。ハーマンは『マッドマックス』投資ビジネスケースのおおまかな青写真を作成した。「マーケットにはアクション満載の作品がつけいる大きな隙間がある」と確信して。国内の劇場とドライヴイン、二通りの同時公開を想定した。平均的な観客動員とつつましい宣伝費を計算に入れ、ハーマンは国内興行成績を総計百十万豪ドルちょっとになると見こむ。投資家が妥当な見返りを望める額だ。

ハーマンの見積もりは、最終的に非常にひかえめだったと判明する――だがとにかく、と株式仲買人はいう。「危険な投資だった」。ミラーとケネディの短編「Violence in the Cinema Part 1」は投資家の踏ん切りを助け、ノエル・ハーマンは若きフィルムメーカーたちが必要とする調整役となってくれた。彼の力添えにより独力で資金を集めるのに成功し、トリオはヴィクトリア州のフィルムコミッションから提供された助成金を返上する。かくして『マッドマックス』は完全な独力で資金を集めた――寛大な政府の援助に頼っているオーストラリアの映画界では異例なことだ。「できるだけ政府の援助なしにやりたかった。そしてまさにそうした」と、ハーマンは述懐する。独立資本はフィルムメーカーに完全な自治権を与え、プロダクションの信頼性を保証する。

製作費を確保したジョージ・ミラーとバイロン・ケネディは『マッドマックス』のキャスティング作業に照準を合わせた。どの俳優がいちばんの大役を担うことになるかに疑いの余地はない。結局、役名がタイトルに冠された映画の成功が、レザーの上下に身を包み、必須の冷徹なカリスマを体現できる人物にかかっているのは自明の理だ。ミラーは一九七六年にロサンゼルスに渡って彼のロード・ウォリアーを探したが、空手で戻ってくる。名の知れた俳優が国内外で映画を売る助けになるのはわかっていた。問題は、むろん、有名俳優がセレブな地位にみあう報酬を求めることだ。少ない予算の相当部分がそのような俳優に費やされれば、スタントとアクション・シーンに振りわける額が減ることにミラーは思いいたった。

監督とプロデューサーは網を高く広く張って大勢の若者をオーディションし、数名をスクリーン・テストした。しかし、これだと思わせる人物はほとんどいない。オーストラリアの警察ものドラマ「Homicide」〔一九六四〜七七〕に出演していたアイルランド生まれの俳優ジェームズ・ハーレイに決まりだとふたりはいったん思ったが、ハーレイはその役を蹴る。オーストラリアのキャスティング・エージェント、ミッチ・マシューズが国立演劇学院（NIDA）の卒業生に会ってみるようにふたりに勧めた。NIDAは入学条件の厳しいオーストラリアの名門アートスクールで、当時は年に三十人未満しか受け入れなかった。一九七七年度の卒業生、ハンサムでフレッシュな、青い瞳の向上心にあふれた俳優、メル・ギブソンがそのひとりだ。彼のハウスメイト、スティーヴ・ビズレーもしかり。ギブソンとビズレーはもうふたりの若者と、シドニーのボンダイビーチに近い、くたびれた四部屋の家に同居していた。四人の学生は貧しかったが、酒盛りハウスパーティーをしょっちゅう開いていた。

一九七七年九月の午後遅く、数名分のスクリーンテストをすませたジョージ・ミラーは疲れを感じ、悲観的だった。すると、ギブソンがドアから入ってきた。カメラのレンズをのぞいたとき、ミラーは背筋に震えが走るのを感じた。ついに、探していた男がみつかった。「ジョージがわたしを呼んで『オーディションのフッテージを見てみるかい？　マックスをみつけたと思うんだ』といったのを覚えている」と、『マッドマックス』のプロダクション・コーディネーター、ジェニー・デイはいう。

**部屋に行って、メルとほかのＮＩＤＡ卒業生二、三人のオーディションを見た記憶がある。メルで決まりなのがわかった。みんながそれを感じた。ジョージが感じた。ミッチが感じた。わたしが感じた。**

マックス・ロカタンスキー探しが終わった。メル・ギブソンが契約書にサインした。彼のハウスメイト、ビズレーもプロダクションに加わり、ロカタンスキーの親友ジム・グース役をものにした。ふたりにとって大金星だった。

「あのころのオーストラリアの映画市場は大きくなかった。ジョージ・ミラーみたいな人は、まったくのぽっと出の新種だった」と、一九七六年から七九年にかけてギブソンのエージェントだったフェイス・マーティンはふり返る。「わたしがエージェントの仕事をはじめたとき、市場にあったのはテレビ向けも劇場向けも格調高い作品がすべてで、それだけだった」。まだ売れっ子になる前のクライアントについては、「当時でさえ、ルックス以上のものをメルがたくさん持っているのはあきらかだった。最初からずっとそうだった」

ギブソンは一九五六年一月三日、十一人兄弟の六番目としてニューヨークに生まれる。厳格かつ保守的な家庭で、父ハットン・ギブソンと母アンに育てられた。ふたりはメルが十二歳のときにシドニーに移住する。ハットンの影響を斟酌《しんしゃく》せずに、メル・ギブソンの人生を測ることは不可能だ。メルとハットンの似た者ぶりは、「この親にしてこの子あり」という古いことわざを想起させる。父親同様メルは敬《けい》虔《けん》なカトリック教徒で、のちに大家族を成した。父親同様メルはビタミン剤をほぼ強迫観念といえるほど愛飲し、日に何ダースも消費していた。（また、メルはビタミン業界の顔となり、一九九〇年代初頭にビタミン剤促進のテレビコマーシャルに出演している）。そして父親同様、やがてはユダヤ人やホモセクシュアリティについて物議をかもす暴言を吐き、メルの名声は大勢から疑問視される。

しかしこれはすべて、だいぶ未来の話だ。一九七七年の終わり、ギブソンはブレイク寸前の有望新人タレントだった。遊び好きだがシャイな二十一歳の若者で、自分を笑いものにして気さくに仲間を楽しませるのを好む、名うてのクラスの道化役だ。ギブソンには『マッドマックス』以前に一本の映画出演歴がある。レイドバックした低予算のサーファードラマ『メル・ギブソンの青春グラフィティ（別タイトル：オーストラリアン・グラフティ）』〔日本劇場未公開〕は一九七六年に公開された。この映画でギブソンは初スクリーンキスを体験する。相手は（よりにもよって）この作品でも共演したスティーヴ・ビズレー。

ジョージ・ミラーとバイロン・ケネディがメルにロード・ウォリアーをみいだしたころ、マックス・ロカタンスキーの相棒を演じる役者は、華々しい助演を見せるべくすでに準備に入っていた。ただし、彼は実際には「彼」（もしくは「彼女」）ではなかった。正確には役者でもなかった。そして「準備に入っていた」というより、厳密には「準備を整えられていた」

ロード・ウォリアーの象徴、黒いマッスルカー――〝インターセプター〟として知られる特別追跡車《パーシュート・スペシャル》、別名ブラック・オン・ブラック――の車体ははじめ、実際には白だった。オーストラリア製一九七三年式フォード・ファルコンXB GTクーペはメルボルンのオークションで購入された。

ケネディと『マッドマックス』の美術監督、ジョン・ダウディングが車のカスタムショップＧｒａｆ-Ｘインターナショナルに改造を委託し、ダウディングがデザイン画と仕様書を手がけた。仕様書には重要なことば〝ブラック・オン・ブラック〟が書き添えられていた。

　Ｇｒａｆ-Ｘの従業員レイ・ベッカリーは、これを光沢とマット二種類のブラックに仕上げろという指示だと解釈する。スーパーチャージャーはボンネットに積み（純粋に見かけ重視で機能せず）、後部にはスポイラーをとりつけ、ノーズはファイバーグラス製。ルーフとトランクフードにはウィングを装着した。理由は、のちにベッカリーがいうには「空気力学的にひどかった」からだ。インターセプターはハンサムな引き締まった流線型で、どことなくサメを思わせ、なんとなく邪悪に見える。バイロン・ケネディの監督のもと、車体は染みひとつなく手入れされた――あまりにピカピカのためパネルに映る自分の姿をチェックできた。当時はだれも（車自身は確実に）知らなかったが、インターセプターはスターダムにのしあがる運命にあった。

　ひるがえって、無類のロジャー・ウォードはすでにそれを達成していた。アデレイド生まれの俳優は長身、がちむちの偉丈夫で、剃《そ》りあげた頭部（『マッドマックス』のために丸めた）は、オーストラリア映画史上最も象徴的なスキンヘッドとなる。人の目を引くウォードは一九六〇年代に俳優業をはじめ、「Number 96」〔一九七二～七七〕「Division 4」〔一九六九～七五〕「Matlock Police」〔一九七一～七六〕「Homicide」などの一九七〇年代にヒットした複数のテレビ番組に出演した。『マッドマックス』以前には『マッドストーン』『デニス・ホッパーのマッド・ドッグ・モーガン　賞金首』〔一九七六・日本劇場未公開〕『スカイ・ハイ』〔一九七五〕『High Rolling in a Hot Corvette』〔一九七七〕などの長編映画出演歴がある。ミラーはMFPでのマックスの上官、フィフ・マカフィー隊長役を彼に演じさせたかった。監督はウォードのエージェントに連絡をとると、シドニーのバルメインにあるウォードの自宅を訪ねる段どりをつけた。

オーストラリアの映画・テレビ史において、有名なジョージ・ミラーはひとり以上存在する。〝ノディ〟というあだ名のもうひとりのジョージ・ミラーは当時売れっ子で、一九七〇年代はテレビドラマを精力的に手がけ、「Homicide」のエピソードではウォードを演出した。そのため、ジョージ・ミラーが家を訪ねると聞いた俳優は、当然彼の知っているジョージ・ミラーだと考えた。

「彼が来ると聞いて、わたしは『了解』といった。そしてローストビーフをオーブンに入れ、二ダースのビールを買ってきた。ノディはビール好きだからな」と、ウォードはふり返る。

**そうしたら、玄関先に蝶《ちょう》ネクタイを締めた見知らぬ男が現れた。教師然としてた。わたしが「ああ、悪い。人を待ってるところでね」というと、「ジョージ・ミラーを待っています？」と聞くから、「そうだよ」と答えた。すると、こういった。「その、わたしがジョージ・ミラーです」**

ウォードは気づかわしげな、ノディ・ミラーではない男を家のなかに招き入れ、食べものと飲み物を勧めた。「数分ためらっていたが、入ってきた。ビールを飲んでランチを食べると、相手はやっとひと息ついていた」と、俳優は記憶をたぐる。

**ジョージはずいぶん神経質になっていた。『マッドマックス』一作目のあとではすっかり変わったが、あの当時はすごく神経質だった。脚本を見せられ、役どころの描写を読んだ。ひどく興奮した。フィフは頭を剃って坊主頭にしているとある。前々から一度頭を剃ってみたかったんだが、ずっと二の足を踏んでたんだ。よく考えて、これは理想的な機会だと思った。**

出演料を尋ねると、ミラーはあまり予算がないんです、としおらしく答えた。「わかった」と、ウォードは答えた。「だが週に千ドルはほしい」。監督はひるんだ――「どうしよう、とても払えない」――しかし、俳優は条件を引っこめなかった。

「それがわたしのレートだ。この映画に出たいとは思うが、それより下げることはできない」。ミラーは静かになり、脚本を抱えて十分間無言のまま頭のなかで算段しはじめた。とうとう顔を上げるとこういった。「はい、払えます」

「すばらしい、何週間？」と、ウォードは聞いた。ミラーは答えた。「一週間。あなたの出番を一週間に詰めこみます」

残りのキャストはこれほど気まずくはない状況でリクルートされた。ある晩、シドニーのいまはなきニムロッド・シアター・カンパニーの芝居がはねたあと、ミラーは『マッドマックス』の脚本を手に、出演俳優のひとり、ティム・バーンズに会うためロビーで待っていた。奇矯で興奮しやすく、手に負えないトーカッターの暴走族のメンバー、ジョニー・ザ・ボーイ役をバーンズに振りたいと監督は考えていた。彼は俳優に自己紹介をすると登場人物について短く語り、脚本を手渡してバーンズにオーディションを受けるように勧めた。それ以上強く誘われる必要はバーンズになかった。

オーディションの前半は、ミラーがその後何度も使う、単純だが好奇心をそそるテクニックがとり入れられた。フィルムメーカーは俳優にジョークをいうように要求した。バーンズが説明する。

**ジョークをいわせたがるジョージの理屈は、演劇においては役者は構成を理解しないといけず、ドラマを理解しないといけず、クライマックスを理解しないといけず、タイミングを理解しなくてはいけず、現実をある意味変えなくてはいけないからというものだった。『マッドマックス』のオーディションのやりかたとしては、すこぶる興味深かった。この映画に皮肉な要素があることを教えている。**

バーンズが披露したジョークは、ウェールズ人のコメディアン兼奇術師、トミー・クーパーの長くて大味なネタだった。クーパーは一九八四年の夏、テレビの生番組出演中に心臓発作で頓死する。オーディション後半の準備のため、バーンズはローリング・ストーンズの「イッツ・オンリー・ロックンロール」を聞きながら、アパートに散らかっていた精肉店の紙や付箋紙にジョニー・ザ・ボーイのセリフを太いカラーマジックペンで書きなぐる。バーンズに役を与えた際に、ミラーは「演技については何も知らないが、少し調子はずれなものごとがすごく好きなんだ」と、認めた。

悪の親玉トーカッター役に監督が抜擢《ばってき》したパフォーマーのスタイルは、調子はずれの骨頂だった。

彼の名前はヒュー・キース＝バーン。出会ったばかりのころ、バーンはティム・バーンズをたじろがせた。芝居が引けたあと、ホワイエでティムの顔をつかんで引き寄せ「ジョニー・ザ・ボーイ！」と脅かすようになったのだ。一九四七年五月十八日、インドのカシミールにて、イギリス領インド陸軍第十四パンジャブ連隊所属の大佐の息子として、キース＝バーンは生をうけた。大柄なイギリス人（一九七四年の映画『マッドストーン』に出演時はほぼ十七ストーン、もしくは百五キロ）のバーンズは、身体的には軍人におあつらえ向きだったかもしれないが、精神的には水と油のとりあわせだった。バーンズは優しく、まったりした性格だ。

六年間イングランドのロイヤル・シェイクスピア・カンパニーに在籍したあと、環境を変えたくなったキース＝バーンは一九七三年オーストラリアに移住する。ほどなくして、図体のでかい役柄にキャスティングされるようになった。『マッドマックス』に行きつく前、キース＝バーンは『マッドストーン』のバイカーやテレビシリーズ「Ben Hall」〔一九七五〕で縛り首になる犯罪者を演じた。舞台では一九七六年上演の戯曲『欲望という名の電車』でスタンリー役に扮した。そして、もちろんトーカッター役があった。ふらちな、においたつような極悪人、野獣じみたカリスマ性の持ち主。この非凡にして芝居じみた登場人物が、どうやって《マッドマックス》ワールドで成りあがったのかは不明だが、この男が人間のくず連中を率いているのははっきりしている。トーカッター・ギャングは、つまりは〝トーカッター・ギャング〟と呼ばれているのだ。スピード狂で、秩序を重んじる社会の最後の残党たちを、歯牙《しが》にもかけないヤク中と犯罪者とごろつきの一団。

暴走族のトーカッターと手下には、もちろんバイクが必要だ。ロカタンスキーと彼のピカピカのインターセプターと激しく競りあえる馬力のある二輪が。《マッドマックス》一作目の設定はほんの少し未来のため、一味のバイクは、ほんの少し未来的な必要があった。バイク店には置いていないが、かけ離れてもいない。そんなものを、どこで買える？　製作費とキャストの大半を確保したミラーとケネディは、探しに出かけた。

# Chapter5 : BERTRAND AND THE BIKES

# 第五章　ベルトランとバイク

「変わった男――ジョージ・ミラーとかいう名前の――から電話があり、映画を撮りたいとのことだった。ＳＦで、バイクが出てくる。たわごとにしか聞こえなかった」

あなたがバイクとバイク用品を売る店の店員だと想像してみてほしい。ある日、カウンターのうしろに立ち通常業務をしていたら、ぽっちゃりした長髪の男が来店し、未来的に見えるバイクを探しているんだが、と話しかけてくる。一見ギリシャ人の羊飼いみたいなその男を、それまで車輪がふたつついた乗り物なんて自転車以外乗ったことがなさそうだなと思う。連れの男が、映画の撮影用にバイクがいると説明する。こちらの男はスリムで身だしなみがよく、もう少し世慣れたしゃべりかただが、それにしても全体になんだかうさんくさい。なんにせよ力になれないのは確かだ。

最善策はこの変人たちをさっさと追い払うことだと思いつく。「出て失《う》せろ」と、もう少し穏当ないいかたで告げる直前、また別のおかしな人物を思いだす。なまりのひどい、ちゃらちゃらしたフランス人が先日店に立ちより、ほしくもない製品を売りつけようとした。そのカウル（オートバイの前にとりつけるプラスティック製かファイバーグラス製のシェル。フェアリングとも）は、いかにもとっぴにみえた。実際、ちょっぴり未来風だった。店内のふたり連れに男の連絡先を教えてやり、「幸運を、その人が協力してくれるかもな」という。

くだんのちゃらちゃらしたフランス人、ベルトラン・カダールは実在し、フランス北部で生まれ育った。ゆえに、もちろんギリシャ人の羊飼いとその連れも実在する。ジョージ・ミラーとバイロン・ケネディだ。カダールの商売も事実で、パリジャン・エンジニアリングという小さな会社（というより趣味のプロジェクト）をやっている。カダールはフランス人であり、ほかに思いつかなかったためそう名づけた。これら大志を抱く面々――そろって型破りな個性を持つカウルの製造者とフィルムメーカー――が出会ったのは、多かれ少なかれ以上のようないきさつだった。

ある日の午後、当時はオーストラリア放送協会（ＡＢＣ）のフランス語によるラジオ番組のリポーターをつとめていたカダールは、仕事から帰ると身重の若妻からおかしな伝言を聞いた。

**妻がいうには、変わった男――ジョージ・ミラーとかいう名前の――から電話があり、映画を撮りたいとのことだった。ＳＦで、バイクが出てくる。たわごとにしか聞こえなかった。**

と、まだ強いフランスなまりの英語で、カダールがふり返る。

**とはいえ妻にこういった。ねえ、わからないよ、話してみなきゃ。いいだろ？　別に減るもんじゃなしって。それで彼をディナーに招き、数日後当人が家にやってきた。**

カダールは英語がおぼつかなく、そのため夕食の席ではもっぱら彼の妻とミラーが話した。監督は百科事典なみに分厚い紙の束――『マッドマックス』の二百十四ページの脚本――を携えてきた。どこへでも持ち歩いているらしい。三人がスパゲッティー・ボロネーズを食べているあいだ、フランス男は奇妙な客人を、あたかも自然のドキュメンタリー番組で紹介された珍種でもあるかのように観察した。ミラーには静かでおっとりしたところがある、とカダールは考えた。礼儀正しくて愛想がいい。食事が終わると、カダールはミラーに、ベッドに広げた風変わりなカウルのコレクションを見せた。風防の役を果たすのに加え、バイクの見た目を劇的に変える。カダールと彼のビジネスパートナー、整備士のジャック・バーガーにふつうのオートバイ一式を任せてくれたら、ふたりがカウルを装着し、ミラーは未来的な乗り物《ビークル》が手に入る。ミラーは帰りぎわに脚本を置いていった。

英語の文章はカダールには敷居が高かった。そのため、彼の妻が読み――まったく感心しなかった。「まともじゃない。完全にクレイジーよ。うまくいきっこないし、ほら、あなたにはもっとましな仕事があるじゃない」。そう妻に言われたと、フランス男は回想する。ジャック・バーガーは逆に興味を引かれた。脚本に魅力を感じたのはおそらく、カダールの妻よりも映画の狙う観客層の射程内にいたからだろう。それよりはもっぱら暇つぶし、というか自衛本能が働いたためだったが。パリジャン・エンジニアリングの仕事――実際にあったとはいえない――は完全に干あがっていた。やってみない手はないのでは？　長編映画でカウルをお披露目したら、商売にプラスになるかもしれない。

**おれたちは映画を踏み台とみなした。当社ではこちらのカウルを製造販売しております、って宣伝するためのね。利用できる機会は利用し、のちのち商売になると考えた。**

と、バーガーは記憶をたぐる。

**ジョージは未来的なものがほしかったが、同時に宇宙船みたいな外見にするのはばかげている――高くつくのはいうまでもなく――のもわかっていた。ベルトランとおれは、バイカーにアピールするものをつくりたかった。クールですばらしくて、ちょっぴり違うもの、でもやっぱり親しみの持てるものだ。**

パリジャン・エンジニアリングのふたりは仕事を請け負うことに決め、ミラーに見積もりを送った。そして再び値切り交渉がはじまる。または、ベルトラン・カダールによれば、「そういうわけでバイロンと出会った」。ケネディはカダールがちょっとふっかけすぎていると考えた。値段には一ヶ月間毎日ぶっとおしの作業料金がふくまれるとカダールは指摘した。交渉は行ったり来たりし、およそ五千豪ドルで落ちつく。「雀《すずめ》の涙だ」と、カダール。

**バイロンはすべてを安く上げようとし、それがまたものすごくうまい。そういう次第で、ジャックとわたしは作業全体を多かれ少なかれ楽しみのためにやることになった。**

ケネディはバイクメーカーのカワサキを説得し、新品の、出荷されたばかりのKz1000を十台借り受ける。どうやったのかはだれも、正確なところは知らない。バイクはセントキルダのバーガーの自宅につぎつぎと送り届けられた。小さなコテージの家には、裏庭にちっぽけな小屋がある。小屋は狭すぎ、バーガーとカダールは一度に一台しか作業できなかった。作業空間をつくるために他の九台は庭へ出した。設備は貧弱だ。溶接機、ドリル、ハンマーとやすり程度しかない。時間がかかり、手作業は骨が折れた。

カダールとバーガーは基本的な説明（ミラーはバイクを少しだけ未来風に見せたい。金はあまりない）こそ受けたものの、大なり小なり自由裁量に任された。ふたりの頭にあるものと目の前のカウルをのぞいて従うべき図面はなく、守るべきデザインもなかった。ときおりふたりは新たなアイデアをミラーに話した。作業にとりかかってまもなくやったのは、カワサキのシートを外してレーシングシートにとりかえ、つぎに新品のハーフ・カウルをとりつける。ミラーが見た目を気に入ったため、すべてのバイクを同様の外装にすることに整備士は同意した。ところがふたりは問題にぶち当たる。バイクにレーシングシートをそんな調子でつけた場合、ギアチェンジとブレーキの位置が前に来すぎた。それはつまり、乗り手が必然的に前かがみになって補完することになり——いかにも間が抜けて見える。まるでハーレー・クルーザーに身をのりだして乗っているみたいだった。

この問題を修正するため、バーガーはパーツをすべてはずしてうしろに移動したが、代わりにバイクはとてつもなく危険になった。こんどは後部シートがゆるんで座りが悪そうになったが、整備士には正しようがない。もししっかり点検をしたら、後輪ブレーキはポロリととれてしまうだろう。「プロにあるまじき方法で、レイザーバック・ブレーキペダルをうしろにずらした」とカダールはいう。彼とバーガーはそれを、報酬をつりあげる機会に利用した。映画の撮影現場にメンテナンス要員としてバーガーが詰める契約提案書を書いた。ケネディは予想どおりにべもなく、金をしぼりとろうとするアイデアに眉をしかめた。「バイロンはちょっと攻撃的な性格だと思ったが、彼のやりくちを見倣うべきだって思ったんだろうな」と、バーガーはふり返る。「おれたちがあの契約を申し出たのはただ、バイクが長くはもたないと思ったからだ」

たいていのバイク乗りは、たいていの場合、前輪ブレーキを使うという知見で整備士は自分を慰めた。それはつまり、後輪ブレーキが脱落せずにすむ合理的な可能性があるという意味だ。加えて、とふたりは思った。あのバイクは映画撮影のために使われ、そのため数週間ばかり、ときどき軽く操作するあいだだけもてばいい。走りこんだり、国内横断みたいな真似《まね》をして疲弊させる心配はまずない。

カダールとバーガーに知るすべはなかったが、彼らがKz1000のカスタマイズに最後の仕上げを施していたころ、俳優のヒュー・キース＝バーン（トーカッター役）は電話口で、ケネディに奇妙な要請をしていた。トレードマークの青いランニングシャツ、ジュードーパンツとネックレスという身なりで、キース＝バーンはシドニーのセンテニアルパークに建つ大きなバンガローの自宅に、ほどなく共演者となる俳優仲間数名を集めて、役柄について話しあっていた。ティム・バーンズ、ポール・ジョンストーン、デイヴィッド・ブラックスが集まり、前庭から採ってきたレモングラスを煎じたお茶を飲んだ。大きく美しい家は、保守的な、イギリスの佇《たたず》まいを漂わせている。多層階、大きなアーチ道、広々とした庭。キース＝バーンとイギリス生まれの俳優ラルフ・コトリールらの住人は、上品そうなヴィクトリア朝のオーラを濃厚なボヘミアンスタイルで相殺していた。タバコを吸い、酒を飲み、芸術と人生について語らった。

四人のキャストは一大決心する。『マッドマックス』でリアルかつ説得力のある演技をするため、「メソッド演技」と通常は呼ばれるやりかたを実践し、役になりきる必要があると。キース＝バーンたちの計画では、着の身着のままシャワーは一度も浴びず、臭くて大酒のみでパーティー三昧、浮浪者たちの人目をはばからぬ粗野な生活スタイルを徹底的に謳歌《おうか》する。そのために――ケネディにはキース＝バーンはもっと如才ないいいかたをしたが――四六時中バイクに乗っている必要がある。そして、肝心なのは、例の危険な改造を施されたバイクで、シドニーからメルボルンまで（距離にして約九百キロ）ツーリングする必要がある。電話を切ったとき、キース＝バーンは仲間に誇らしげにこう宣言した。「バイクが手に入るぞ！」

単にメルボルンまで乗って戻るために、シドニーまでバイクの輸送費を出すとは、締まり屋で有名なケネディの柄に合わないと、最初は思えるかもしれない。だが、どうやらケネディは数手先を見越していた。通常の映画のセットでは、俳優と彼らの乗る車両は撮影現場へ移動させる必要がある。キャストがバイクをみずから乗っていけば（ふつうは――少なくとも現在では――問題外だ。就労時の健康と安全上無数の問題がある）、事実上一石二鳥になる。俳優たちがバイクで来るというのなら、飛行機代だって浮く。

バイク、および田舎道を爆走する時間がやってくると、一行は大きく弧を描いて内陸を南下するバイク旅へと出発した。キース＝バーンはこっそりバイクに肉切り包丁をしのばせた。幅広の刃、握りの大きくてずっしりした見るからに不吉な包丁は、最終的に映画に登場している。ほかの面々は、あらゆるみすぼらしい付属物や装飾品でバイクを飾りつけた。ツーリング中、一行は「道路脇の宿泊施設」を楽しむ予定だ――星空の下でごろ寝をし、ことなきを願う。

道中、俳優たちは役になりきって会話した。うさんくさい自分たちの素性や、トーカッター・ギャングに入ったいきさつを思い思いに考えた。レモングラスであれなんのグラスであれ、葉っぱで燻《いぶ》されたブレインストーミングで、キース＝バーンは『マッドマックス』の脚本に、シンプルだが深い解釈を加えた。粗野な略奪者たちをヴィランとみなす代わり、トーカッター・ギャングの演じ手は自分たちをヒーローとみなす。現実世界で不品行をやらかす連中は、自分たちをヴィランなどという用語で呼びはしないというロジックだ。人間は自分の行為を基本的には真っ当な動機にもとづいているとみなす傾向にある。『マッドマックス』のバイカーたちも違いはないはずだ。

ジョニー・ザ・ボーイ役のティム・バーンズはその考えに染まりすぎ、映画館の大スクリーンに映る自分を見たとき、悪者を演じていたのがわかってショックを覚えた。こういった役づくりは、本来監督が深くかかわり、映画のヴィジョンにとって重要な人物像をキャストがつかめるように舵《かじ》をとる。ところが、この方面についてジョージ・ミラーはお手上げだった。「『マッドマックス』の一作目をはじめたとき、演技のことは何も知らなかった」と、何年もあとで認めている。

「ジョージ、バイロンとジミー（ジェームズ・マッカウスランド）は別にして、『マッドマックス』のメインライターは奇妙なかたちながら、ヒューだった」と、ティム・バーンズはふり返る。

**暴走族の要素をヒューはふつうよりもはるかに興味深いものにつくりあげた。アイデアのおおもとの部分は、ぼくらが善人だってこと。ヒューは、もしトーカッターがリーダーなら、リーダーがいちばん困窮しているはずで、その点でひどく苦しんだに違いないと信じた。彼は映画を、垣根を築いた人々と、垣根を回りこもうとする人々の対立として見ていた。**

シドニーからメルボルンへの旅が回りこむべき垣根のひとつだとするなら、首尾良く回りこんだ――ただ、不都合がひとつふたつ、なくはなかった。オーストラリアの二大都市間を走破する長旅中オートバイはエンストしなかったものの、乗り手のほうはそうはいかなかった。

起伏が多く――そして危険を秘めた――地形を走行中、カンダリーニ役のポール・ジョンストーンが一団から遅れはじめる。追いつこうとコーナーで少し速度を上げたとき、砂利に車輪をとられて右折時にコントロールを失い、車体をまっすぐ立てておけなくなった。バイクが滑り、道路の柔らかいへりに当たって乗り手をシートから放りだす。バイクは横転し、空《くう》を切った俳優は柔らかく湿った草の上に尻もちをついた。

地面を見つめ、ジョンストーンは自分を落ちつかせる。「よし、なんともないぞ」。うしろを走っていた車のドライヴァーが事故を目撃し、停車してジョンストーンの無事を確かめに来た。「だいじょうぶだ」と、ジョンストーンは返事をした。「だけどツーリング仲間が三人いるんだ――追いかけてバイクを起こす助けがいるって伝えてくれるか？」

「よしきた」と、男は答え、前を急いだ。仲間に追いついたとき、男はタイヤをきしませてこうわめいた。「仲間が事故ったぞ！」

あわてた残りのライダーが引き返すと、横転したバイクに寄りかかり、ジョンストーンが手巻きのシガレットを吸っていた。仲間の無事に、彼らは胸をなでおろした。

「実際、あの事故が起きてよかったよ」と、ジョンストーンはふり返る。「ケガはなかったし、もっとバイクを慎重に扱うようになった。調子に乗りすぎるなって警告だったんじゃないかな」初日か二日目の夜、道路脇に野宿をした一行は、雨の備えをしていなかった――そして、もちろん土砂降りになった。あわててビニールシートを木にひっかけてシェルターをつくり、その下に身を寄せあう。革ジャンを着た大の男たちが、濡《ぬ》れそぼって道ばたで固まっている。ありふれた光景だ。

メルボルンのキューにあるプロダクション・オフィスにとうとう着いたとき、バイクにまたがったライダーたちはエンジン音を高らかにふかした。ジョージ・ミラーとバイロン・ケネディとほかのキャスト&スタッフが表に走りでて、長旅で薄汚れたバイク野郎を見つめた。

「おれたちが実際にバイクに乗って、シドニーからここまで本当にやってくるとはだれも信じていなかった」と、デイヴィッド・ブラックスはのちにふり返った。

「こつぜんと姿を現したヒューたちを見たとき、スタッフが『まじかよ、「ワイルドバンチ」［一九六九］

のやつらみたいだ』っていってたよ」と、ティム・バーンズが述懐する。

ジョージ・ミラーは彼らの到着したときのことを絶対に忘れない。ことばを失い、インスピレーションが押しよせるのを感じた。これから起ころうとしていることのパワーと密度をはじめて実感した。わくわくする瞬間で、同時に——当時は知りようがなかったが——嵐の前の静けさでもあった。ミラーのはじめての長編映画製作は、まだ「カオス」ということばが当てはまる状態には陥っていなかったものの、目前に迫っていた。そのあとに起きる狂気の大混乱は、メソッド演技を信奉するヒュー・キース＝バーンと彼のお騒がせ一味がつくりだした無秩序な感覚に一因がある。

「おれたちは本当にあの役を生きていたよ、一日じゅうね。バイクに乗った。衣裳を着て生活した。タバコを吸い、酒を飲んでヤクをやった」と、ポール・ジョンストーンは反芻《はんすう》する。

一味はまた、法の反対側にいる役を演じる俳優たちを脅かす革新的な方法を編みだした。なかでも、MFP（別名「ブロンズ」）のメンバーに配役されたメル・ギブソン、スティーヴ・ビズレー、ロジャー・ウォードを標的に定めた。トーカッター一座の役者は、三人に対し無礼かつ敵意を露《あらわ》わに、脅しつけるようにふるまった。MFPメンバーに憎悪としか形容できない感情を抱くのもまた、メソッド演技の一部だったのだ。法がぼやけた側にいる俳優たちにとり、それは演技のエネルギーとテンポを維持するのに効果的だった。ジョージ・ミラーがいつカメラを回そうが彼らはすでに役に入っており、シーンを演じる準備はできていた。

二十一歳で演劇学校を出たばかりの、神経質で、自意識過剰で不安でいっぱいのメル・ギブソンにとって、一味は悪夢だった。しつこく意図的に脅しつけ、自分は歓迎されていないとことさら感じさせ、すきあらば暴力をにおわせる連中。ギブソンは「何に首を突っこんだのかわかっていなかった。あいつはヒューを知らず、おれたちのだれとも面識がなかった」と、デイヴィッド・ブラックスはのちにふり返った。

**やっこさんはなぜだか罰せられると思ったんだ。おれたちが本当の暴走族で、ぶちのめされると……やつを見かけるたびにそうふるまっていたからな。**

ある晩ロジャー・ウォードは、メル・ギブソンとスティーヴ・ビズレーと撮影期間中に寝泊まりしているアパートメントに戻ると、ベッドに横になった。ふと天井を見あげた俳優は、血で書かれたようなメッセージをみつけ、ギョッとなった。「ぶちのめしてやるぞ、ブロンズども」と書いてある。「一週間前にそこに泊まっていたバイカーたちが、アパートじゅうにわれわれへのメッセージを残していった」と、ウォードがふり返る。

**「殺してやる」だのなんだのいうたわごとだ。そこらじゅうに脅し文句を残していった。戸棚を開けたら「おまえらを殺してやる、マヌケどもめ！」というメッセージが目に入る。じつにこどもじみていたね。おそらく赤インクだろうが、血で書いたと思わせたがっていた。**

ポール・ジョンストーンは実際に血が使われた可能性を排除しないものの、「自分を傷つけて、進んでそんなことをした覚えはない」という。もしやったとしても、だれも驚かなかっただろう。それだけ彼らが熱烈に役に入れこんでいたという証左だった。

プロダクション自体、ほかに適当なことばがみあたらないが、少しばかりマッドだった。これほどの規模の仕事をするのははじめての、未熟な若いフィルムメーカーふたりが舵をとるプロダクションは、無秩序もしくは混乱を極める。『マッドマックス』本撮影の初日前夜、ベッドに横たわり、落ちつかぬまま翌日の段どりをおさらいしようとしているジョージ・ミラーを想像してみる。あした起きることを多少なりとも正確に予測する唯一の方法は、眠りに落ちて、おそろしい悪夢を見るよりなかった。

Chapter6 : DISASTER ON DAY ONE

# 第六章　撮影初日の大惨事

「みんなは『どういうことだ？』っていう。撮影現場《セット》に入ったとたん、ロジスティクスの悪夢に見舞われた。完全な悪夢だよ」

『マッドマックス』の撮影初日——一九七七年十月二十四日月曜日——に撮る最初のシーンは、映画で最初に目にするシーンではない。その日に撮るのは、実際には上映時間の最後のほう、高速道路の陸橋で、悪賢くたがのはずれた暴走族ジョニー・ザ・ボーイ（ティム・バーンズ）がバイクを止めて、黄色い非常用電話ボックスをこじあけるシーンだ。たったのそれだけ。セリフも特殊効果もスタントもない。ジョニーがただ橋の上を歩き、かなてこで箱を開け——数秒足らずで——シークエンスは終わる。

映画製作の見地からすれば、少なくとも理論上これほど簡単なシーンはない。現実には、ジョージ・ミラーの映画監督初仕事の瞬間を、そのロケ場所での撮影許可をだれも申請しなかったという事実が複雑にした。そこはメルボルンの主要高速道路、ジーロング・フリーウェイ。撮影のために道路封鎖が必要なのは、いうまでもない。

午前七時前、『マッドマックス』の第二助監督ジョン・〝ヒップス〟・ヒップウェルは現場にいちばん乗りした。最初に浮かんだ考えは、「みんなはどこに駐車するんだ？」だった。メイクアップと衣裳のキャラバンがこちらへ向かっている。グリップ車両、電気系統の車両、ドリー・トラッキングの車両、ケータリングの車両、美術部の車両、スタッフの移動用車両もだ。陸橋の上にパーキングエリアは設けられていない。脇に駐《と》める場所さえなかった。

数分後、おそろしいことに気がつく。駐車場所の確保は彼の役目だった――少なくとも、もうまもなくカンカンに怒るはずの同僚の目には。ヒップウェルにとっては理不尽もいいところだ。そんな指示はだれからも――第二助監督の報告相手、第一助監督のイアン・ゴダードからさえ受けていない。いずれにせよスタッフはすぐにも到着し、答えを求める。

**みんなが到着しはじめてこういう。「ジョン、車はどこに駐めるんだ？　ジョン、おれたちは何をするんだ？　ジョン、いったいどうなってんだよ？」。リーウェイが陸橋だったため、車両を駐めるには先まで降りて、それから戻ってこなければならなかった。**

そうヒップウェルはふり返る。

**そのあと駐車可能な場所に車両を駐める。だけどスタッフ全員と、カメラその他の機材を陸橋までどうやって移動すればいい？　何もわからなかった。みんなは「どういうことだ？」っ**

ていう。撮影現場《セット》に入ったとたん、ロジスティクスの悪夢に見舞われた。完全な悪夢だよ。それに、ぼくたちはフリーウェイで撮影していた。

『マッドマックス』の製作中、ヒップウェルが気まずい状況に陥るのはそれがはじめてではなかった。自称「ヒッピーのなかのロッカー」はメルボルンでアクション映画を撮るとのうわさを聞きつけ、ジョージ・ミラーとバイロン・ケネディの居場所をつきとめて会いに行く。建物に入ると、だいたい同じ年ごろの男たちが数名、所在なげに待っていた。ヒップウェルは自分と同じ理由、スタッフに雇ってもらいに来ているのだと察しをつける。

面接の番が来て、テーブルを挟んでミラーとケネディと向かいあわせに座ったヒップウェルは、緊張でもじもじした。さまざまな質問をされたが、ヒップウェルには的はずれな、奇妙すれすれの問いに思えた。「出身はどこ?」「夢中になっていることは?」。求職者は、映画学校に行ったこと、ガソリンスタンドの店員をして授業料を払ったことをぼそぼそ話した。また、速い車が好きなこと、ちょっとしたカーキチなこと、常々アクション映画で働きたかったことも。「すごく変な面接だぞ」との思いが頭のなかで渦巻いていた。だしぬけに、ミラーがこういい放ち、さらに妙な具合になった。「それはすばらしいね、ジョン。でも、きみはいささか禿《は》げすぎてると思う」

いい、いい、なんだって? 驚いたヒップウェルが、目に見えて身じろぎする。監督はつづけた。

**悪くとらないでくれ、ジョン。きみはすばらしいと思う。本当にそう思うよ。すべての資格**

**を満たしている。カーキチだ。映画学校も出ている。けれど、マックスの柄じゃない。この役にはもう少し髪がほしいんだよ。**

ヒップウェルは間違った日に来てしまった。彼が気まずくて訳のわからない質問にとまどういっぽう、フィルムメーカーたちは主役候補と面談しているつもりでいた。「『いえいえ、違います、ぼくは第一助監督の面接に来たんです』って答えた」と、ヒップウェルが反芻《はんすう》する。

**ジョージは「ああ、そうだったのかい、きみ《メイト》」っていった。とても親切だった。みんなで大笑いしたよ。ジョージがいった。「その、会えてうれしいけど、今日はキャスティングの日なんだ」。何年もあとになって、はたと思った。「なんてこった、ぼくがマックスを演じたかもしれないぞ」。もしマックスが頭を剃《そ》りあげているか、薄毛だったら、ぼくの人生はすごく違ったものになっていたね。**

話を陸橋に戻すと、駐車場危機は可能な限り改善中——つまり、たいして進展していなかった。車両はひどく離れた場所に駐めなければならず、そのためスタッフは重い機材を陸橋までかなりの距離を苦労して運んでくるはめになり、うなったりうめいたり——スモッグを吸いこみ、ビュンビュン飛ばす車両が身体すれすれをかすめていく。スタッフの大半は、バイロン・ケネディがクローフォード・プロダクションからみつくろってきた。クローフォードはメルボルンとシドニーを拠点とし、一九六〇年代から七〇年代にかけてテレビ番組の人気作多数を手がけてきた制作会社だ。
そのひとり、クローフォードの従業員リンゼイ・フッテを、ケネディは『マッドマックス』のガファーに雇った。ガファーというのは、照明部門を率いる電気技師のことで――低予算の『マッドマックス』の場合、フッテひとりになる。ガファーは撮影監督（シネマトグラファーともいう）と緊密に仕事をし、フレームに入る光量を精密に調整する。非常に技術的な作業であり、カメラリグ、照明ジェル、ランプが三種の神器だ。
テレビ番組の制作は映画製作よりずっと迅速に進む。とりわけクローフォードのように非常に組織だった、一分刻みで進行する会社においてはスタッフは素早く効率的に働く必要があり、（一般的に経験豊富な）上司にも同じことを期待する。フッテはいう。

**いいかげんな仕事はしない。怠けるのも禁止だ。クローフォードから来たスタッフは、訓練がいきとどいている。こういうのには慣れていなかったね、こんなに混沌《こんとん》とした現場には。われわれから見れば、『マッドマックス』は撮影初日からなっていなかった。プロフェッショナルじゃないっていってすぐに気づいたよ。そして改善の兆しはなかった。**

ごたごたのさなか――車が行き交いスタッフが叫ぶ、メルボルンの朝――ジョージ・ミラーは静かに落ちつこうとしながら、現場を見渡してカメラ位置を検討していた。やがて、必要な要素がとうとう整う。騒ぎのなか、美術監督のジョン・ダウディングが黄色い（借りてきた）電話ボックスを橋の手すりに大急ぎで設置した。

「ガードレールにクランプでとめる時間はなかった、万事が『急げ急げ、早く撮影をすませろ』だったからだ」と、ダウディングはふり返る。「だから箱は、ただひっかかっているようなものだった」

ミラーと撮影監督のデイヴィッド・エグビーをふくめたカメラ班が、撮影開始の手はずを整えた。音響と照明スタッフも同様だ。このシーンの唯一の出演俳優ティム・バーンズが位置につき、キューを待っている。この時点で、ミラーはジョン・ヒップウェルを向くと、こう叫んだ。「ジョン、車の流れを止めてくれるかい？」

車の流れを……ええ？ 疲れきったヒップウェルは、駐車場の不備で自分が非難されるのは不当だとすでに感じていたのに、今度は主要高速道路を通行止めにする責任者にされていた。「ぼくは叫び返した。『無理です、実際、通行止めなんてできません、ジョージ！』」そうヒップウェルが思い返す。


**そう、ぼくにはできなかった。正直にいっただけさ、まったく。高速道路を走行しているドライヴァーたちの安全にかかわるし、スタッフの安全問題だってある。通行止めにしろって？ 知るもんか。**

これが『マッドマックス』撮影初日二度目の混乱を招き、スタッフはだれが通行止めの責任者なのか知らぬまま、車の流れが止まるのを待っている。非難の矢面に立たされた気がして、ジョン・ヒップウェルはとうとう意を決した。車に乗って、走り去ったのだ。カメラ班のとなりに立ちつくし、第二助監督が現場から逃げだすのをぼう然と見送るミラーの図がありありと思い浮かぶ。「気がつけば、完全に収拾のつかない修羅場と化していた。みんなが叫んでわめいていた」そうふり返るヒップウェル。

**もうどうしようもなくなったから、オフィスに逃げ戻って翌日の算段をした。本当にあんな場面は、二度と御免だった。**

陸橋の騒ぎが収まると、トラフィック・スーパーバイザーのスチュアート・ベイティとアンドリュー・〝スラグ〟・ジョーンズがフリーウェイ脇の路上の持ち場についた。ふたりは何をすべきか、正確にわかっていた。仕事はせんじつめればただひとつ、往来を止めることだ。

**映画の撮影初日で、朝のくそ忙しいピーク時にジーロング・フリーウェイを通行止めにすることになるって気づいた。「やばいやばい、こいつはたいへんだぞ」って思ったよ。**

と、ベイティはふり返る。

**ところが、実際はとんでもなく簡単だった。ぼくらはカラーコーンを持っていたから、ぜんぶをただ道路に横に並べて片側通行にした。それからその一車線の前に停止サインを持って立**

**つ。それだけだ。**

ついに通行が止まり、スタッフは撮影準備を終えた。ミラーは長編映画監督としてはじめて「アクション！」の声をかけた。ティム・バーンズがバイクで走ってくる。バイクを降り、黄色い電話ボックスに駆けよってこじ開ける。すべてを大急ぎで演じた。ハイオクタンの勢いは、アクションシーンのあいだに挟まれたこのショットのストーリー上の位置に、エネルギー的に合っていた。現実のうえでは、緊迫感をつくりだすためにバーンズは〝メソッド〟に頼る必要はなかった。高速道路を封鎖したことに神経質になり――そしてほかの面々と同様――できるだけ早くここから引きあげたかった。場面がフィルムに収まったことを確信し、そわそわとジョージ・ミラーが「カット！」と叫ぶと、全員が現場から素早く撤収した。

アンドリュー・ジョーンズはその朝に彼とベイティで止めた車両の数を約千台と見積もった。ブームオペレーターのマーク・ワシウタクは運転中ラジオのニュース速報でジーロング・フリーウェイが通行止めだと聞いたのを覚えている。録音技師のゲイリー・ウィルキンズは、この経験の何年もあと、当時は「『ふたり（ミラーとケネディ）のどっちかにコネがあるか、ぶっつけ本番でやったな』って思ったよ。うん、ふたりはぶっつけでやった」

混乱と怒声の熱が引いてみれば、撮影初日の無秩序ぶりは個人のせいというよりは組織編成の問題だったことがはっきりする。「ぼくの汚点になるところだった。たやすくそうなりえた、だって、事実非難されたからね」と、ジョン・ヒップウェルは吐露する。

ところがバイロンは、ただなるようになったと思ったらしい。だがね、なるようになったんじゃない。ユニット・マネージャーやくそったれロケーション・マネージャーを雇わなかったと判明した。安全管理者がいなかった。警備員がいなかった。ランナー（監督等主要部門責任者の補佐）がいなかった。だれもいなかった。

『マッドマックス』のプロダクション・コーディネーター、ジェニー・デイがつけ加える。

あの規模の撮影には、プロダクション・マネージャー、ロケーション・マネージャー、ユニット・マネージャーがいるべきだというのは、正しいわ。駐車やスタッフの便宜を図る人間がね。でもそういう人手はおらず、可能ではあったけれどおそらくわたしはそっちの方面にはかかわらなかったと思う。その手のスタッフに支払う余裕がなかったのよ。基本的に、バイロンが仕切ってた。でも、バイロンは——利口で才能があってきちょうめんだけど——経験不足だった。それでたぶん駐車場や許可申請その他を厳密に手配する必要性を見とおせなかったのね。

その日以降、悩める第二助監督のヒップウェルは、身を粉にして働いた。少なくともひとりで三役分（第二助監督、ロケーション・マネージャー、プロダクション・マネージャー）の仕事をフルタイムでこなし、第一日目に少しでも近いもめごとを二度と起こすまいと、病的なほど打ちこんだ。『マッドマックス』からカオス——奇妙なヴァイヴス、緊迫した局面の連続、基本的なリソース不足——をとりのぞくことはだれにもできないが、ヒップウェルは尽力した。そして努力が認められ、第二助監督からユニット・マネージャーに昇格する。

一九七七年十月二十四日の撮影初日は、混乱の極みだった——若きジョージ・ミラーにとっては手痛い初陣となった。また、野心に燃えるフィルムメーカーのだれにとっても、いい教訓になった。主要高速道路を通行止めにする必要がある撮影は避けるべし。それが不可避ならば事前に許可をとること（またば最低でも駐車場所を確保する）。本撮影をはじめるにあたってひどい出だしを切ったのはいなめない。ところが、当時のジョージ・ミラーはそんなことがありえるとは思わなかったかもしれないが、事態はさらに悪化しようとしていた。初日から三日後に起きた事件は、ジーロング陸橋の大失敗を児戯にも等しく思わせた。キャストとスタッフ二名を病院送りにし、はじまる前からひとりの映画キャリアを終わらせる。それはまた、撮影スケジュールのはなはだしい遅れと、監督が自分の映画をクビになる事態を招いた。

# Chapter7 : CHEATING DEATH

# 第七章　死を欺く

「ジョージはバイロンに電話してた。こういうのが聞こえたわ。『相棒《メイト》、もうつづけられない。終わりだ。人が死んでしまう』」

スタント・コーディネーターのグラント・ペイジと『マッドマックス』の主演女優ロージー・ベイリーは大腿骨《だいたいこつ》その他もろもろを骨折し、病院のベッドにいた。駆けつけたジョージ・ミラーの目に、ペイジの鼻が顔いっぱいに広がっている光景がいやでも入った。この手のゾウ鼻は、高速で走るバイクがトラックの横腹に衝突した場合に起きる。ふたりは命があるだけ幸運だったが、「幸運」は最初に思い浮かぶことばではない――ありえたかもしれない自分のキャリアを想像して頭がいっぱいであろうベイリーにとっては、確実に。ベイリーはマックスの妻、ジェシー・ロカタンスキーに抜擢《ばってき》されて喜んでいた。大きなブレイクになるはずだった。もし、グラント・ペイジのくそいまいましいバイクに飛び乗りさえしなければ。

生まれたときからペイジは逆境に強かった。血液型の組みあわせに問題のある両親のもとに生まれた一九三九年は、出産前輸血による治療法がみつかる何年も前で、五人兄弟のうちグラントただひとりが生きのびた。こどものころは危険なほど高い木にのぼり、だれかれとなく「ぼくを見て！」と呼びかけて遊んだ。何度ものぼるうち、落ちないコツを覚えた。皮肉にも、成長すると、事実上あらゆるスピードのあらゆるものから落ちることで生計を立てるようになる。それに加え、ほかの特殊な能力——車両に衝突したり自分に火をつけたり、必要なら同時に複数を組みあわせたりすることで。

グラント・ペイジが『マッドマックス』以前にコーディネートとスタントを引き受けたオーストラリア映画のひとつに、一九七五年のカンフーアクション映画『スカイ・ハイ』（アメリカでの公開タイトルは"The Dragon Flies"）がある。監督はブライアン・トレンチャード＝スミス。ビール数杯と大麻でハイになったあと、ドライヴインで見るにはぴったりな、アクション満載のB級映画を量産して定評のある監督だ。

『スカイ・ハイ』と『マッドマックス』には共通点が数多くある。ヒュー・キース＝バーンやロジャー・ウォード、デイヴィッド・ブラックスらキャストも重複している。主人公の警官はやはり恋人を犯罪者に殺される。映画は終盤八分半にわたる巧みな演出のチェイスシークエンスをふくめ、アクションたっぷりだ。国内外の年季の入った映画ファンであるジョージ・ミラーが『スカイ・ハイ』を未見だとも、「こういうのをやりたい」と思わなかったとも考えるのはまず無理がある。そして彼の尽きせぬ野心からすれば、「こういうのをやりたい、もっとうまくやってやる」と思わなかったとは。

ブライアン・トレンチャード＝スミス監督はのちほどすぐに本書に再登場する。さしあたってはメルボルンのはずれ、交通量の激しいダイノン・ロードに話を戻そう。『マッドマックス』のキャストとスタッフは当日朝の撮影地に向かって西へ移動中だ。ほどなく負傷する運命のグラント・ペイジは大型バイクのハンドルを握り、うしろに乗ったロージー・ベイリーがペイジの腰につかまっている。

ペイジが乗っているのは一九七七年式カワサキKｚ１０００（別名Ｋｗａｋａ）。大型でどっしりしたパワフルなバイクで、重量約二百五十キロ、時速二百十キロ以上を出せる。夜明け前、太陽がのぼりかけている。信号で停車したペイジは、列のあいだをあみだに進み、青になると残りをごぼう抜きにして前に出る。たいてい列の先頭で走るティム・バーンズを、ペイジが追い抜く（「ぼくは最悪のバイカーだからふつうは前を走って、コンボイを率いるかたちになっていた」と、バーンズ）。

ペイジとベイリーの右手には赤レンガの壁が、左手には鉄道操車場がある。ふたりの前方、反対車線から向かってくるのは大型のセミトレーラーだ。長い夜の運送の終わり、ドライヴァーは突然右折して操車場に入ろうと決める。猛スピードで走るペイジとベイリーの背後から朝日が昇り、ドライヴァーにはふたりが見えず——朝日のせいか、疲れのためか、両方の組みあわせのためか。セミトレーラーがゲートに入りかけているため、ペイジが左から回りこむのは不可能だ。右——道路の対向車線——もまた、車の流れが反対方向へとぎれなくつづいている。スタントマンは瞬時に判断せねばならない。どっちに転んでも見通しは暗い。

「選択の余地はなかったんだ、メイト。ああするしか」と、ペイジはふり返る。

**それでおれはバイクをロックし、左に横倒しにした。トレーラーの後輪に当てようとしたんだ。トラックの下に入ったら、ロージーとおれは荷台に垂れさがっている金属物で細切れにさ**

**れちまう。おれにできたのは高速でトレーラーの後輪に当てることだけだった。ブレーキをロックし、左に倒れ、後輪目がけてまっすぐ滑らす。**

ペイジがつづける。

**スライドしながら、肩ごしにふり返った。ロージー・ベイリーが背後に座り、顔はまっすぐトラックを向いていた。そのままだと最初に顔が当たる。それでおれは顔を右肘で強打した。彼女は倒れておれの背中にもたれかかった。それからバイクがトラックに突っこみ、おれの顔にぶつかった。**

ペイジのとっさの反応のためだろう、ベイリーはバイクがセミトレーラーに衝突した衝撃ではたいしたケガをしなかった。事故がそれだけですめば、多かれ少なかれ無傷で立ち去れたはずだ――多少トラウマ《トラウマ》になりはしても、身体には傷を負わずに。だが最悪はそのあとに来た。ふたりが地べたに横たわる真上でＫｗａｋａが垂直に跳ねあがった。戻る際、猛然と落ちてくる。バイクがまるごと、モロにペイジとベイリーの上に倒れかかって押しつぶし、瞬時にふたりの左足を折った。

ジョージ・ミラーと『マッドマックス』の撮影監督デイヴィッド・エグビーが附近を走っていると、スタッフが停車させて知らせを伝えた。ふたりはＵターンして病院へ直行した。ミラーはベイリーをひと目見て、これなら行けそうだと思う。「だが、それから医師として気づいた。大腿骨が折れたのなら治るのに数週間かかる」と、のちに語っている。

**そして、グラントがいた。かなりひどい状態に見えた。何が起きたかというと、顔をぶつけたんだ。サングラスをかけていて、基本的に鼻がひしゃげ、ひどいアザができていた。担当医は、内臓も損傷しているといったよ。**

その日のカオスは路上に収まりきらず、苦痛と苦悩は病院のベッドからさらに先へと広がった。ヒュー・キース＝バーンはそれにつづく出来事を「信じられない悪夢」だとのちに表現している。マッドガッツ役のデイヴィッド・ブラックスは「あの瞬間から、すべてがカオスになった」といった。ジョージ・ミラーが動揺することは、人生でそれほどない――周囲に悟られることはさらに少ない。医師として、つぎにフィルムメーカーとして、キャリアのはじめからミラーは冷静なイメージをかもし、内心荒れ狂っているかもしれない乱れた感情を無視する能力を維持してきた。たいへんなポーカーフェイスだ。みくびっては痛い目に遭う。

「もちろんわたしだってハラハラするが、みんなが、わたしの家族でさえ、わたしを冷静でのんきだという」と、フィルムメーカーはかつて語った。「内心はいつでも穏やかってわけじゃない」

あの午後はしかし、ミラーが恐慌をきたしていたのはだれの目にもあきらかだった。バイロンの妹アンドレア・ケネディは当時ヤラヴィルにあるケネディ家にバイロンやジョージと同居しており、家に駆けこんだ監督が汗だくで、不安の発作に襲われていたのを鮮明に覚えている。

「家に走って帰ってきて、憤慨して息を切らしてた」と、アンドレアがふり返る。

ジョージはバイロンに電話してた。こういうのが聞こえたわ。「相棒《メイト》、もうつづけられない。終わりだ。人が死んでしまう」心底狼狽《ろうばい》してた。われを忘れてた。バイロンは電話口で彼を落ちつかせなくちゃいけなくて、ふたりで相談してた。

ミラーは震えあがっていた。ほかのキャストとスタッフも、その日の事故に度を失った。プロダクション・コーディネーターのジェニー・デイはいう。

その話を聞いたみんなはこういっていた。「嘘だろう。ベイリーをバイクのうしろに乗せて現場に行ったのか？　ペイジを迎えに来る車があるはずだ。最低でも別々のアパートに住んでるはずだろ」。けれどそうじゃなかった。三十五万ドルで製作するにはそれしかなかったの。ゲリラ形式でやるしか。

『マッドマックス』のメイクアップ・アーティスト、ヴィヴ・メファムはそれほど外交的ではない。

第一に、撮影前に主演女優をバイクのうしろに乗せちゃダメでしょ。御法度よ。グラントは何を考えてたの？　勘弁して。わたしは彼が好きだけど、「まじか、自分だったらうしろに乗ったりしない」って、ふつう思うわよね。常識よ。それに、しちゃいけないってわかるぐらいの映画の経験がペイジにはある。あいつはただ、ロージーと話したかっただけよ。

（ペイジは彼とベイリーは「いい友人だったが、親密ではなかった」という）。話をつづけるメファム。

あの事故がきっかけだった。あのあとみんな、「自分は本当にこの映画をやりたいのか？」って思いはじめた。スタントマンと主演女優がバイクに相乗りし、彼女はもう映画に出られない。スタントマンたち全員に何かしら故障がある。ひとりは心臓に穴があいてる。ひとりはひどいガンになって死にかけてる。自分たちがいまやっていることに目を落として、こう思う。「おい、こいつらスタントマンは何やってるんだ？」。だれもかれも死にたがっているみたいだった。

ロージー・ベイリーが回復するのに何週間もかかるのはあきらかだった。撮影に入ったばかりでスケジュールはぎゅう詰めのミラーとケネディに、そんな余裕はない。ほかに選択肢はなかった。映画は主演女優を失った。配役し直す必要があり、ケネディの念入りな撮影スケジュールを組み直さねばならなかった。

「これは、撮影の最後まで影響した」と、プロデューサーはのちに語った。

**もし短い撮影期間ですむなら、ああいう事態をふつうはやり過ごせるが、十週間の撮影となると、事実上プリプロダクションをやり直さないといけない。その結果、とんでもない組織上の問題を抱えた。**

そして、生きるも死ぬも、無数にあるひどく複雑なスタントの効率性にかなりを負う映画『マッドマックス』にとって、スタント・コーディネーターを失うのは大きな痛手だった。女優にはこと欠かない（役にぴったりのをみつけるのは難しいにしても――そしてミラーとケネディはベイリーを完璧だと信じていた）が、グラント・ペイジの能力を持つ人材となると話が別だ。同時にふたりを失うのは、ちょっとした挫折とは違う。完全な災厄だった。すると、ジョージ・ミラーはパニックに襲われた。動転した監督をなだめる役割をケネディがつとめる。

だが「なだめる」すなわち「安穏」を意味しない。出資金のすべてが危険にさらされ、スタッフの安全が脅かされるやもしれず、プロデューサーはつらい決断を下すのは自分の役目だと心得ていた。ジョージ自身、もうつづけられないといっていた。人死にが出ると。彼の親友は、この手のプレッシャーに対処できる能力があるのか？　プロダクションは監督をすげ替えるべきか？　ケネディは事実上どんな状況でも舌先三寸でどうとでもできた。話術とビジネスのこつをつかむ才能には――長編映画の製作ははじめての当時でさえ――疑問の余地なく恵まれていた。しかし、いま決定を迫られている問題は、別のことだ。痛いところを突かれた。

映画の行く手に暗雲が立ちこめ、ケネディはあるまじき決断を下す。親友は監督を降りるか、もしくは実績のあるフィルムメーカーのサポートを受けなければならない。とてつもなくつらい決断だったが、かかっていることが多すぎた。ふたりが働いてきたすべてと、投資された金のすべて。ケネディとミラーはそれについて話しあい、ミラーはのちにこうふり返った。「事実上わたしは映画の監督をクビになった。わたしはただ本当に、『まだはじめてもいないのに人が死んでしまう』みたいに思ったんだ」ジョージの代わりについて検討しはじめると、全員のリストのトップに来る名前がひとつあった。ブライアン・トレンチャード＝スミス。

その日の午後、メルボルンで一大事が発生中、ブライアン・トレンチャード＝スミスはシドニーの自宅で妻とチェスをしていた。電話が鳴り、出てみると相手はバイロン・ケネディだ。トレンチャード＝スミスはメルボルンの現場が少しばかりカオスになっていると聞いていた。そしていま、プロデューサーが今朝がたダイノン・ロードで起きた悲劇的な事故を語り、仕事をオファーしてくる。「ギャラはあまり出せません」と、ケネディはいった。「けれどこっちに来て映画を監督することを考えてくれませんか？」

トレンチャード＝スミスは心を動かされなかった。「撮影なかばに経験の勝る監督が入って支配権を二分するのはジョージのキャリアにとってよくないと思った」と、トレンチャード＝スミスがふり返る。

**足を引っ張りあうのが常の、われわれのいる業界で製作がトラブってるとのうわさがたてば、不公正な烙印《らくいん》を押されがちだ。ジョージは好きだったがよくは知らなかった。でも少しばかりへんてこな創造性と映画愛で、わたしと相通じるものがあるのがわかった。とはいえ正直**

**いって、もしバイロンが無視できない額を提示してきたら、おそらくシドニーでの仕事を中断して引き受けただろうね。**

ブライアン・トレンチャード＝スミスがつづける。

**問題がクリエイティヴ面ではなくてプランニングの効率性にあるなら、ましな解決策は助監督とプロダクション・マネージメント部門を強化することだと提案した。バイロンは提案にしたがい、ジョージは画期的な映画を完成できた。バイロンの電話の件はだれにも話したことはないよ。**

もしトレンチャード＝スミスがケネディの申し出を受けて『マッドマックス』の共同監督をしていたら、何が起きたかはだれにもわからない。キャストはミラーの側についたはずだと、のちに語っている。デイヴィッド・ブラックス、別名マッドガッツはプロデューサーに詰めよったのを覚えている。「ジョージが辞めるならおれたちもだ」といったらしい。とはいえ、バイロン・ケネディは脅しに屈して決定を下すような人間ではなかった。真夜中になっても、状況はまだ進展しなかった。眠りを奪われたミラーが、長い夜を内省に費やしたあと、午前三時に親友兼プロデューサーと話した。「ぼくは傲慢な男じゃない。だけどひとつ譲れないのは、自分が映画を撮れるってことだ」

おそらくケネディもそう考えており、パートナーから確信を得たのだろう。それともたぶん、トレンチャード＝スミスの固辞と、使える交代監督の欠如（オーストラリア製アクション映画は『マッドマックス』以前は稀少《きしょう》だった）により、彼にプランBはなかった。いうまでもなく、翌日ジョージ・ミラーはディレクターズチェアに復帰する。撮影スケジュールをずいぶん変更しなくてはならないが、彼の地位は安泰だ。

入院して二十四時間と経《た》たぬうちに、グラント・ペイジもまたセットに戻ってきた。車椅子に乗って、血のにじんだ小便を出し鼻が顔の半分を占めた状態で、スタントマンは仕事に戻った。

# Chapter8 : DOING IT FOR REAL

# 第八章　マジにやる

「用心深さはかなぐり捨てた。『こなくそ、やったるぜ』っていってね。クレイジーなことをたくさんやったにしちゃ、ひどい事故がなくて幸いだった」

麻薬をやる人間は、しばしば違法薬物の純度を問題にする。おぼろげにでも麻薬でハイになった経験のある者なら、たとえば、混じりけなしのコロンビア産コカインひと袋のほうが、もとは純正であれ地元の売人がコーンフラワーで薄めたコーク（コカイン）のひと袋より、はるかに効くのがわかる。映画のスタントも、似たようなやりかたで見わけられるだろうか、最高のスリルは実際にやってこそだと？　そうであれば、そして『マッドマックス』がドラッグなら、上モノだ。人間と車の意匠を凝らした殺戮《さつりく》と破壊満載の、ジョージ・ミラーとバイロン・ケネディによる地獄郷《ディストピア》のデモリション・ダービー（相手の車に体当たりして走行不能にし、最後まで残った車が勝ちとなる）は、物騒な真実味のオーラを放ち、それは多くを実際にやるというフィルムメーカーの判断から一部来ている。

犯罪人のナイトライダーが乗るロケットエンジンと見まごう車は、実際にロケットエンジンだ。オートバイから投げ出されて人形のように空中を飛ぶバイカーは、自然の法則に挑む生身の人間たちだ。CGのエフェクトが幅をきかせるずっと昔、爆発は実際に爆発させるものだった。顔をあぶる炎の熱を、スタッフはいまでも覚えている。ミラーとケネディの本物指向はまた、予算の節約にもなった。トーカッターの暴走族メンバーの大半にセリフがないなら、実際のバイカーに演じさせればいいのでは？　それなら安くあがる。それに、俳優につきものの、ケータリングや時間外労働に文句をいってプロダクション・オフィスを悩ます心配もまずない。

ヴィジランテス・モーターサイクル・クラブは一九五〇年代にメルボルンで結成された。結成当時、メンバーはジャケットの背中にエースのペアと八のペア、通称「死人の手札」の絵と、クラブ名をあしらったエンブレムをつけていた。多くの暴走族同様、彼らの名前もまた、犯罪、不品行、違法行為と同義だった。大柄で無愛想で酒好きの、粗野な現実の典型的ロード・ウォリアーたちは、家に連れ帰って母親に会わせたいような連中ではない。

ユニット・マネージャーのジョン・ヒップウェルは『マッドマックス』で働いた期間のことなら、たいてい覚えている。ひとつだけ、まったく記憶にないのが、プリプロダクション中にヴィジランテスを訪ねて映画出演を頼む役目が、いったいどうして自分に回されたのかだ。なんていって頼めばいいいんだ？　まともにとりあってもらえるだろうか？　生きて帰れるのか？　メルボルンの暴走族本部の前で、ナーバスなあまりヒップウェルは動悸《どうき》が激しく脈うつのを感じた。スタント部門の仕事仲間がひとり、精神的支援のためついてきた。そしてそれから、別の支援のためにも。

ヒップウェルを落ちつかせようと、仕事仲間はポケットから何かをとりだしてユニット・マネージャーに手渡し、「これをちょっとだけやればだいじょうぶだ」といった。つぎに起きたことを、ヒップウェルはどうしても思い出せない。正確には何を消費したのかも。記憶の霧から目をすがめてのぞけば、あれは幻覚剤の一種だった気がする。

「こういわせてもらおう」と、ヒップウェル。「それまであれほどトリップしたことはないし、そのあともあれほどトリップしたことはない」。建物のなかで正確に何が起きたにせよ、あるいはユニット・マネージャーが実在の暴走族を『マッドマックス』に徴用するために使った正確なことばがなんであれ、もしくは何を摂取したのかにかかわらず、ヒップウェルは勝ちほこって出てきた。ヴィジランテスは映画出演を承諾した。ほかの暴走族メンバー、たとえばヘルズ・エンジェルスもまた、スクリーンに登場している。

暴走族のひとつは、ポール・ジョンストーン（カンダリーニ役）によれば「〝クランク〟と呼ばれるヤクをさばいていた。基本的に自家製の、田舎者のメタンフェタミンだ」。トーカッター・ギャングでセリフのある俳優は実際の暴走族ではないかもしれないが、いかにも本物のようにふるまっていた。この場合はつまり、とジョンストーンはつづける。

**ああ、そりゃあ激しくパーティーをした。当時の大麻はくそ強かったんだ。ヤクと酒ざんまいさ。水耕栽培のモノが出てくる前で、むちゃくちゃ効いた。それに加えて、族の一部が持ってきたのがある、クランクだよ。撮影現場に入ったときは、老いも若きもガンギマリだった。**

メルボルンのキューにあるプロダクション・オフィスの外で一輪走行《モノ》を披露して〝オーディション〟に受かり、『マッドマックス』の役をつかんだ元ヴィジランテ、デイル・ベンチはクラブの健全とはいえない評判を歯牙《しが》にもかけない。

**暴走族を世間はワル呼ばわりするんだろうが、おれたちは自分をワルだとは一度もみなさなかったよ。よくサッカーのクラブか何かと比較してた。**

と、ベンチはふり返る。

**どんな集団にだってドラッグやはみだし者はつきものだ。そうさ、おれたちは一見ワルそうだった。クラブのエンブレムを背中にしょってオートバイに乗っていた。ときには人を脅かして楽しんだかもな。でも現実は、ふつうの野郎どもの集団と違いはないと思うね。**

なんにせよ、撮影のあいだじゅう本物の暴走族が現場にいたことは、キャストとスタッフを落ちつかなくさせた。
「すごくこわかった、本物の暴走族連中は」と、メイクアップ・アーティストのヴィヴ・メファムは思い返す。

いつ現れるか予測がつかなかったし、互いにケンカしたりもめごとを起こすかもわからない。暴走族同士、憎みあってた。

ジョニー・ザ・ボーイ役のティム・バーンズは『マッドマックス』の撮影中は「常に大惨事の予感がつきまとっていた。いつ死ぬかとヒヤヒヤしながら毎日セットに出ていた」と、当時をふり返った。撮影中、これみよがしのワルぶったふるまいや違法行為に、バイクの整備士ベルトラン・カダールは目をむいた。カダールは（強いフランスなまりのため）セリフなしの暴走族クランク役で映画に出演もしていた。

当時のわたしは品行方正だった。オーストラリア放送協会の仕事をしており、ドラッグ類に手を出したことはない。家に帰るたびに身重の妻に毎晩目にしたことを話して、おぞ気をふるっていた。

と、カダールはふり返る。

正気の沙汰じゃなかった。妻はろくなもんじゃないと最初からいっていたけれど、結局きみが正しかったよってこぼした。目も当てられなかったね。セットでしょっちゅう頭を振って、

**「オーマイゴッド」ってあきれてた。それに、スタッフときたら、くそみたいな作品で働いてるってぶつくさ文句ばかりいってた。**

『マッドマックス』のキャストとスタッフが、アクション満載の傑作アート作品を追求するあまり交通法規を破ったのは確かないっぽう、ヴィクトリア州の警察からどんなあと押しも受けずにやったというのは必ずしも正確ではない。少なくとも警察官のひとり、比較的大物なとある人物が、撮影を了承して許可を出した。説明の難しい状況（たとえば、目の覚めるような外観の車が制限速度を大幅に超え、周囲にはメルボルンの暴走族が勢揃《せいぞろ》いしているのを警官が目にとめるとか）を切り抜けるため、スタッフは「釈放カード」なるものを手渡した。これは、本作が国と州政府の共同出資による映画だと告知する（あからさまな虚偽。『マッドマックス』は独立資本での製作だ）証書で、文面を読んだ者にフィルムメーカーへの協力を要請していた。

証書にはまた、『マッドマックス』の車両は〝ブロッグス警部〟という名前の警察官が点検後許可を出して登録ずみだとも書いてあった。証書は映画の特定の面においては適正な措置を講じたことを示しているかもしれないが、法を破る許可証でも招待状でもない。ところが、なかにはそう解釈する向きもあった。俳優のスティーヴ・ビズレーはのちに、「釈放カード」を「爆走許可証さ――毎晩走ってた」と表現している。カードは警察を（少なくとも一時的に）追い払うには間違いなく効果があったものの、そもそも、ブロッグス警部とは何者なのか？　おかしな苗字は単なる偶然？

何年もあと、キャストとスタッフは証書を見返しては笑った。この謎の人物は単なるでっちあげだと合点して。ジェシー・ロカタンスキー役のジョアン・サミュエルはこういっていた。「ブロッグス警部って名前なのよ？　ねえ、みえみえじゃない？」」。そしてヒュー・キース＝バーンいわく「まあ、バイロンなら考えつきそうだってみんな思うよね。まったくのでっちあげかもって」。『マッドマックス』のスーパーファンたちも加わり、ブロッグス警部という名前はまゆつばに聞こえると口をそろえた。

どんな書類も、違反薬物使用のいいわけにはならない——おおっぴらにはできない行為だ。映画の冒頭で砕け散ったキャラバンは、撮影中はずっと衣裳とメイクアップ用のバン、および控え室《グリーンルーム》と（あるスタッフがいうところの）「大麻《ウィード》モービル」に使われていた。「一日が長かった。ものすごく暑くてヘトヘトになるから、そこで吸ったんだ」と、トラフィック・スーパーバイザーのスチュアート・ベイティはふり返る。

**グラント（・ペイジ）は伝説的なボング（マリファナ用の水ギセル）を持っていた。熱を分散するため、下三分の一に銅製のワイヤーをきつく巻いてあるんだ。竹製で、当時はみんなそうだったよ。ダブルチェンバーになってさえいてね。すごく特徴的だった。**

『マッドマックス』のガファー、リンゼイ・フッテはクスクス笑いながら、「グラントはベルトにぶら下げてどこへでも持ち歩いてた」ことを思い返す。そして、確かに「うん、ベルトにつけてたよ」と、スタント・コーディネーターのペイジが認める。

**前はパスポートやなんかもいっしょに持ち歩いてた。いつでもどこへでも行けるようにね。そうしたければ空港へ行こうと突然決めることもできた。空港でボングをぶら下げて歩いたけど、だれも気づかなかったよ。装飾品に見えたのさ、羽根がぶら下がっててね。**

ペイジは羽根の何枚かは、もとは伝説的なアメリカ人のスタントマン、ヤキマ・カヌートのものだったと主張する。ヤキマ・カヌートはジョン・ウェイン、クラーク・ゲーブル、エロール・フリン、ヘンリー・フォンダらハリウッドスターのスタントダブルだった人物だ。

いくつかの理由でボングを持ち歩いたいっぽう、ベテランスタントマンのグラント・ペイジは個人的に常に「十二時間ルール」を厳守したという。それは、なんであれつぎに要求される危険なスタントに命がけでのぞむ前にはしらふになり、頭をすっきりさせるのに要する時間だった。つまり、翌朝仕事が控えている場合、俳優たちと一晩じゅうパーティーをするのは問題外ということだ。

「彼らの仕事は演じるのが基本だ。多少のことなら演技に影響しない。おれの場合、ささいなことが生死の分かれ目になる」

**迷う余地すらない。もしハイになっていたら、だめだ、スタントはできないといわなければならない。道義的な責任がある。人の命にかかわる話で、いうまでもなく周囲の人々も巻きこむ。スタントマンはたいへんな自制心が問われるんだ。**

ある晩ヒュー・キース＝バーンと地元の暴走族からハッシュオイルをひと瓶買ったときのことをペイジは覚えている。家に帰って吸うと、大麻のはずがひどい風味で、頭痛がするほかは何も起きなかった。これはおそらく糖蜜に実物の大麻をほんの少し混ぜたものに違いないとふたりは踏んだ。いきりたったペイジは三十二口径のピストルをズボンに突っこんで握りを飛びださせ、本部に乗りこんだ。キース＝バーンが応援についてきた。いつものようにメソッド演技のキース＝バーンはトーカッターの扮装のまま、尻からマチェーテをぶら下げていた。ふたりが彼らに迫ると、「バイカーのひとりが立ちあがって『ちょっと大げさじゃないか?』ってほざいた」と、ペイジが記憶をたぐる。「おれはふり向いていったよ、『これが大げさだというなら、おまえは大げさが何かわかってねぇな』って」。いんちき大麻の代金をふたりはとり返した。

ヒュー・キース＝バーンはオーストラリアの暴走族たちにはなじみの顔だった。一九七四年のトリッピーな暴走族映画『マッドストーン』（悪魔を崇拝しドラッグでハイになる暴走族が登場する）の演技を見て、多くが気に入っていた。『マッドマックス』撮影当時ヴィジランテスのメンバーだったデイル・ベンチは、ある長い飲み会の夜、キース＝バーンが顔を出してギャングに混ざったのを覚えている。ヴィジランテスは地元のパブを根城にし、ビストロの床にごろ寝していた。タバコを吸い、ビールを飲み、じゃがいもをアルミホイルに包んで焼いた。

「ヒューはボーイズの一員みたいだった。ちょっとしたヒーローだったから、盛りあがったよ」と、ベンチ。

一九七〇年代のオーストラリアであれば、酒のつきあいは多かれ少なかれ必須だった。たいていの場合、少なくともスタッフにとって（飲んで吸ってヤクをやる俳優は少数派だった）、それが一日の仕事あけにやることだった。
とはいえある日の午後、スタッフのひとり、ブームオペレーターのマーク・ワシウタクの誕生祝いにケネディが皆にシャンペンをふるまったときにはだれもが驚いた。
「ひとりにつきボトル一本もらえた」と、ワシウタクは覚えている。

**昼めしどきは寒くなかったから、午後のお茶代わりにあけようと思った。みんなでしこたま飲んだよ。ジョージ・ミラーとゲイリー・ウィルキンズとデイヴィッド・エグビーだけが、昼食後に仕事ができるぐらいしゃんとしてた。幸いその日に必要なショットはだいたいすませていた。スタッフの残りはまだ裏手で飲んだり、タバコを吸ったりして、おれの誕生日を祝ってた。そのうち引きあげなくちゃいけなくて、小道具用のトラックで大の字になったよ。**

ヴィクトリア州フェアへイヴンで地元住民を巻きこんでの、ある厄介な出来事をリンゼイ・フッテは覚えている。ホリデーハウスで撮影する許可をフィルムメーカーに与えた男たちから、フッテはジーロングで鍵を受けとった。ふたりのいかつい連中だ。その家で午後いっぱいを撮影に費やしたあと、フッテと『マッドマックス』の第一助監督イアン・ゴダードはパブで一杯やりに家をあとにした。爆弾が落ちたみたいな――機材とさまざまな物をそこらじゅうに散らかしっぱなしにしたままに。小便をしに席を外したフッテが戻ってくると、激怒したいかつい狼藉者《ろうぜきもの》にのどもとをつかまれたゴダードが、壁に押しつけられて、足が床から離れていた。

「そいつの肩を叩《たた》いて、『おい、何やってんだよ？』と声をかけた」と、フッテが当時を思い返す。

**つぎの瞬間、もうひとりがやってきておれをつかんだ。それで、おれたちはふたりとも壁に押しつけられた。「おまえはあの映画のスタッフか？」。そうだと答えた。「おれの家をめちゃくちゃにしやがって」ってそいつがいう。おれはこう返した。「それならおれと話す必要はない。おまえが話す相手はそこにいる。イアン・ゴダードだ」**

ジョージ・ミラーが助けに呼ばれた。ミラーは怒れる男ふたりにおわびの差し入れを持ってきた。ビールのケースを銘々に。フッテと『マッドマックス』の撮影監督デイヴィッド・エグビーは、ミラーが正しい贈りものの選択をしたように思えなかった。

「エグビーとおれはいった。『ねぇジョージ、あいつらにこれ以上ビールの必要はないよ。ふたりともすでにカンカンで、心底怒ってるんだから』って」と、フッテがつづける。

**ふたりが家に戻ったときカメラと機材がまだそこにあったら、どうすると思う？　高額製品だ。それで、エグビーとおれとほかに数名で夜中に家に行き、機材一式を持って帰った。**

アルコールとドラッグの消費だけが、『マッドマックス』のセットで目につく危険な行為ではとうていなかった。映画は無謀なスタントと神経を逆なでする冷徹なヴィジュアルで評価されている。あるシーンで、ミラーは猛スピードのオートバイに乗る登場人物の主観ショットを要求した。それをやるにはデイヴィッド・エグビーがライダー（ヴィジランテスの当時の会長テリー・ギブソン）のうしろに乗って実際に撮る必要がある。十五キロもする大きくてかさばるカメラを両手で操作するため、エグビーはよくいうように、ライダーに遮二無二《フォー・ディア・ライフ》しがみつくわけにいかない。ヘルメットもカメラのアイピースに顔を押しあてる必要があるため被《かぶ》れない。そこで、大きなベルトを使ってふたりの男を固定した。

もし撮影監督が撮影中に左右どちらかに身体を傾けたら、水平を保てなくなり、ショットが斜めになることがすぐに判明した。これを補正するため、ギブソンがかがんで右側に傾き——不自然な姿勢——エグビーはバイク上で上体を調整し、フレームの下に風防ガラスが映るようにした。

「最初に出発したときは時速六十キロだった。ヘルメットを被らなかったから、ちょっと無防備に感じたよ」と、エグビーが反芻する。

**でも、バイクは速いほど調子が出るように設計されているから、試しに八十キロに上げてみた。スピードを上げたら、速ければ速いほど安定するようだった。**

ふたりは何度か撮り、そのたびにスピードを増していった。大きくてかさばるカメラで視界が遮られ、撮影監督は自分たちが実際は何キロで走っているのかわからなかった。ギブソンもしかりだ。翌日、ラッシュ映像ではじめてスピードメーターが見えた。なんと、時速百八十キロで走っていた。

元ヴィジランテスのひとり、デイル・ベンチのスタントがおそろしいほどリアルだったため、彼の死亡宣告が下された。映画のスタッフからではなく、フッテージを見て口をあんぐりさせた世界じゅうのバイカーやスタントたちが、あの状況を生きのびた人間がいるはずはないと早合点したのだ。かくして「ベンチ死す」との現代の伝説が広まった。

問題のシーンでは、マックスがトーカッター・ギャング数名をインターセプターで追い抜き、ライダーたちがあとを追う。ロード・ウォリアーはエンジン音をけたてて橋（ヴィクトリア州リトル・リバーのカークス・ブリッジロード）を越え、停車してから折り返す。道路を爆走し、反対方向から突っ走ってくる四人の暴走族と向きあう。ふたつの勢力が橋の上で激突する。ライダーのふたりが宙を飛び（これについては後述）、残りふたりはバイクから投げ出されて道路に落下する。このシーンをニック・ガザーナ（暴走族スターバック役）のスタントダブルとして演じたベンチは、後者のうちのひとりだ。バイクからふっ飛び、捨てられた一片の肉のごとくコンクリートの床に叩きつけられる。足が宙空に投げ出される。ベンチが手すりにぶつかる。身体がスピンして自分のバイクに腰のあたりが当たる。

最悪の瞬間は一、二秒後に訪れる。制御不能になった別のオートバイが、高速で橋を突っ走ってくる。反転しつつ、ガツン！――前輪がベンチの頭にぶつかる。ものすごい衝撃をモロに受けたベンチの後頭部は、ゆるゆるのオレンジ色のヘルメット（ガザーナの頭はベンチよりずっと大きかった）に守られていた。息を飲む瞬間で、のちに編集中のバイロン・ケネディがショットを魅入られたように何度も見返した。カメラが回りはじめる前、グラント・ペイジはベンチに「この手のスタントでは考えすぎちゃだめだ」と入れ知恵をする。それはベンチをよりナーバスにした。

「あとから考えたら、おれは間違いを犯した。バイクに長くつかまりすぎたんだ」と、ベンチは記憶をたぐる。

**もう一台のバイクに乗っていたミッチは首尾よくやって手を放した。カットがかかったとき、みんなはおれがケガをしたと思って駆けつけたが、なんともなかった。ステーションワゴンの後部へ連れて行かれ、警官のひとりを演じるジョン・レイがおれの首をグギリとやった。無造作に押さえ、ただひねったんだ。資格があるのか知らないが、やりかたを心得ているみたいだった。**

このシークエンスにはもうひとつ大きな見せ場があり、残りのふたりのライダーが橋から人形のように放りだされる。バイクともどもふたりはしぶきを上げて橋の下の小川に落ち、またもやとんでもなく危険なスタントになる。ジョージ・ミラーはベルトラン・カダールにこのシーンのスタントを千豪ドルで頼む——当時にすれば高額だ。カダールは「死への招待」を受けた気がするといって断った。下準備にあたり、ペイジと仲間のスタントドライヴァー、クリス・アンダーソンがうまく小川にはまり、川以外の固い地面に落下しないためには、正確にどこに落ちるか知る必要があった。ふたりは場所を決めた。ペイジが小川の左側からこっち、アンダーソンが右側からあっちに落ちる。地面にチョークを引いて、ふたりは逆算した。もしライダーがどちらも線の左右で正確な間隔、同じスピードを保って走れば、理論上狙った角度で両者ともに橋から正しく放りだされる。

ベンチがミスした橋の上のシーンと違い、このプランは計画どおりにいった。「あれは、やりながら成功するとわかるスタントのひとつだった」と、ペイジはうそぶく。

**人がおそれるのは唯一、未知のものに対してだ。それで凍りついてしまう。勝手知ったる状況でやるときはアドレナリンが出て、よりよい演技ができる。身体の不必要な部分が閉じて、頭と心臓と筋肉がほぐれ、その部分に血が流れこむ。アドレナリンが仕事をしてくれる。**

メル・ギブソンのスタントドライヴァー、フィル・ブロックは、オーストラリアのレーシング・チャンピオンだった故ピーター・ブロック（別名「峠の王者《キング・オブ・ザ・マウンテン》」）の兄弟だ。正確なドライヴィングを得意とし、それは基本的に、神経のヒリつくスピードで疾走することを意味する。傾斜台は極力使わない、なぜなら「傾斜台ジャンプをやるのは、車から降りて見物するに等しいからだ。結果をコントロールできない」。このスタントドライヴァーにとって最も難しいハンドルさばきは、映画の冒頭、ナイトライダーと対決するチキンレース場面だった。青・黄・赤の警察のインターセプターを運転するブロックが、反対方向から彼めがけて突っこんでくる狂気にかられた犯罪者の（グラント・ペイジ操る）車に向かって爆走する。最後の瞬間、猛スピードで走る二台のあいだが数メートルまで近づいたところで、ブロックが進路をそれ、そのあとハンドブレーキをかけて反転する。

「たぶん、三回やったと思う」と、ブロックがふり返る。

最初の何回かはわたしがそれ、グラントもそらした。けれどエグビーがそれじゃだめだ、ナイトライダーはイカレちまってるんだからっていう。相手をよけたりしない、そうだろ？　完全にいっちまってるんだ。こっちへまっすぐ突っこんでくる。だからグラントはピクリともぶれずに道路を直進する必要があった。定規で測ったようにまっすぐ。繰り返すたびに距離が縮まった、練習するほど上達するからね。しまいにはグラントを脅したよ。こういったんだ。「グラント、目を閉じたきゃ閉じろ。ただし動くんじゃない」

後部座席から撮影していたデイヴィッド・エグビーは、彼自身のことばでいうと、あのシーンは「間一髪」だったのを覚えている。「やけっぱちの偶然だった」と、撮影監督は反芻する。

用心深さはかなぐり捨てた。「こなくそ、やったるぜ」っていってね。クレイジーなことをたくさんやったにしちゃ、ひどい事故がなくて幸いだった。いつなんどき事故が起きても不思議はなかったが、比較的コントロールされた環境で仕事をした。静かで規制された道路。一般車の往来があったら違って感じたはずだ。道路の前後に、いわゆる通行止め要員を配置したんだ。

「いわゆる」通行止めをした要員のひとりが、トラフィック・スーパーバイザーのスチュアート・ベイティだ。ベイティの権限は、ときに非常に限られる。たとえば、ドライヴァーが止まるのを完全に拒否したときなどは。そのような状況のひとつでは、ベイティの掲げるサインを無視してダンプカーが走りすぎた。二百メートル先の道路、小高い丘の向こうで、ブラック・オン・ブラック・インターセプターのハンドルを握るフィル・ブロックがアクセルに足をかけ、後部座席のエグビーが撮影中だった。瞬時にパニクったベイティは、トランシーバーをつかむなりどなった。「トラックが行くぞ！　トラックがそっちに行く！」それを聞く者はだれもいなかった。ミラーが「アクション」と声をかけたあと、スタッフには無線を切るお達しが出ていた。トラックが突然ブロックの前に現れたとき、正確無比のドライヴァーはすれすれでよけた。

「車を止めるのがどれほどストレスになるか、想像つかないだろう。マジで、本当にストレスがたまるんだ」と、ベイティがふり返る。

**もし車を通せば、撮影を台なしにするだけじゃない。だれかが死ぬかもしれないんだ。俳優か一般車のドライヴァー、どちらもありうる。ものすごくストレスのたまる仕事で、毎日吸っていた大麻で悪化しちまった。もしすごくストレスのたまる状況にいたら、ハイになるとよけい偏執的になる。経験上間違いない。**

トラフィック・コーディネーターが仕事中にハイになっていると告げ口されたデイヴィッド・エグビーがすっ飛んできて彼の服を脱がせたのを、ベイティは覚えている。

「おれたちの服を引き裂いたんだぜ」と、ベイティ。

昼日なかにハイになった状態で通行止めをしていたら、デイヴィッドがカンカンになって怒った。「おれの命はおまえらにかかってるんだぞ、だのにヤクなんかやりやがって」。怒り心頭だった。でもまぁ、そりゃそうだよね。デイヴィッドがいうように、彼の命はおれたちがきっちり通行止めできるかどうかにかかっていたんだから。ある日、ジョニー・ザ・ボーイが手錠でつなげられた車の爆発するシーンを撮影中、実際におれは居眠りしてた。

エグビーが説明する。

**連中が大麻を吸ってるのをみつけたのをよく覚えているよ。そういう映画撮影のスタッフには我慢がならなかった、酒を飲むことさえだめだ。それですごく怒ったのをなんとなく覚えている。わたしは怒れる若者だったのさ。**

いっぽう、ジョージ・ミラーは穏やかに話し、いくぶんよそよそしかった。経験不足であっても静かに自信に満ちた様子で、「静かに」の部分がくせものだった。だれもミラーの心中を察しようがなかったが、軟弱とはほど遠いのを皆が知っていた。いいかえれば、監督と撮影監督のエグビーは水と油で、ふたりは衝突した。

「事実上ショットごとにエグビーとジョージはもめてたよ」と、ガファーのリンゼイ・フッテはいう。

デイヴィッドはこれは不可能だとか、やりようがないだとかいう。デイヴィッドはアメリカで仕事をして、向こうの人間は彼を気に入っていた。仕切り屋からだ。あれをやれ、これをやれ。彼らはそれを好んだ。でもそれはかなり攻撃的な仕事の進めかたで、オーストラリア人には必ずしも通用しない。

たいてい現場に詰めていた『マッドマックス』のメイクアップ・アーティスト、ヴィヴ・メファムは、とんでもなくカオスな撮影環境ではプレッシャーに対する反応は人それぞれになるという。「エグビーはいつも安全策をとった」

「もしそれをやったら、編集できないぞ」ってデイヴィッドはよくいってたけど、彼らは信じなかった。やつに何がわかる？　でもわかってたの。オリジナル脚本どおりにしたら、編集できない（うまくつながらない）。そういうのがたくさんあって、ときにはひどく険悪になった。あんまり覚えていないけどね、ある意味記憶から削除したから。記録係はたいてい頭に来すぎて現場を出てった。いっつもぶつかってた。わたしたちみんな、いい映画をつくりたかった。けれど自分に危害が及ぶなら、毎日戻ってきてつづきをしたいとは思わない。

意見が合わないのはミラーとエグビーに限らなかった。多数のスタッフが撮影初日のジーロング・フリーウェイの大失敗以来ヘソを曲げ、ミラーの監督手腕に対する不信を露《あら》わにした。後年は、そつのない沈思黙考タイプ、急がず如才ない人物と評価されるところを、彼らは頭にくるほど自信に欠けて優柔不断だとみなした。スタッフがミラーに答えを求め、緊張が高まるなか、監督は平常心を保つためにじっとして、目を閉じ、黙って周囲の雑音をブロックした。時間が押してくると、その態度がさらに怒りをあおる。

ジョージはただ立ちつくし、これから撮るショットのことを考えていた。スタッフはせっついた。「ねぇちょっと、まったく、さっさと決めてくれよ！　ジョージってば、どうするんだよ？」って。

MFPのフィフ・マカフィー隊長役のロジャー・ウォードが述懐する。

わたしだったらおそらく辟易《へきえき》しただろうが、ジョージは違った。彼は何がしたいか迷いがなかった、ただどうやるかわからなかったんだ。何分も――ときには三十分――立ったまま、ひたすら考えていた。スタッフは敵意をむきだしにした。声に出していた。わたしも聞いた。ジョージにも聞こえた。

撮影中ハイになりっぱなしで、たいていカメラからはずっと離れていたにもかかわらず、トラフィック・スーパーバイザーのスチュアート・ベイティは『マッドマックス』の不穏な波長と、理想とはほど遠い職場環境に気がついていた。「みんな報酬が少なかった」と、彼はいう。

**スタッフのなかには攻撃的で、えげつない野郎がいた。完全なばか野郎もいた。一部にはプレッシャーがきつすぎたからだ。それに天気がひどく不快なのもあった。たいてい蒸し暑くて、たまに土砂降りになった。**

ケータリングも、スタッフを怒らせる要因になった。だれに聞いても『マッドマックス』撮影現場の食事は、質のいいダイニングの基準からはほど遠かった。

「ひどかった。ひどすぎたよ」と、カメラ助手のハリー・グリナシスはふり返る。

**卵サンドイッチが出た朝を覚えている。ある日包みを開けたら、くそ、ウジが湧いてたんだ。サンドイッチのなかに。あれ以来頭のなかにウジがこびりついてる。**

グリナシスはまた、撮影中走行車から転落したことを決して忘れない。ジョージ・ミラーが共同脚本のジェームズ・マッカウスランドと視覚効果について検討したごく初期のうちから脚本に書きこまれてあり、監督はカメラが映画中の登場人物のように道路の黒いアスファルトをかすめるローアングルのショットを構想した。地面すれすれのショットを撮るため、フォードＦ１００の正面、地面に触れんばかりの位置に金属製の台をとりつけた。グリナシスがデイヴィッド・エグビーのとなりに座り、エグビーは大きくてくたくたの古い砂嚢にカメラを押しつけて震動と揺れを最小限にとどめた。ある日、カメラ助手が転げ落ちて身体をひどくすりむいた。グリナシスは痩せていたため、台から落ちたとき、フォードは彼の上をすれすれで走り抜けた。もしもう少し彼が大柄か太っていたら、ただではすまなかった。走る車につれて背中を押さえつけられ、前進しながら服と肌が道路に裂かれる様を想像してほしい。

「死ななくて幸運だったたと思うよ」と、グリナシス。

大勢のスタッフが、『マッドマックス』の撮影を同じように述懐する。人生の盛りに死ななくて幸いだったたと。

「がむしゃらにやり抜くしかない日々だった」と、デイヴィッド・エグビーが端的に結論づけた。

ご難つづきだった六週間にわたる本撮影後、ジョージ・ミラーとバイロン・ケネディは編集、ポスト・プロダクションおよび〝ピックアップ〟撮影（〝ピックアップ〟は撮影ずみフッテージの補完のために撮影される、おもにマイナーなショット）の長い期間に入る。シーンの一部は再撮影、または悪名高いロケット・カーのシークエンスのようにはじめて撮る必要さえあった。その間『マッドマックス』のスタッフメンバーは定期的に会っていた。あのばかげたアクション映画で自分たちがどんな仕事をしたか、冗談をいいあった。映画づくりにはど素人なのがあきらかな、愚かなジョージ・ミラーが監督した映画で。

# Chapter9 : AND THE CROWD GOES WILD

# 第九章　そして観客は大騒ぎ

「衝撃のあまり車で来たことを忘れ、徒歩で帰った。すごいと思った。まさしく鳥肌ものだった。電話をしまくってこういったよ、『たったいまオーストラリア最高の映画を見た。映画の水準をがらりと変えてしまう作品だ』って」

ジョージ・ミラーは『マッドマックス』を憎んだ。撮影現場での経験を憎み、編集室での長くて骨の折れる編集作業を憎んだ。というか、キッチンでの編集を。ミラーは作業の大半を食器類のすぐ横で、バイロンの父エリックがつくったマシンを使用してやった。ラウンジルームで音響作業をしたバイロンは、ポスプロ全般を引き受けた。ふたりはときどき方向性について意見を闘わせた。そのひとつが、マックスをちょっぴりもろくて繊細に見せるショットを加えようとのジョージの提案だった。

「絶対ダメだ」と、ケネディは答えた。「マックスは無敵だ。弱気を見せない」

ケネディはパートナーよりも映画の前途について楽観的だったが、励まそうとも効果なしだった。意気消沈したミラーの目にはカオスな六週間（とピックアップ撮影のおまけの時間）で撮ったフッテージを見ても、欠陥しか映らない。しくじったすべて。とらえそこねた脚本のすべて。仕事仲間から尊敬されなかったことにも——むき出しの敵意を向けられたのはいうに及ばず——傷ついた。「正直、自分は映画づくりに向いてないと思った」と、のちにミラーは述べた。

**頭のなかにあり、とても注意深く準備をしたことに邪魔が入ってばかりの気がした。ばかでかい犬を散歩させるようなものだ。わたしはこっちに行きたいのに、犬はあっちにばかり行ってしまう。**

『マッドマックス』の出来がよくないと思うだけでなく、ミラーは公開不能だと考えた。配給元のヴィレッジ・ロードショー社からタイトルがまずいと提案されたとき、変更を承諾したのはそれが理由だ。どんなかたちであろうと公開されるだけで御の字だった。また、ヴィレッジ・ロードショー社のマーケティング部門のスタッフ、アラン・フィニーから圧を感じもした。フィニーは初対面のとき、こういったのだ。「心配するな、そのうちまたああいう服装だってリバイバルするさ」

タイトルの〝マッドマックス〟が少々コメディっぽく聞こえるという感覚があった。ミラーとケネディはその点に同意し、ブレインストーミングで代替案を百本ばかりリストアップする。そのなかで選ばれたのが、〝ヘビーメタル〟だった。ヴィレッジ・ロードショー社のオフィス内に、この作品を『ヘビーメタル』の題で発表することになったため、『マッドマックス』と呼ぶのをやめるようにとのメモが回された。ところが、一九七九年四月の封切り日が近づいたある日、ミラーは電話を受ける。ヴィレッジ・ロードショー社の当時の専務取締役、グレアム・バークからだった。バークの説明によれば、先日配給部長と話した折、午前三時にタイトルを〝マッドマックス〟に戻すべきだとの直感とともに目が覚めたと聞かされたという。バークは「実をいうと、同意見だ」といい、タイトルはもとに戻された。それについていまはどう思うか尋ねると、バークはあっさり「〝ヘビーメタル〟はいけ好かなかった」と答えた。

しかし、映画は気に入った。資金集めのころにミラーとケネディから聞かされた最初の売りこみを冗長で混乱していると一蹴しておきながら、オーストラリア映画界のパワーブローカー、バークは態度を一変させる。一九七八年の終わりに映画のラフカットを見たバークは当時、

**衝撃のあまり車で来たことを忘れ、徒歩で帰った。すごいと思った。まさしく鳥肌ものだった。電話をしまくってこういったよ、「たったいまオーストラリア最高の映画を見た。映画の水準をがらりと変えてしまう作品だ」って。**

この反応は、ジョージ・ミラーにはうれしい驚きだったはずだ。ミラーは古いことわざに倣おうとしていた。「最善を望み、最悪に備えろ」。とはいえ、やはり初の長編映画に関してはおよそ悲観的だった。ジョージとバイロン共通の友人、ピーター・カーメン（彼のアパートで編集の一部をした）がのちにいうには、バイロンが「絶えずジョージにうまくいくと力づけないといけなかった。『心配するな

ジョージ、うまくいくよ、だいじょうぶだ』って」

最初の大きな試練を迎えるのは、一九七九年四月十二日、メルボルンのイーストエンド・シネマのプレミア上映において、観客が『マッドマックス』にどう反応するかを見るときだ。ミラーがうれしくも驚いたことに、観客は狂喜した。満席の場内に、割れんばかりの歓声やはやし声や叫び声が響く。撮影中のキャストとスタッフの総意が「おれたちはいったい何をやってるんだ?」なのと同様、完成した映画はまた、口があんぐりとなる反応を引きだした――今回はいい意味で。エンドロールが終わったあと、観客は屋上の駐車場で一斉に車のエンジンをふかした。これら初期のサインは、映画がターゲット層に受けそうだとの期待を大いに抱かせた。

だが、批評家やコメンテーターたちは、違った。今日の基準では、『マッドマックス』はそれほどひんしゅくを買うものではないかもしれない――もしくは、まったく。事実上ヴァイオレンスは画面外で起き、そうと匂わせるだけだ。映画のダークな幕切れに浮かびあがる疑問符、略奪者ジョニー・ザ・ボーイは自分の足首をのこぎりで切ったのかどうかをふくめて。しかし、当時のオーストラリアでは、映画は良識ある市民の顔面に電撃をくらわす牛追い棒でしかないとみなされた。多数の者にとり、『マッドマックス』は非常にいかがわしく、欺瞞《ぎまん》に満ち、不道徳の極みであるとさえ映った。ヴァイオレンスと心理的影響について、国全体で激しい論争が巻き起こった。

ストーリーの社会的倫理観の欠如を糾弾する声がほうぼうで上がった。しかし、批評家は多かれ少なかれ、少なくともひとつの点では一致した。火つけ役のフィルムメーカー、『マッドマックス』の劇場公開時三十四歳だったジョージ・ミラーが、長編映画づくりにかけてかなりの才能を示したという点において。

〈シドニー・モーニング・ヘラルド〉紙に掲載された『マッドマックス』のレビューで、批評家のジョン・ラプスリーがおおかたの論調を要約した。ラプスリーは『マッドマックス』を「えげつない作品」と呼んだ。批評家は、映画を「残忍、卑劣、粗野、暴力的で悪趣味の極み」と評した。彼は映画を「トラックに轢《ひ》かれる」ことになぞらえた。にもかかわらず、ラプスリーは四つ星を与えている。メルボルンの〈エイジ〉紙で、批評家のコリン・バーネットが似たようなレビューを寄せた。『マッドマックス』は「すさまじいほどみごと」だが「露骨なエクスプロイテーション映画だ」。すべての論点が暴力に集約され、その話題についてはだれもが一家言あった。メディアの見解は、「ミラーはやりすぎた」——画面上に映るヴァイオレンスが実際にはほとんどないとしても。

シネマのヴァイオレンス《violence in the cinema》が観客に与える影響についての議論は、むろん、『マッドマックス』にはじまったことではない。一九七〇年代に公開された二本の映画が、オーストラリアをふくむ世界じゅうで物議をかもした。スタンリー・キューブリックが一九七一年に監督したディストピア犯罪映画『時計じかけのオレンジ』が公開されると、暴力的な模倣《コピーキャット》事件が発生し、監督自らイギリス国内の劇場からプリントを引きあげたとのニュースが、オーストラリアにも届いた。さらに、より最近の事件では、ストリートギャングの闘争を描いたウォルター・ヒル監督のアメリカ製アクションスリラー『ウォリアーズ』〔一九七九〕が映画公開前後にそれぞれ個別の殺人事件を三件誘発する——『マッドマックス』プレミアの数ヶ月前に。

地理的により近く、よく知られた事件もまた、映画に対する地元メディアの風当たりの強い反応の要因にもなった。ロカタンスキーが映画館に爆音とともに参上する数日前、暴力的な事件が、ひとくさりヘッドラインを賑《にぎ》わす。四月四日（プレミアの八日前）、シドニー空港でひとりの男が刃渡り三十センチのナイフとビール缶に詰めた爆弾で武装し、人質をとって要求どおり（駐機中の）飛行機に搭乗したのち、警察に射殺された。同日、西オーストラリアのパースのデパートで爆弾が爆発、その直後犯人が警察に電話を入れ、「一個が爆発した――あと四個あるぞ」と告げた。

いっぽう、国じゅうのトラックドライヴァーが起こした闘争は、「一九七九年のレイザーバック・トラック封鎖」事件として知られるようになる。先ごろ連邦政府が新たな通行税を承認し、トラックドライヴァーたちはそれをぼったくりとみなした。彼らはＣＢ無線で共同戦線を張ると全国数十箇所で封鎖を決行し、オーストラリア主要都市への大型車両の通行を制限した（つまり、流通を妨害した）。その週は国じゅうでヴァイオレンスが吹き荒れた。パース近郊ではトラクターに体当たりされた牛乳運搬トラックが道路から飛びだした。シドニーでは封鎖を破ろうとしたトラックのフロントグラスにレンガが投げつけられた。ヴィクトリア州レイザーバック山では車が封鎖中のセミトレーラーにぶつかり、ひとりが死亡ふたりが重傷を負った。

オーストラリア全土のメディアで暴力事件が報じられ――そこへ、ロード・ウォリアーが登場した。映画の暴力的なムードを事件と結びづけようと、手厳しい論調と過熱気味ともいえる記事がオーストラリアの出版物を埋めつくした。何十年もあとまで記憶される映画批評のまれな例として、他から突出したレビューが、一件ある。

執筆者のフィリップ・アダムスは、ジョージ・ミラーとはちょっとした因縁があった。

著名なオーストラリア人文筆家にして社会評論家、かつ名の通った知識人アダムスは、ジョージ・ミラーとケネディが撮った短編「Violence in the Cinema Part 1」を見たとき、ミラーに個人攻撃を受けたと感じた。それはもっともな話で、映画の暴力描写がおよぼす心理的影響について、主人公の博士が唱えるスピーチ（そのあいだあらゆる悲惨な方法で襲われる）は、実際にアダムス自身が書いて論じたスピーチだった。映画がつくられる数ヶ月前、メルボルンの心理学者会議で基調演説として発表した内容だ。短編は皮肉なブラックコメディだったため、アダムスのスピーチ——さらにはアダムス自身——をばかにしていると解釈することも可能だった。

「危険な死のポルノグラフィ」と題された『マッドマックス』のしんらつなレビューで、アダムスはこう書いている。「さて、ドクター・ミラーがわたしをバラバラ死体にしてくれたので、筆者もお返しをする義務を感じる」。歯に衣着せぬ文筆家は、『マッドマックス』の脚本に「道徳的な吐き気」をもよおすと書いたが、それはまだ序の口だ。『マッドマックス』は「『我が闘争』（ナチ党指導者アドルフ・ヒトラーの著作）の道徳的高揚のすべてを備えている」という。金曜日の朝に鑑賞したアダムスは「十二時間経《た》っても嫌悪にうち震えていた」。彼にとってこの映画は「残忍で危険なあらゆることへのことほぎ」に思える。『マッドマックス』のような「死のポルノグラフィ」は、とアダムスは息巻く。「性的なポルノグラフィよりずっと邪悪だ」。そして、さらに劇的に、

> **『マッドマックス』のような映画は確実に暴力をあおるに違いない。もし違うなら、それはただ、何千もの先駆作品が感性を鈍らせ、社会の良識を目減りさせたからだ。どちらにしろ、この手の映画は有罪だ。**

アダムスの文章はダイナミックそのもの——映画自体に負けないぐらい爆発的だ。彼の好戦的なレビューは拡散した。バイロンの妹、アンドレア・ケネディは読んだときに怒りに震えたことを覚えている。「とてもじゃないけど受け入れがたかった。こう思ったのを覚えてる。『よくもこの映画を批判なんかできるわね』。映画をつくったわけでも、骨を折ったわけでもいないのに」と、彼女はふり返る。

**バイロンはわたしよりずっと冷静だった。だいたいこんなことをいってた、「おれは映画をつくってるし、完成もした。フィリップ・アダムスはなんでも好きなことをいえるさ」。だけど、当時は「こいつ何様のつもりよ?」って思ったのを覚えてる。**

月日が経つうち、アダムスの伝説的な酷評は検閲を呼びかけていると解釈する者が出てきた。ベテラン批評家は、それは違うという。アダムスがいうには、

**あの映画へのわたしの反応はいかなる意味においても検閲を要求するものではない。しかし、当時は確信していたし、いまも確信しているが、メディアの暴力と現実の暴力のあいだには直接的な因果関係があり、映画は人々を刺激して実際の暴力を演出し、アイデアを与えることになる。リッチモンドの少年時代、ひとりで『乱暴者』を見に行ったのを覚えている。若者たちがバイクに乗って映画館の通路を行ったり来たりしていた。『理由なき反抗』〔一九五五〕**

の公開後、ほとんどすぐにオーストラリアじゅうにチキンレースのコピーキャットが現れた。

アダムスがつづける。

暴力的な映画が唯一の必須条件だというのではない、もちろん違う。けれどもまた、少なくとも映画は感受性を鈍らせると信じる。コミュニティがより暴力を受け入れやすくなる。『マッドマックス』はほとんど天才的な作品だと思った。なんてうまいのかと驚いた。これについて当時、（オーストラリア人の映画監督ブルース・）ベレスフォードと話しあったのを覚えている。監督の才能を見せつける作品としては、それまでに映画産業が生みだした最高傑作だとふたりとも考えた。だがわたしにとって、そうであるほどいっそう危険な、いっそう不愉快な作品になった。ゆえにあの映画を好かなかった。当時わたしは非難した。そしてもちろん、ジョージとバイロンはわたしの文章を宣伝に使った。だからわたしの攻撃は、おそらくは逆効果だったのだ。

暴力の模倣行為についてのアダムスの考察は複雑で、いまもつづく論争の一部であり、ジョージ・ミラーのような物議をかもすフィルムメーカーは否応なく巻きこまれる。映画の公開当時、アダムスと監督はリングのそれぞれのコーナーに立ち、対照的かつおそらくは相容《い》れない見解を持っていたはずだと考えるかもしれない。ところが奇妙にも、ミラーは実際にはアダムスに同意していた——少なくとも、模倣行為に関するアダムスの意見については。名指しでミラーを糾弾したアダムスの長文と同じ月（一九七九年五月）に出版された、権威あるオーストラリア映画雑誌〈シネマ・ペーパーズ〉のインタビューで、ミラーは映画の暴力と暴力的な行為に直接的な因果関係は存在しないと論じる代わり、反対方向に向かった。

三十四歳の監督は、彼自身スクリーンの暴力に「強く反対する」と表明した。ただ、ふつうではない但し書きをつけた。映画の暴力はいいが、テレビの暴力はよくないとミラーは考えた。「映画とテレビのあいだには大きな違いがあると認識することが重要だ。わたしはテレビの暴力に強く反対する」と、彼は述べた。「これは少し偽善的に聞こえるかもしれない。なぜなら、わたしは暴力的な映画をつくっているから。でも、テレビに映る暴力はもっとずっと危険だと思う」

なぜそんな区別をするのかという当然の問いを尋ねられたとき、ミラーはこう返答した。

> **わが国では、思春期に達したこどもは睡眠をのぞいて、ほかのどんな活動よりもテレビを見ることにたくさん時間を割く。映画館に割く時間はほとんどゼロだ……こどもたちは「三ばか大将」**（米国のボードビル出身のコメディ集団、および彼らが主演する短編映画・テレビ番組のこと）**が互いにどつきあい、彫刻刀で歯をはじくのを見て、弟にそれをやる。わたしたちみんながやった。映画はまったく違うプロセスだ、とりわけ現代においては。以前ほど人は映画を見に行かない。いまでは演劇のような特別な行事と化している。テレビほど絶えずさらされているわけではない。**

スクリーンの映像が現実の行動を触発すると主張する根拠にフィリップ・アダムスが挙げた点に、同調するような素振りさえミラーは見せた。「『マッドマックス』みたいな映画を見に行って、男がトラックに轢かれたり、危ないカー・スタントの映像を目にしたら、劇場を出たあとで刺激を受けた場面を再現する者だって、なかにはいる」と、監督は述べた。

『マッドマックス』が映画館へ爆走してきたとき、スクリーン上の暴力に関するかねてからの議論が収まりそうになかったいっぽう、少なくともひとつ、議論をまたないことがあった。映画が商業的成功をうち立てるかどうかだ。『マッドマックス』は事実上一夜にしてヒット作となり、金が注《そそ》ぎこみはじめた。メルボルンでの上映がはじまってわずか数日後、『マッドマックス』は予算のおよそ三倍を回収する。四月二十二日（メルボルンでのプレミア上映からわずか十日後）、〈シドニー・モーニング・ヘラルド〉紙は、「『マッドマックス』、かっきり百万ドルの収益」と題した記事を掲載。ドン・グローヴス記者はメルボルン以外のオーストラリア各地で全国公開される前から、映画はアメリカとカナダとその他世界四十二カ国に売れたと報じた。契約はふたまただった。アメリカン・インターナショナル・ピクチャーズがアメリカとカナダで『マッドマックス』を配給し、ワーナー・ブラザースがそれ以外の国を請け負う。

グローヴスの記事によれば、合計百万豪ドル以上が現金で会社に転がりこんだ——非常にまれな離業だ、オーストラリア映画においては特に。『マッドマックス』はたちまち稼ぎ頭になる。だが、ジョージ・ミラーは彼とバイロン・ケネディのもとに突然現金が流れこんでくるという考えをすばやく打ち消した。「べつに、一夜にして百万長者になるわけじゃない。われわれはたいてい最後に金を手にする人間だよ」と、ミラーはいった。

**もし映画が海外でヒットすれば、多少は懐が潤う。懸命に働いたから、報酬をもらえるならうれしいよ。過去四年間医者をつづけていれば、もっと稼いでいたけどね。**

発言の最後の部分は、記事が出た当時の、『マッドマックス』のプレミア上映から二週間もしないうちは事実だった。その事実は長くはつづかない。映画が公開されるころには、ミラーとフィフ・マカフィー役のロジャー・ウォードはいい友人になっていた。映画が最初に百万豪ドルの利益を上げたとき、居あわせたのをウォードは覚えている。「ヴィレッジ・ロードショー社のオフィスにいたら、電話が鳴った」と、ウォードはいう。

**「たったいま、きみの映画が百万ドルで売れたぞ！」」。ジョージよりわたしのほうが、ずっと興奮した。わたしは飛び跳ねたが、本人はすごく冷静に受けとめていた。じつに冷静だった。こういったんだ、「お祝いしなくちゃな」って。それで、ランチに行った。小さなイタリアンレストランだ。勘定は十三ドルほどだった。ジョージはまだあのときは文なしだったんだ。百万ドルを手にしてなかった。**

映画はすぐ、さらに数百万ドルと稼ぐ。一九七九年のオーストラリアでは映画の入場料は三ドル七十セントだった。『マッドマックス』が地元の映画興行を終えるころには百四十四万七千四百三十人の動員があり、興行総収入は五百三十五万五千四百九十一豪ドルに達した（三十五万豪ドルの製作費を思えばほくほくだ）。ところがそのたいした数字も、海外で稼いだ額に比べれば雀《すずめ》の涙になる。四十四カ国の劇場に配給され、映画は莫大な興行収入、一億ドル超をあげる（一億五千万ドルと推定する向きもある）。これは映画作品として世界的に前例のない費用対効果の高さとなった。『マッドマックス』はギネスブックに、史上最もコスパのよい映画として記録され、二十年間記録を保持した（一九九九年に低予算ホラー映画『ブレア・ウィッチ・プロジェクト』に抜かれるまで）。

メルボルンの株式仲買人で、『マッドマックス』の資金づくりに主要な役割を演じたノエル・ハーマンは、各投資家（約三十名が各一万豪ドルを出資）に配当された推定額を記録に残すことを望まない。一部には金額を開示すれば波風が立つのと、それにまた、配当額は流動的になるためだとハーマンはいう。映画からの収益はいまでもまだ上がっていた。ハーマンは端的に「みんながたくさん潤った」と述べるにとどめ、ジョージ・ミラーとバイロン・ケネディは約束を守り、自分たちの懐に入れる前に投資家たちに還元したと強調した。

『マッドマックス』で得た収益で、ミラーとケネディはシドニーのキングスクロスにあるメトロシアターを購入する。広くて壮麗なアールデコ建築の劇場が、一九七八年設立の映画製作会社ケネディ・ミラーの拠点となる。ケネディはまた、推定四十万豪ドルでベル・ジェット・レンジャーヘリコプターを購入する。彼の選んだ色は、もちろんブラックだ。

『マッドマックス』の成功により、投資家たちが配当を手にしつづけたいっぽう、キャストとスタッフの収入となると話は別で、報酬を一度受けとってそれきりだった。一九八八年に発行された〈シドニー・モーニング・ヘラルド〉紙の記事によれば、一作目の映画でメル・ギブソンは一万五千ドルのギャラを受けとった――俳優のなかでも最高額だ。『マッドマックス』をミラーと共同脚本したジェームズ・マッカウスランドの報酬は総額三千五百豪ドル。現在その件をきかれたマッカウスランドは、気にしていないという。「先からわかっていたことだ」。同じ記事からの引用で、ヒュー・キース＝バーンいわく「二千五百ドル受けとり、ビデオセールスでもう二千五百ドル受けとったかも――それも、闘って勝ちとらなきゃいけなかった」

キャストとスタッフのあいだには、『マッドマックス』の成功はかかわった全員の熱意に負っていたとの意見で一致していた。また、彼らは契約どおりの額を受けとった（バイロン・ケネディとジョージ・ミラーは約束を守る男たちだ）ものの、映画の莫大な収益を考えれば、もっと分け前が多くてもいいはずだという点でも一致した。一九七九年のインタビューで、ケネディは『マッドマックス』に経験の浅いスタッフを多数雇ったことについて、こう語っている。

**この映画で仕事をした全員に支えてもらいたかったし、映画製作の経験、とりわけ長編映画の経験が浅い人間を使ったら、案の定そうなった。不備や非効率的な点もあったが、献身と熱意のある者たちで埋めあわせたよ。**

ケネディとミラーが掛け値なしの熱意を受けなかったと示唆するのは無理がある。わずか数秒間のフッテージのために、撮影監督が喜んで本物の暴走族のメンバーが運転するバイクのうしろに乗り、ヘルメットも被《かぶ》らず、重たいカメラを担いで時速百八十キロで走ってくれる映画はそう多くない。もしくは、足を骨折したスタント・コーディネーターが病院のベッドから仕事に向かい、そのあと車椅子でスタントを監督する映画もだ。グラント・ペイジのこの分野での仕事ぶりは定評があるが、スタントマンは実際、『マッドマックス』に費やした額のほうが稼いだ額よりも多いと主張する。

**感謝の印に一万ドルのスタント予算をもらい、その金で自分とほかのスタントマン全員の報酬をまかない、セットアップの半分をふくめたスタント関係の諸経費にあてた。**

と、グラントは記憶を掘り起こす。

**ぜんぶで一万二千ドルかかったね。足が出た。二千ドル自腹を切って映画をつくり、背中を叩《たた》いて労《ねぎら》われた以外、何ももらってないよ。**

名声と成功、とりわけ『マッドマックス』が得たたぐいのものは、実現に手を貸したと信じる人々から複雑な感情を引きだすのが常だ。それはまた、ピラミッドの頂点に立つ人々に対し、道徳的な問題提起をもする。もとの契約を固守すべきか、それともプランを変えてボーナスのようなものを検討するべきか？　一九七七年のスマッシュヒット『スター・ウォーズ』の監督ジョージ・ルーカスは、この問題について『マッドマックス』のクリエイターたちとは違うアプローチをした。一九九九年に出版された監督の伝記で、著者のジョン・バクスターはルーカスが『スター・ウォーズ』の仕事仲間に利益の二十五パーセントを分配したと記している。

**現場で働いた全員が（印税率の）最低二十分の一ポイントを受けとり、さらにルーカスは映画に直接かかわっていないオフィスの数名に二百分の一ポイントを与えた。**

と、バクスターは書いている。「スタッフのほかのメンバーは、清掃人にいたるまで、それより少ない額を受けとった」

長編映画のフィルムメーカーとしてスタートして以来、ジョージ・ミラーは金銭問題からは距離を置いてきた。この方面は、当初はバイロン・ケネディの、のちにはケネディが一九八〇年代に雇い、ミラーのビジネスパートナーとなったダグ・ミッチェルの管轄だ。歳月が経つにつれ、『マッドマックス』のキャストとスタッフは自分たちが果たした役割について、報酬の正当性について考える時間がたっぷりできた。だが、少なくともひとつははっきりしている。映画で働いた全員が、監督自身をふくめ、その成功に驚いた。おおかた（バイロン・ケネディをのぞいて）の者が商業的、芸術的な失敗作になる運命だと確信していた。ロード・ウォリアーが登場し、シネマの顔を変えた。しばらくは彼がスクリーンから姿を消す予定はない。

# Chapter10 : THE HERO WITH A THOUSAND FACES

# 第十章　千の顔を持つ英雄

**「路上生活をしていたら、アポカリプスがやってきたと想像してみてくれ。道路の端にスーパーマーケットがある。とても大きなスーパーマーケットだ。缶詰の食べ物と水のボトルがたくさんある。十二ヶ月もつだけの物資がある。きみときみの友だちの分だ。きみならどうする？」**

『マッドマックス』一作目の製作で、ジョージ・ミラーは惨めな思いをした。スタッフには尊重されなかった、それは確かだ。そして撮影初日の高速道路での惨事以来、すべてをコントロール不能と感じていた。それに加え、編集プロセスは長く骨が折れ、不安に襲われた。もし映画が商業的にヒットしていなければ、聴診器を拾いあげて医師に復帰する可能性が大だった。

ところが、『マッドマックス』は類を見ない規模の成功を収めた。ミラーはいまやオーストラリア映画界の恐るべきこどもとなり、〈ニューヨーク・タイムズ〉紙は早くも「デモリション・ダービーのディアギレフ（ロシアバレエなどの芸術プロデューサー）」と名づける。国内外の観客が彼の長編第一作目に熱狂したことに、ミラーは発憤し――戸惑ったのはいうまでもない。また、オーストラリアの監督仲間ピーター・ウィアーに受けたアドバイスにも感化された。長編デビュー作の製作中に味わった修羅場の愚痴をこぼし、今後の映画づくりへの迷いをミラーがうちあけたとき、彼よりも経験豊富なウィアー監督はこう返答した。

**ジョージ、どんな映画もそんなものだよ。ベトナムのジャングルに偵察に行くぐらいの気構えがいる。どこに狙撃兵が潜み、どこに地雷が埋まっているかわからない。みんなをひとつにまとめ、目標に集中しつづけなくちゃいけない。**

いいかえれば、映画づくりとは戦争に行くようなものだ。ウィアーのことばはミラーの心中で何十年も響きつづける。

『マッドマックス』続編のアイデアは、一九八〇年の末、ミラーと友人の元ジャーナリスト、テリー・ヘイズがヴィクトリア州モーニントン半島のヘイスティングス近辺を散歩をしているときに閃《ひらめ》いた。ミラーより八歳若いヘイズは、メルボルンで聴取率トップのラジオ番組のプロデューサーとして働いていた二年前、出版社の手配でこのフィルムメーカーとはじめて顔を合わせる。ヘイズがオフィスに座っていると、部屋に男が入ってきた。ヘイズがのちにいうには、「少し体重過多ながら身ごなしは軽く、もじゃもじゃの黒い巻き毛をして微笑みを浮かべ、おそらくは出自のどこかに濃いギリシャの血が混じっている」

ミラーはヘイズを雇い、『マッドマックス』のノベライゼーションをテリー・ケイのペンネームで執筆させた。のちには続編の共同脚本に誘う。第一作の続編製作への扉が大きく開かれたのは考えるまでもない――欲張りな配給会社が乗り気とくれば。ミラーはのちに、「続編をつくれとの強いプレッシャーがあり、二作目ではマシな仕事ができるように感じた」と語っている。

メリックスに住む友人宅に滞在し、ミラーとヘイズは長い散歩に出かけては監督の心にわだかまる関心事、すなわち一作目の欠点の数々を話しあった。とある散歩の途中、ふたりは立ちどまって地峡の上に建つ小さな石油化学工場を眺めた。文明の崩壊した世界で、あの工場がどんな意味を持つのか想像した。ちっぽけでとるに足らないこの場所が新たな重要性を帯びる？　安全で守られていると感じる？　そして、よそ者が奪いとろうとする？　住人にはどんな備えが必要だろう？

バイロン・ケネディははじめ、続編のコンセプトに難色を示した。「続編は成功しない、シニカルな動機でつくられる作品だからだ」と、のちに彼はいった。

**確かに（『マッドマックス2』は）同じ登場人物、同じ車がしばらくは出てきて、『マッドマックス』と呼ばれるが、ほかの面は全然違う。『マッドマックス』の一作目は片田舎の暴走族映画だが、今回はどう見てもファンタジーで、ほかの惑星が舞台の、続編とはとても呼べないしろものだ。**

だが、事実上いかなる定義においても『マッドマックス2』は続編の定義にきっちり当てはまる。続編といえば金目当てと思われるというケネディの懸念がケネディ・ミラー社内で共有されたとしても、まもなく乗り越えた。本書が出版されるころ（二〇一七年）までにジョージ・ミラーが監督したオーストラリア映画のすべてが続編か、もしくは続編がある――多くが前者だ。

テリー・ヘイズは脚本執筆とドラマの基本原則については無知だった。ミラーも同様だと――オリジナルの『マッドマックス』の成功に反し――気づいてからは、この状況を、彼本人の表現で「盲人が盲人の手を引いてる」とみなすようになった。ヘイズは関連書を読みあさった。探るうちにジョージ・ルーカスのインタビューに行きつき、ルーカスが神話学者ジョーゼフ・キャンベルの著作、とりわけ『千の顔を持つ英雄』にインスパイアされたことを知る。

同書でキャンベルはあらゆる英雄物語――聖書のイエスの受難からライトセーバーの使い手ルーク・スカイウォーカーの冒険まで――は同じ基本パターンに沿っていると主張する。物語のパターンでは、奇妙なできごとがヒーローを旅立たせ、行く手には試練が待ち受け（しばしば共同体を救う）、ヒーローは内なる強さをみいださなくてはいけない。これらすべてが『マッドマックス』に当てはまる。キャンベルの知識がヘイズにとって実践的な助けとなったなら、ミラーには深遠な哲学的意味をもたらした。なぜ『マッドマックス』が世界各国であれほど多くの人々に共鳴したのかを説明するなんらかの糸口がここにある。

ミラーがジョーゼフ・キャンベルの作品を探求していた同じころ、もうひとりの友人で同僚のブライアン・ハナントが、日本映画のパイオニア、脚本家兼監督の黒澤明の映画を勧めた。『七人の侍』（一九五四）『羅生門』（一九五〇）『隠し砦《とりで》の三悪人』（一九五八）など、伝説的フィルムメーカーの傑作の数々が『スター・ウォーズ』に多大な影響を与えたと、ルーカスは表明している。

「ジョージが見るのははじめてだった」と、ハナントがふり返る。

**フレームの背後で土ぼこりが渦巻いたりとか、そういう画《え》づくりをね。そのあとぼくらは大型の送風機を手に入れて、そこらじゅうに砂塵《さじん》を吹きつけた。**

ミラーはハナントを仲間に引き入れ、『マッドマックス2』の脚本をヘイズと三人で共同執筆する。雑誌で石油の流通に関する記事を読んだばかりのハナントは、続編の製作に重要となるアイデアをともなってテーブルについた。記事が指摘するように、世界じゅうのさまざまな場所で石油は採掘可能だ。難しいのは、産業活動の主軸である流通のやりかただった。ただし、軽油を分離することだけが目的ならば、ハナントがいうように「四十四ガロン（約百六十リットル）のドラム缶と多少の熱があれば、ある意味可能」だ。彼のアイデアは、石油の出る場所を発見した人々が採掘し、その場で精製するというものだ。

〝ライターズ・ルーム〟は、アメリカのテレビ番組制作の有名な方式で、二十一世紀の節目あたりにはじまったいわゆるテレビの黄金時代（『THE WIRE　ザ・ワイヤー』〔二〇〇二～八〕『マッドメン』〔二〇〇七～一五〕『ザ・ソプラノズ　哀愁のマフィア』〔一九九九～二〇〇七〕『ブレイキング・バッド』〔二〇〇八～一三〕など評価の高いドラマがつぎつぎに生みだされた）と同義だ。アメリカ人プロデューサー兼脚本家のエイミー・バーグはかつて、ライターズ・ルームは共同作業による仕事を好む――ジョージ・ミラーのような――人間には完璧な場所だと語り、法廷劇の傑作『十二人の怒れる男』〔一九五七〕の陪審員室になぞらえた。「ライターズ・ルームはあんな感じだけど、事件ととっくみあうかわりにわたしたちはアイデアをとっくみあう」と、バーグはいった。

**部屋を埋めるとんでもなく頑固な人間たちが、ひとつのことで意見をすりあわせようとする。合意がとれ次第、それを完全にバラバラにしてから再構成し、いちばん新鮮なやりかたをみつけるの。**

ライターズ・ルームで俎上《そじょう》に上げるふたつの根本的な問いは、登場人物は何を考え、つぎに何が起きるかだ。ミラーは彼の気質にしっくりくる、合議制の安全な環境が整ったライターズ・ルーム方式を採用し、『マッドマックス２』のストーリーを練りあげた。中心となる三名は、ミラー本人、ブライアン・ハナント、テリー・ヘイズ。ほかに、バイロン・ケネディと映画の美術監督、グレース・ウォーカーにも意見を求めた。検討事項には『マッドマックス２』の中世風未来世界の細部を肉づけすることがふくまれる。数名の男たちが紙とペンの散らかるテーブルを囲み、さまざまな項目が壁に張りだされている様子を想像してもらえれば、当たらずとも遠からずだろう。

脚本家たちが何時間もブレインストーミングしているあいだ、グレース・ウォーカーは隣室でデザイン画とストーリーボードを描いた。「わたしはひとりで部屋にこもり、彼らが話しあって脚本を書くのを聞いていた」と、ウォーカーが記憶をたぐる。

**連中はこんなことをいっていた。「そうしたらたぶん、彼がトラックの上で起きあがり、排**

**気管をつかむ！」」。するとだれかが聞く、「石油はどこから手に入れるんだ？　どうやって手に入れる？」」。ある日わたしは部屋に入っていっていった。「なあ、きみらの話が聞こえたんだけど、古いオイルポンプを彼らが持ってるってのはどう？」」。彼らの反応は、「すごい！　そいつは名案だ！　いただきだ、グレース！」」。つぎにはそれを脚本に起こす音がする。カチャン、カチャン、カチャン。**

当初、悪役のヒューマンガス卿《きょう》とその右腕のウェズは同一人物だった。アクション映画や西部劇のいちばん偉いボスや悪者には、命令に従う悪者の相棒がいるのが定石だとハナントが指摘し、かくして赤みがかったピンクのモヒカンと、フットボールパッドとホッケーの膝当てがトレードマーク（衣裳とメイクアップはあとでデザインされたが）の手下、ウェズが創作される。また、ウェズ自身の右腕にしてたまたま恋人の役も生まれた。ハナントいわく、「ゲイのファンシーボーイ」だ。

ホモエロティシズムは《マッドマックス》シリーズに通底する。オリジナル映画ではロジャー・ウォード演じるフィフ隊長が上半身裸、黒いレザーパンツに黒いスカーフで歩きまわり、オレンジ色のじょうろで花に水をやるあいだ、楽しげなマーチがバックで流れるという、かなりキャンプな光景が出てくる。ホモエロティシズムがオリジナルではひかえめに演じられたとすれば、続編ではそれほどひかえめではない。脚本家たちは、脚本中ゲイボーイ・バーサーカーズ・アンド・スメグマ・クレイジーズと呼ばれる悪役のサブグループを考案した。ある日、バイロン・ケネディがブライアン・ハナントに尋ねた。「〝スメグマ〟って何？」」。脚本家は返事をした。「包皮の下の恥垢《ちこう》だよ」

ミラーはのちに、『マッドマックス』と『マッドマックス2』のホモセクシュアリティに関する疑問に、自ら答えた。

**この種の中世世界で、セクシュアリティはどんな代償を支払うんだろうと、われわれは繰り返し自問した。確実に、現代社会でやっているようには機能しないはずだ。彼らには娯楽としてのセックスの時間がない。女性は赤ん坊をもうけたり保育の時間がない。妊婦が生きのびる可能性はまずない。それが、両方の物語でホモセクシャルな関係が描かれるひとつの原因かもしれない。でも別の理由として、登場人物の性別を役割はそのままにたくさん変えたんだ……それで、この原始的な世界における女性と男性の性的役割は、われわれの社会のとは違ってくる。男女の役割は単に、交換可能だ。**

ウェズを演じる俳優を探すため、ミラーは恋人（のちの最初の妻）サンディ・ゴアのアドバイスに従った。ゴアはある晩、常軌を逸した男を見かけた。メルボルンのプレイボックス・シアターの観客席に座っていたゴアは、オーストラリア人の俳優で、元モデルの三十代男性のあられもない姿を、口をあんぐりあけて見ていた。ステージショー『ホサナ』の彼のパフォーマンス——一九八〇年に「ホモセクシュアルののぞきショー」との題で〈エイジ〉紙に掲載された劇評でこきおろされた——には、いろいろな見どころがあったが、とりわけ度胸があった（役名はずばりBallsy（図太い））。それは金曜夜遅くのインダストリー・ナイトで、観客は同業者の仕事をチェックしに来た俳優仲間たちだ。ゴアはメル・ギブソンとスティーヴ・ビズレーと同じくＮＩＤＡ出身だった。

舞台のあと、ゴアは図太そうな興味深い俳優のことを、突如超大物になった恋人に話した。その男に『マッドマックス』続編出演を打診するべきだとも勧めた。ゴアがヴァーノン・ウェルズを勇敢だと思ったわけは、ステージ上で裸になり、自分を慰めていたからだ——マスターベーションそのものではないが、いわば似たような範疇《はんちゅう》に入る。舞台の演出家は俳優にその役を演じてもらうのに数ヶ月かかりで口説いたが、演目はロングランとなり、結果、彼のキャリアブレイクとなった。ゴアの推薦に従い、ミラーはくだんの役者に会って品定めをした。ふたりはコーヒーを飲み、雑談をしてジョークをいいあった。ウェルズにとってこれはただのひまつぶしだ。ふたりの男が談笑しているだけだった。

しかし、ジョージ・ミラーはもっと深いレベルでこの場に臨んでいた。再びジョークをいわせる手口を使って観察し、ウェルズの人となりと演技スタイルの感触をつかむ。ウェルズは自分のいったジョークがまずかったのを覚えている。「レンガのなかの虫を何ていうか知ってる？　死骸だよ」というような。にもかかわらず、ミラーは感心した。ジョークはともかく、人物には確実に。しばらく経《た》って、俳優はエージェントから電話を受けた。シドニーへ飛んで、衣裳とメイクアップのテストを受けるようにと指示された。だが、なんのために？　「『マッドマックス』の新作映画のためだ」

これはミラーのジョーク式オーディションの成功例となったいっぽうで、少なくとも一件、その方式が決定的に笑えない結果を生み——親密な友情にひびが入りさえした。オリジナル映画でフィフ・マカフィーを演じたロジャー・ウォードとミラーは、撮影の終わりにはいい友人になった。『マッドマックス２』のキャスティングの時期となり、エージェントからの電話を受けたウォードは、オーディションに来てほしいとのジョージ・ミラーの伝言を聞くと、度を失った。なぜジョージは自分にオーディションを受けさせようとするんだ？　オリジナル映画では監督じきじきにヘッドハントしたというのに！　さらに肝心なのは、ふたりは友人だ。不機嫌なウォードがミラーに電話を入れ、「オーディションとは、どういうことだ？」と、どなりつけた。ミラーはオーディションではないという。「ただオフィスに来て、わたしに会ってジョークをいってほしいんだ。

ウォードにとって、これは少々ばかげていた。もしジョークをいうことが通常のキャスティングテクニックだというなら、長年演技の仕事をしてきて経験したことがない。そういうわけで、ヴィランのヒューマンガス卿（マスクで顔を覆うため、観客は一作目の映画に出ていた俳優だとわからない）役について話しあいにフィルムメーカーのオフィスに着いたとき、ロジャー・ウォードは笑えるムードになかった。ミラーは快活にあいさつし、ウォードを役名で呼んだ。「フィフ！　こっちへ来てジョークをいってくれ」。気むずかしいウォードが、空気をもりさげる。監督を指さしてこう宣言した。「その前に、五万ドルほしい」

ミラーは目に見えてひるんだ。「なんだって？」

ウォードは言い張った。「五万ドルよこせ」と吠《ほ》える。「あんたの最初の映画じゃはした金で働いてやったんだ。今度は色をつけてもらう」

その時点で、ミラーは立ちあがってどなりつけた。「オフィスから出ていけ！　失《う》せろ！」

ウォードはその件をふり返り、

**たぶんジョージは虫の居所が悪かったんだろう。製作で何か問題があったのかもな、知らないがね。だが、あの日のやつは荒れていた、確かだよ。**

ふたりは仲違《たが》いし、ほぼ十年間ことばを交わさなかった。フィリップ・ノイスが監督した一九八九年のスリラー『デッド・カーム　戦慄の航海』のパーティーで、ミラーとウォードは互いに避けあい、業界のイベントで居あわせても十年間ずっとその態度を通してきた。ひとりの男がウォードに近づいて話しかけた。俳優はこの人物と面識はなかったが、ウォードのことをやけに詳しく知っているようだった。男は自己紹介した。ジョン、ジョージの双子の兄弟だ。ジョージがそのとき部屋を歩いてきて、旧友を抱擁した（「やあフィフ！　ハロー！」）。「われわれは握手をし、ハグをしてケンカは終わった」と、ウォードがふり返る。

**それ以上は何も語らず、以来われわれは友人だ。ジョージを非難はできない。五万を要求したんだからね。ただ、あいつがオーディションを要求したりするからムッとしたのさ。**

ヒューマンガス卿役は、スウェーデン人のオリンピック級重量挙げ選手ケル・ニルソンの手に渡る。ニルソンはモスクワ・オリンピックに向けてスウェーデンの選手を鍛えるため、一九八〇年にオーストラリアに居を移し、シドニーのナイトクラブで用心棒《バウンサー》をしていた。ニルソンは、ジョージが彼を雇った理由にはまったく疑問を持たなかった。個人的に知りあいで、また、でかくて筋肉隆々という役柄の条件を満たしたからだ。それにひきかえ、ヴァーノン・ウェルズにはそれほど確信がなかった。シドニーへ飛んで、ウェルズがモヒカン頭の略奪者ウェズを演じる男だとミラーが決めたのを知ったとき、俳優は困惑した。それで、ミラーに尋ねた。「なぜおれなんです？」

屈強で威圧感のある男、夜道で出くわしたくはないような見た目の人物が必要だったと、監督は答えた。「こうもいった、業界ずれしていない人間が必要だったって」と、ふり返るウェルズ。ミラーとウェルズは役柄のバックストーリーを練った。映画以前のウェズの人生の短い伝記を俳優が書き、監督は四、五回書き直させた。

ウェズはおそらく退役軍人だろうとふたりは決めた。軍で鍛えられた、タフな陸軍あがりだ。車両や武器の扱いには長《た》けている。ウェズの心理（どうしてあれほど冷酷なのか？　狭量で一点集中、意志堅固なのか？）を掘り下げていたとき、ミラーは仮の状況設定をした。「路上生活をしていたら、世界の終末《アポカリプス》がやってきたと想像してみてくれ」

**道路の端にスーパーマーケットがある。とても大きなスーパーマーケットだ。缶詰の食べ物と水のボトルがたくさんある。十二ヶ月もつだけの物資がある。きみときみの友だちの分だ。きみならどうする？**

ウェルズの返答は、おそらく友人数名を連れてそこに立てこもり、「ここはおれたちのもんだ」と宣言する。もし近所の者がそこを奪いとろうとしたら何が起こるかミラーが尋ね、ウェルズが守るために闘うと返したとき、監督はいった。「『マッドマックス2』へようこそ」
ウェルズが述懐する。

**それがおれたちのとる態度になった、映画の状況が現実になったらという設定でね。もし真剣に考えてみたら、もしすべてが明日止まったら、もしすべてがなくなったら、どうするか？ スーパーマーケットに行くはずだ。なぜなら缶入りの腐らない食品や、ボトル飲料やあらゆるパッケージ品の在庫があるからね。そして、それを死守する。もちろんそうする。ばかでかい銃を持っていき、奪おうとする者はだれでも殺す。きみは弁護士か医者かごみ処理人かもしれない。そんなのは関係ない。生きのびようとする意志は、そんなものぜんぶより強い。**

生きのびようとする意志はまた、エミール・ミンティの人生を変えた宿題の、中心的な課題でもあった。『マッドマックス2』のキャスティング期間、天真爛漫《らんまん》な八歳のちびっこだったミンティは、一世一代の大役となる役をつかもうと望んでいた——当時はそんな運命など知らなかったが。ヴァーノン・ウェルズと同じく長編映画の出演歴はなく、テレビCMにしか出たことはない。ミンティがオーディションした役は、野性的なうなり声しか出さない幼い親なしっ子で、野性のこども《フェラル・キッド》と呼ばれた。
ミンティはこどもたちの一団といっしょにオーディションを受け、その後家に帰ってフェラル・キッドのバックストーリーを書くようにといわれた。「父さんとぼくが書いたストーリーでは、ぼくらは飛行機で飛んでいた、ぼくとぼくの両親とだ」と、ミンティはふり返る。

燃料がつきて、ぼくらは砂漠に不時着した。パパが燃料を探しに行った。ぼくとママは飛行機に残った。二日経ってもパパが帰ってこず、それでママが探しに行って、ぼくは飛行機に残った。ママも戻ってこなかった。ぼくはひとり荒野にとり残された。そうやって、フェラル・キッドになった。

俳優たちといっしょにバックストーリーを考えるやりかたをミラーは新たに編みだし、それに熱中した。最初の映画では、まったくやらずにすんだ――おそらくはヒュー・キース＝バーンが先導した、密度の濃いワークショップとメソッド演技に救われて。カンダリーニを演じたポール・ジョンストーンはキャラクター・モチベーションのたぐいは何もわからず、『マッドマックス』の撮影現場でミラーに助言を求めたことを覚えている。

おれが「ちょっと聞きたいんだけど、このシーンでおれはこうすべきですか？　それともあすべきですか？」と質問したら、ジョージはふーむ、となって、少し目を細めた。それからかすかにうなずいて、「そうだなあ」といった。そしたらだれかが来て声をかけた。「ああ、ジョージ」。それで監督は行ってしまった。おれはそこに残されて「なんなんだ」っていったよ。

『マッドマックス2』のときは違った。オークランド生まれのオーストラリア人俳優ブルース・スペンス用に、ジャイロ・キャプテン役を用意するミラーの仕事は、バックストーリーを開発するだけではなく、シネマにおける英雄物語の詰めこみ授業を開くこともふくまれた。ジャイロ・キャプテンは蛇使いにしてオートジャイロ（ヘリコプターに似たローターシステムのひとり乗り用小型航空機）の腕利きパイロットであり、ひと筋縄ではいかない役柄だ。少し頭のおかしい、少し躁状態の、社交性に問題のあるごみあさりで、マックスのなかば相棒なかば敵となる。

ひょろ長い俳優のブルース・スペンスは、かなり独特な声を持ち、一九七〇年代のオーストラリア映画ルネッサンス期から重要な役を演じてきた。ある日、スペンスはエージェントからの電話で、ジョージ・ミラーが彼に『マッドマックス2』のオーディションを受けてほしがっていると聞いた。オーディションをはじめてしばらく経っているという印象だった。スペンスはオーディションで即興をはじめ、とても自然に演じたが、ジョージが「どんどんわたしをあおり、どんどんクレイジーになっていった」。オーディションのあと、しばらく音沙汰がなく、スペンスは役を逃したようだと考えた。

ある日、再び電話が鳴る。スペンスのエージェントがいう。「ジョージ・ミラーがきみに来てもらい、メル・ギブソンといっしょに映画を数本見てほしいそうだ」。それはつまり、役をもらえたということかと尋ねると、必ずしもそうじゃないという――「ジョージはただきみに来て、映画を見てもらいたがっている」。スペンスは従った。彼らは一九五三年のアメリカ製カウボーイ映画『シェーン』と一九六一年の黒澤明監督作『用心棒』を見た。

「どちらの映画もジョーゼフ・キャンベルの神話物語を反映している」と、スペンス。

**気乗りうすな英雄と、さまざまなステージがあり——つまり、主人公ははじめかかわりあいを拒否し、そのあと手を貸す以外選択肢がなくなる。キャンベルが掲げるようなステージがたくさん登場する。映画の方程式が見えてきそうだった。**

スペンスはジャイロ・キャプテン役に決まる。ミラーとウェルズのあいだでなされたプロセス同様、監督は俳優といっしょに登場人物のバックストーリーを考えた。アポカリプス前は何をしていたのか？　どんな職業だったのか？　キャプテンのモラルの低さと卑劣漢的な態度は職業を反映しているのだろうとふたりは理由づけた——車のセールスマンだ、たぶん。

それこそまさに、やはり『マッドマックス２』の出演者、ヴァージニア・ヘイがしてもらいたかった下準備だ。モデル兼女優のヘイは、オーディションで死ぬほど緊張した。ヴァーノン・ウェルズとエミール・ミンティ同様、ヘイに長編映画の出演歴はなかった。エージェントから勧められ、ヘイは《マッドマックス》フランチャイズの有名な石頭の女性キャラクター、女戦士役のオーディションを受ける。ヘイは「心底おそろしかった、正しくやってると思えなかった」という。何に備えたらいいかまったくわからず、ジョージ・ミラーに印象づけようとしてひどくしくじったと感じた。しかし、監督が即興をやらせると挽回《ばんかい》した。

ミラーはつぎのようなシナリオを与えた。ヘイの役は、兄がオートバイ事故で死ぬのをたったいま目撃したばかりだ。警察の説明が真実ではないと彼女は知っていた。どう反応する？

何をしたにしろ、うまくいったに違いない――ヘイは役をもらい、まもなく衣裳あわせに参加する。「大きな倉庫で車両を何台か目にした。そこで作業をしていたの。車体を切断したりとか」と、彼女は思い返す。

**この目が信じられなかった。「こりゃすごい」って思ったわ。ものすごく興奮した。ブロークンヒルにいって撮影がはじまるのを待ちきれなかった。ありとあらゆる側面が、とほうもなかった。**

女戦士の服装ははじめ、薄着だった。「ナマ脚、ナマ腕、露出がたくさん」とヘイは表現する。映画のすべての衣裳同様、衣裳デザイナーのノーマ・モリソーによるデザインだ。モリソーは長身でスリム、カリスマ性があり、自分でカットした黒髪を逆立てている。『マッドマックス2』は未来を舞台にして砂漠で撮影するため、特定の時代に結びつける視覚的な要素は少ない。そのひとつが、女戦士のヘッドバンドだ。もうひとつは彼女の縮れ毛。ヴァージニア・ヘイの衣裳はブロークンヒルでの撮影期間の気候のために、劇的に変化した。ヘイが述懐する。

**みじめになるくらい寒くて、肌がほとんど青白くなり、鳥肌が立ってしまったため、もっと厚着しないといけなくなった。ノーマ・モリソーが脚を覆うズボン下をくれて、それと部分的に袖とスカーフがついたチュニックトップを縫ってもくれた。**

『マッドマックス2（The Road Warrior）』で必ずキャスティングされるべき俳優が、少なくともひとりいた――彼は実際、ロード・ウォリアーだったのだから。それは、もちろんスター街道邁進《まいしん》中のメル・ギブソンだ。オリジナルの『マッドマックス』公開以降、オーストラリア製ドラマ『ティム』〔一九七九・日本劇場未公開〕で精神障害のある優しい青年を演じ、オーストラリアと台湾が共同製作した『特別奇襲戦隊・Z』〔一九八二〕では陸軍大佐を演じた。さらなる大役が、ピーター・ウィアー監督の評価の高い第一次世界大戦ドラマ『誓い』の主役だ。映画は一九八一年八月にオーストラリアで公開され、観客に大きな衝撃を与えた。「忘れてはならぬ伝説から、忘れえない物語が生まれた」のキャッチコピーとともに宣伝され、一億千七百万豪ドルの莫大な国内興行成績をあげる（一作目『マッドマックス』の倍以上）。あまりの人気のため、オーストラリアでレトロな髪型が再流行したほどだった。ある新聞記事は、「シドニーじゅうの若者がガリポリ・カット（ガリポリ／Gallipoliは『誓い』の原題）を所望した」と報じている。

一九八一年三月、当時二十五歳のメル・ギブソンはニューヨークへ飛び、実りの多い映画三本分の契約交渉をした。手配したのは、映画プロデューサー兼コンサート興行主ロバート・スティグウッド（バンドのクリームとビージーズのマネージャーとして最も有名）だ。この契約は前代未聞と報道されたが、金額は明かされなかった。〈シドニー・モーニング・ヘラルド〉紙が「契約条件はだれも口にしないものの、ギブソンのエージェント、ビル・シャナハンいわく『非常にいい契約だ』」と報じている。売れっ子俳優はマックス・ロカタンスキー役の続投に同意する、十二万ドルと目される出演料で――一作目の一万五千ドルからのたいしたステップアップだった。

『マッドマックス2』の主演を確保し、脚本がゆっくりと進むなか（本撮影がはじまるころになっても まだ完成していなかった）、ジョージ・ミラーとバイロン・ケネディはロケハンに向かう必要があった。彼らの探索は、なんというか、興味深い結果となって返る。

Chapter11 : LOCATION SCOUTING IN THE DARK HEART OF AUSTRALIA

# 第十一章　オーストラリアの秘境をロケハン

「めちゃくそ暑くてめちゃくそ退屈だった。すると、突然丘の向こうにウエスタンサドルをつけた馬に乗って、男が現れた。カウボーイハットを被《かぶ》り、六連発銃を腰にさしている。この目が信じられなかった」

『マッドマックス2』のストーリーラインにはふたつの集団が登場する。ひとつ目は自分たちの牙城、石油精製工場を守る一団、ふたつ目はそれを奪わんとするサイコな略奪者のギャングだ。ジョージ・ミラーと共同脚本のテリー・ヘイズがヴィクトリア州のモーニントン半島で最初に続編を構想したとき、その地で映画を撮影することをつかの間考えた。海岸に面し、海が重要な要素になる。最終的には逆になった。『マッドマックス2』の舞台は、カラカラに乾いている。映画に登場する精製所のショットを見れば、日に焼けた大量の砂に囲まれており、ぴったりのロケ地をみつけるのに難儀したとは思わないだろう。つまるところ、オーストラリア本土のおよそ七十パーセントが半乾燥か乾燥か砂漠地帯に分類されているのだ。

だが、映画の肝となるロケ地を決定する段になると、多少の苦労どころの騒ぎではなかった。ニューサウスウェールズ州の西はずれにある内陸部《アウトバック》の採鉱都市ブロークンヒルから二十キロメートルほど離れ、地元では〝ジンズ・ティッツ（先住民のおっぱい）〟と呼ばれる丘に挟まれた広大な平地に、最終的に精製所は建設された（のち、爆破される）。しかし、『マッドマックス２』はもう少しでずいぶん違う場所で撮影されるところだった。無数の秘密を抱え、いうをはばかるできごとの起きた、暗くうさんくさい悲劇の里。ゴーストタウンとスピニフィクス（オーストラリア固有の雑草）、ちらちら光る塩盆（塩とミネラルに覆われた平らな砂地）と爆弾の光沢を何層もの土が覆う土地。よくいうように、観光案内には載らない場所。核戦争後という映画の設定が、現実にぞっとするほど符合する場所だ。

サウスオーストラリア州アデレードから約五百キロメートル北西に位置するウーメラ試験場は、一九四七年、冷戦のはじめ、ソビエト連合による核攻撃に怯《おび》えるイギリスが建設した。オーストラリアの土地十二万二千平方キロメートル（およそイングランドの国土に匹敵）を軍事施設として使用する協定が両国間で結ばれる。ウーメラは世界最大の陸上基地発射試験場および評価施設となった。この区域はさまざまな目的に使用された。ロケット発射施設、大砲と航空機のターゲットエリア、空中兵器の実験場、実弾の射爆場。英豪共同事業協定の庇護《ひご》のもと――かみくだいていえば、共産主義への恐怖で結ばれたオーストラリアと英国《マザーランド》の握手――九回の全面的な核実験がその地で実施された。なかには広島に落とされた爆弾に匹敵する威力があるものもあった。

期間中ウーメラは米豪合同のスパイ施設として使われ、レドームと呼ばれる三個の巨大なゴルフボールからなる建築物も建てられた。各ドームは直径二十一メートルのパラボラアンテナを格納している。

レドームは一九七三年にアメリカ合衆国がカンボジアを爆撃する際にピンポイントで標的を定める役目を果たしたと信じられている。だが、もうひとつの共同計画、英豪共同事業協定は一九八〇年に終結し、つまるところウーメラ——国防省の管轄下に置かれ、実質的にいまでも立ち入り禁止区域として公式には一般に開放されていない町——は無人だった。オーストラリアのアウトバックのどんな町よりも、ウーメラは最高の設備が揃《そろ》っていそうだった。大所帯の集団が寝食をし、大型車が出入りでき、仮設インフラを築けるたくさんの空間がある。いいかえれば、映画スタッフにとって理想の場所だ、多少は悪いヴァイヴスがあるにしても。

ケネディ・ミラー社と当局との話しあいで、『マッドマックス2』の撮影をウーメラでおこなう話がトントン拍子に進む。そんな次第で、映画の大道具マネージャー、デニス・スミスはここ、彼が「くそどいなか」として記憶するロケ地に、ハンマーと斧《おの》を手に立っていた。スミスはウーメラに小集団（ミラー、ケネディ、美術監督のグレース・ウォーカーとブライアン・ハナント）で飛んできたが、スミスをひとり置いて彼らはほかの場所へロケハンに向かった。遠くに巨大なゴルフボールを見ながら、スミスはひもを張って、精製所をどこに建てるか測りはじめた。

**「めちゃくそ暑くてめちゃくそ退屈だった。すると、突然丘の向こうにウエスタンサドルをつけた馬に乗って、男が現れた。カウボーイハットを被り、六連発銃を腰にさしている。この目が信じられなかった」**

と、大道具マネージャーは述懐する。

**男が馬を進めてきて、「どうも」と声をかけ「調子は？」と聞いた。テキサスなまりだ。何をしているのか聞かれた。セットを建てこむ当たりをつけているところで、ほかの連れはロケハンにいったと説明した。チェイスシーンがある映画を撮る予定で、とかなんとか。男は「ああ、なるほど」といって去っていった。**

スミスは作業に戻る。つぎに気がつくと、ふり向いたスミスの目に、アメリカ軍のジープがこちらへ跳ねながらやってくるのが見えた。ヘルメットと革ベルトとコルト45で完全装備したふたりの兵士を乗せている。

男たちは車を駐《と》めてスミスに聞く。「おまえは何者だ？」。汗だくの額をぬぐい、大道具マネージャーは自己紹介をしてから再度、このエリアで撮る予定の映画用のロケハンをしていると説明する。また、彼とスタッフはウーメラ基地に滞在する予定だとも。ふたりは「それはどうかな」と凄《すご》みを利かせていった。スミスがふたりに素性を尋ねると、「おまえが知る必要はない」と一喝し、ぷりぷり怒って走り去った。スミスはまた作業に戻り、おそらくは猛暑に目をしばしばさせながら、いまのはぜんぶ幻覚だったのかしらんと首をひねった。

その晩スミスはグループの残りと落ちあった。彼らはやはり、例の「くそどいなか」（より正確にはウーメラのとなりの集落ピンバ）にある地元の有名なダイナー、スパッズ・ロードハウスに集まった。

スパッズのカウンター下の空間は、ライセンスプレートを何枚も張りつけた巨大な木製パネルで占められている。そこは店構えにふさわしい食事を出す場所で、シュニッツェルは〝スニッティ〟と呼ばれ、バーガーは三枚の巨大なパティが重なりあい、ベーコンと数枚のレタスが載っている。

店に落ちつくと、スミスはプロダクション・オフィスに電話が来たと告げられた。スミスはいう。

**ウーメラではもう映画を撮影できなくなったという知らせだった。ほかを当たれといわれた。基地の使用許可――キッチンやスタッフが必要な設備ぜんぶこみ――がとり消しになったからだ。**

ウーメラだけが、『マッドマックス2』の予想外のロケ地候補に浮上した場所ではなかった。ある時点で、ミラーとヘイズは塩盆の真ん中にセットを建てたがった。その案は、雨が降ればセットが沈んで非常に高額なセットが台なしになると知ったケネディが却下する。プロデューサーはまた、自分でも実用的じゃないアイデアを思いついた。そのつぎに行ったブロークンヒルのロケハンで、ごつごつした高い丘のてっぺんに製油所を設置する提案をした。住人はこの高地の場所ならば守りを堅くできると見て、抜け目なく選んだという設定だ。

美術監督のグレース・ウォーカーが記憶をたぐる。

**わたしは「バイロン、岩だらけじゃないか」といった。彼は「ブルドーサーで均《なら》しゃい**

**い！」と返した。そういう男なんだ。わたしは「でもメイト、そんな金はないぞ」といった。バイロンは「彼らは高い場所にいる必要があるんだ、守りを堅固にしないと！」といい張る。わたしは「わかった、じゃああそこの平地に建てて、周りを何かで囲ったらどうかな」――それは掘になるんだが――「そうやって守るのはどうだ？　節約になるぞ」**

美術監督は〝ケネディ語〟で話した。堀ならばずっと安くつき、またストーリー的にもふさわしい。ケネディとミラーが同意した。

平地に建てる製油所は経済面を考慮しての判断だったものの、セットは安くあがらなかった。当時、それはオーストラリアで建てられた最も高額な映画セットになった。映画のなかではスケールがいまいちピンとこない。ブロークンヒルのだだっ広い、下草の点在する大地といっしょにフレームに収まっているからだ。巨大さを完全に認識するのは、ジョージ・ミラーがそれを来世に送りだすとき、爆発専門家を雇ってグレース・ウォーカーの製油所を盛大な火の玉で包むときだ。この瞬間、終わりのはじまりが告げられる。映画の目をむくフィナーレは、アクション映画の金字塔だと広くみなされている。

さて、次章でわれわれは渦中に飛びこもう。マックスが粗野な外観のタンカーを運転し、それはすぐにも現実のトラックドライヴァー、デニス・ウィリアムズの役目になる。ジョージ・ミラーはとてつもない長編第二弾の最後の破壊的瞬間へ向け、車輪のついた地獄を解き放つ。

Chapter12 : VISUAL ROCK'N'ROLL

# 第十二章　ヴィジュアル・ロックンロール

「死んでも準備しとけ。こいつは一発勝負なんだ。一度ひっくり返ったら二度目はないぞ」

バリン！　ヒューーン！　グシャッ！　ミラーの監督長編第二作『マッドマックス２』で最後の猛烈なチェイスシークエンスの口火を切るのは、エンジン一台の咆哮《ほうこう》ではない。十六、十七、十八台のエンジンの雄叫《おたけ》び——もっとかもしれない。生まれついての殺戮《さつりく》マシン、破壊を運命づけられたこれらガソリン食いの怪物たちはひたすら爆走しつづけ、止まって数える隙を与えてはくれないのだから、目で追うのは難しい。月日を経るうち、「メガトン級」のような計量用語が量を表すのに使われ、「くそやばい」のようなことばが決定的な特徴を描写するのに使われだした。

われわれの目に映るヴィジョンは、飛ぶように移り変わる。まるでシーンを編集室の床に広げ、ジョージ・ミラーが肉切り庖丁でぶった切っているみたいだ。監督は《マッドマックス》映画を視覚的なロックンロール作品だとひんぱんに形容する。すべての映像は和音で、すべてのカットは音符であると。このたとえをつづけるなら、『マッドマックス2』最後のチェイスシークエンスは、ガソリンに浸したあとに火をつけたスピーカーをロケット・エンジンの車のトランクに積んで、ジャンプ台から打ちだしながら響かせる音楽のように感じる。映画批評家は、「はらわたに響く」ということばを使うのが好きだ。まさにこのシーンのためにある表現といえる。見るというより感じるのだ。

それは、パッパガーロの石油精製所爆発直後、上映開始からほぼ一時間二十分過ぎにはじまる。ミラーの得意技、アスファルトをむさぼる地面すれすれショット（今回、撮影監督はディーン・セムラーと組んでいる）で道路を疾走し、フレームの下に白線を飲みこみながら、カメラは骨組みがむき出しのデューンバギーやバイク数台らのくたびれた車両を追い越す。つぎにピックアップトラック、またはかつてはそうであった車、そしてボンネットに黒いコウモリの絵をあしらったルビー色のアンティーク、一九七二年式フォードファルコンXAクーペを抜き去る。

ミラーはうなりをあげながらヒューマンガスのトラックを走り過ぎる。$N_2O$（亜塩化窒素）ブースター・システムを側面に積んだ邪悪な外観の小型トラックには、フロントに立てたポールに猿ぐつわをはめられた男ふたりが縛りつけられている。ほとんどのデザインと違い、このデコレーションに限っては監督でも、美術監督のグレース・ウォーカーの発想でもない。ポールのアイデアはおそらくバイロン・ケネディの発案だとウォーカーは考える。「バイロンの悪趣味臭がぷんぷんするからね」

ヒューマンガス卿《きょう》の邪悪な車両《ビークル》の先には、赤のフォードF100小型トラックに追いすがろうとする黒と白の警察車が行く。F100はルーフとウィンドウをとっ払い、フロントにはボートの風防ガラスがとりつけられている。もし車輪をはずしたら、路上に置けばいいのか水上に浮かべればいいのか迷いそうだ。そして、パッパガーロのライドがある。ゼロから組み立てられ、フォード351のエンジン二基を搭載し、錆《さ》びた金属の基板にやや未来的な見た目のボブスレーを載せ、バックにはダブルタイヤ、フロントにはシングルタイヤがついている。このほとばしる金属のコンボイを率いるのは、オイルタンカーを牽引する大型のＭａｃｋトラックで、運転するのはマックスだ（実際にはこのトラックのドライヴァー、デニス・ウィリアムズがハンドルを握る）。スパイクに覆われた銃座二台をタンクの上に載せ、（つくりものの）鉄条網を車体に張りめぐらせている。

『マッドマックス２』の車両はすべてゼロから組み立てたか、大々的に改造した――あまりにフランケンシュタイン的なつぎはぎを施したため、もとの部品はもはや識別不能だ。車両はウォーカーと整備士たちの手作業で組み立てられた。撮影に先立ち、ファンタスティックなこれらの乗り物をシドニーからブロークンヒルへトラック部隊で運送していたスタッフは、給油のためニューサウスウェールズの田舎町ウィルカニアに立ちよる。地元の観光組合が「僻地《へきち》の真ん中、すべての中心」と形容する町だ。トラックが一台、また一台、さらにもう一台、さらにまたもう一台とガソリンスタンドに到着し、バイクや車、はたまた車なのかボートなのか識別不明のとっぴな積み荷を道行く住民たちが見送る。

「町の住人は、『なんだなんだ、何が起きてるんだ？』って感じだったな」と、グレアム・〝グレース〟・ウォーカーがふり返る。「通りにいた人々はメッタ切りにされた車を載せたトラックが行進してくるのを見て、指さしてたよ。色めきたってた」

ウォーカーとミラーが出会ったのは、一九八〇年のオーストラリア製アクション・スリラー『チェーン・リアクション』（スティーヴ・ビズレー、別名『マッドマックス』のジム・グースが主演）でだった。ミラーは一作目の長編映画が地元の映画館にかかった数ヶ月後、プロダクションに参加した。一躍時の人となったミラーはアソシエイト・プロデューサーとアクション監督を引き受ける。ウォーカーは『マッドマックス』一作目を見て気に入り、いまやジョージ・ミラーが彼の師《グル》になった。オリジナルの美術監督、ジョン・ダウディングが監督からの続編への誘いを断ると、オファーはウォーカーに回され、だめ押しの必要はなかった。ウォーカーには車両一台につき約三千ドルの予算が与えられた。当時にしては破格だったものの、映画の規模からすると、たっぷりとはいえない。

シドニー内陸のニュータウン郊外に構える、白いオーバーオールのずんぐりした男が経営する店で、ウォーカーはスペアパーツの鉱脈をみつける。店の正面に白いレンガ造りの小さな建物があり、建物内と裏庭じゅうにカーパーツが転がっていた。フロントグリル、泥よけ、ボンネット、ボディ（車体のことで、死体《ボディ》にあらず）が山ほど、それに装飾品やらガラクタの乱雑な列が延々とつづいている。美術監督がジョージ・ミラーのために車両を組み立てるのに必要な、あらゆるものの列だ。

**問題は、オーナーはすごくいいやつだけど、『マッドマックス』を見ていて、それでわたしが部品を借りようとすると、「これをどうするか知ってるぞ。ふっ飛ばすんだろ」といったことだ。**

と、ウォーカーが記憶をたぐる。

「いやいや、撮影のあとに返却するとも。貸してもらえたら助かる。映画の見栄えがぐっと上がるからね」と、頼んだ。でも店主は「うーん、どうかねぇ」と渋る。それで、大部分を借りるのではなく買わなくてはならなかった。お宝の山に飛びこむスクルージみたいに、車の山に飛びこんだ。汗をかきかき引っかきまわし、一九五一年式シボレーのグリルやらなんやら部品をみつけた。問題は値段だった。店主はひと品ひと品に高値をふっかけてきたが、そんな金は持っていない。それで、気が違ったみたいに値引き交渉をしないといけなかった。

ウォーカーがパーツを車いっぱいに積んで作業場に帰り、そこでチーフ整備士のデイヴ・〝キーキー〟・トーマス（甲高いキーキー声を出すため）ら彼の自動車整備士チームが仕事にかかる。彼らは鋼鉄を切って曲げて、さまざまな部品をくっつけ、ほかに何をボルトどめできるか話しあった。同じ作業場で、オートバイ整備士バリー・ブランセンがバイクを組み立てている。ブランセンは合計十八台のバイクを購入し、それらを改造する仕事にとりかかった。《マッドマックス》一作目の整備士、ベルトラン・カダールとジャック・バーガーが、カダールのカウルをくっつけて心もち未来風なルックをつくり出したいっぽう、ブランセンはもっと創造性を発揮できた。

ひとつには、予算の増加がある。一作目の十倍を優に超える額だ。ジョージ・ミラーの長編第二弾はまた、ずっと未来の舞台設定になり、クリエイティヴになれるさらなる余地があった。モヒカン頭のウェズが乗るバイク、カワサキ1000用に、ブランセンはビキニ、つまり〝クォーター〟カウル（ライダーの頭から下をしっかり防風できる最小のカウル）をとりつけた。バイクはターボを実装しているように見えるが、実際にはモーターの脇にボルトでとめてあるだけだ。そのほか、カンガルーのスキンから馬のサドルまで、いろいろな装飾がでたらめに施されている。ブランセンがふり返る。

**解体場で手に入るものは手当たり次第に使った。ハンドルバーはぜんぶ違う部品をつなぎあわせた。速度計やもろもろをはずして、そこに毛皮の切れ端とか、ばかげたものをくっつける。どれも赤っぽい色だ。それがおれたちのお気に入りの色なんだ。えび茶と真紅の中間ぐらいだね。**

ミラーはよく作業場に入ってきてはこう尋ねた。「今日は何ができたんだい?」。ブランセンが最新の成果——雑多な要素をくっつけてどんどん体《てい》を成さなくなっていくオートバイ——を見せると、ブランセンいわく「ジョージは新しいおもちゃをもらったこどもみたいに興奮してたよ」

〝おもちゃ〟には武器も入る。その多くは、映画の撮影に使われるという意味においてのみ、小道具だ。いいかえれば大半が——車両のように——実際に機能した。プリプロダクションの初期、監督は特殊効果の魔法使いデイヴィッド・ハーディ(オリジナル映画で、しくじったロケット・カーのスタントを手伝った人物)に連絡をとり、助言を求めた。

オーストラリア放送協会の社員ハーディは、趣味のプロジェクトを社内にこっそり持ちこんでは就業時間中にいじるくせがあった。いろいろ思いついたコンセプトのなかに、手首につけるクロスボウがあり、『マッドマックス2』の草稿を見せに来たミラーと自宅でコーヒーを飲みながら話しあった。ある日、ふたりが朝食用のテーブルに座っていたとき、ハーディが監督にいった。「こいつの威力を見てくださいよ！」。そして、正面玄関に向けて射った。「矢はドアを貫通していた」と、思い返すハーディ。

> **正面玄関のドアをガッツリとね。おそろしくパワフルだった。どれも実際に使用できる。すごく危険だったけど、当時は気にしなかった**

悲惨な結果を招いたスタントのひとつが、大きな金の鼻輪をつけた、モヒカン頭のライダーの振りつけによる大がかりなムーブだ。それは現実においてはスタントマンのガイ・ノリスを指す。ノリスの空中回転は人間が演じた最も伝説的なスタントとして《マッドマックス》正史に刻まれた（大げさにいえば）。

十代のころからノリスはイーブル・クニーブル（有名なスタントライダー）風のスリルショーで命知らずのスタントを演じ、オーストラリア全土を回った。高所から飛びおりた道化が小道具のトイレを爆発させたり、さまざまなオートバイのアクロバットや火の輪くぐりがあったり——その手の見せ物だ。『マッドマックス2』の準備中にノリスは二十一歳になった。若かりし日々をふり返り、スタントマンはのちに語った。「当時われわれは朝食に四インチ（約十センチ）の釘《くぎ》を飲みこみ、紙ヤスリで尻をふけると思っていた。自分たちは不死身だと思いこんでいた」

ノリスは『マッドマックス2』の山場となるチェイスシーンに何度も登場している。タンクローリーに飛び移る連中の何人かはノリスだ。衣裳を着がえてジャンプし、そのあと別の衣裳を着て再びジャンプする。おつぎは宙を舞うスタントだった。横転したバギーにバイクごとぶつかり、上下逆さになったノリスが前方へふっ飛んでいく。傾斜の急な土手の端に止めてあるバギーを飛び越し、それから空中を二回、くるくる回転する。もし正確なタイミングで映画を一時停止したら、ノリスが完全に逆さまになり、片足を天に向けているのが見える。

ノリスはこのトリック――〝キャノンボール〟と呼ばれるオートバイのスタント――を前に何十回となく演じてきた。計画では、溝を掘った地点まで飛んでいき、段ボールを何枚も積み重ねただけのクッションの上に着地する。ところが車の上を越えるかわり、ノリスはその表面にわずかに引っかかり、コントロールを失ってもんどりうった。パンケーキよろしく自分がひっくり返るのを察したとき、ノリスは全身の力を抜いた。スタントマンの心得の鉄則だ。着地したとき、大腿骨《だいたいこつ》を折った。ミラーには伝えていなかったが、そこは先日別の撮影で骨折し、回復中の箇所だった。医師がピンを入れていたが、いまでは曲がっている。ミラーとスタントマンのマックス・アスピン、オートバイの整備士バリー・ブランセンらがまっ先にノリスのもとに駆けつけた。

「ガイは人形みたいに飛んでった」と、ノリスとはいい友人のブランセンがふり返る。

**おれは「ファック！」といった。それから走っていった。ガイが「くそう、バリー、脚をひどくやっちまった」といった。撮影のために道路を封鎖していた警察が救急車を手配してくれ、みんなで乗せた。ガイは超特急で回復したよ。**

フェラル・キッドのエミール・ミンティは周囲でこの狂気じみた騒ぎが起きているとき、わずか八歳だった。その年ごろのほとんどの少年同様、ミンティはエネルギーの塊だった。地面を掘り返し、車に飛び乗り、泥まみれになった。ノリスが宙を舞った日を彼は覚えている。「こわかった。みんながパニクって、いっせいにガイの方へ走っていった」と、ミンティはふり返る。

**ひどく不吉な日として覚えているよ。すごくおそろしい日だ、交通事故を目撃したときみたいに。みんなが叫んで走っていき、母はここにいなさい、ここにいなさい、っていってた。**

映画の上映時間のその時点までに、物語前半でマックスの相棒役をつとめた存在に代わり、フェラル・キッドがその地位に収まっていた。オーストラリアン・キャトルドッグはロカタンスキーにどこへでもお供していたが、かわいそうなワンコはクロスボウで射殺される（これはフレーム外で起きるが、観客はそれでも胸を痛めた）。ジョージ・ミラーはもともと三本足の犬を想定していた――名前はトライク（三輪車）――が、スタッフは三本足の犬をみつくろえなかった。ブロークンヒルの打ちあわせの席で、監督は犬の足を切断することを提案して、各部門の責任者たちにショックを与えた。「全員が、あ然とした」と、大道具マネージャーのデニス・スミスは記憶をたどる。

**「うそだろ。おい、どういう意味だよ?」って感じだった。それからジョージがいったんだ、「犬が三本足だったらすばらしくないかい?」って。絶対に忘れられない。おれはすぐに立ち**

あがってこういった。「もしそんなことをするなら、このくそ映画を降りるからな」。ほかの面々もみんな同じ気持ちだった。ジョージは、まずい発言だったと気がついた。室内の反応にショックを受けて、すぐに口を閉じたよ。バイロンでさえ反対した。

出席していたブライアン・ハナントもいう。「ジョークだったと思う。そう願うよ」『マッドマックス2』の車両は、猛スピードで疾走して見える。実際には、まったく動いていないときもあった。悪魔めいた形相のウェズがタンカーの上によじのぼり、ほかの悪漢ふたりがルーフからマックスを威嚇しているとき、タンカーは完全に静止していた。スタッフが車体を揺らして走行中の感覚を演出し、撮影監督のディーン・セムラーが、実際には車輪の回転していない事実がバレないアングルで撮影した。

ひとつ、実際に動いている物体が、ヴァーノン・ウェルズの衣裳のお尻の垂れぶただ。奇妙な新種の鳥の尻尾《しっぽ》よろしく舞いあがり、ウェルズの役、ウェズがタンカーからキャビンへ飛び移ると、フェティッシュな黒のレザーパンツの切れ目からむき出しの尻が二個の惑星のごとく突きだす。ヴァージニア・ヘイ（この時点では死んでいる女戦士役）は、銀河に浮かぶウェルズのプライベートな部分にはじめてお目にかかったときのことを決して忘れない。映画に雇われた三、四名の同僚とともに地元の空港に着いたとき、ヘイはブロークンヒルに何が待ち受けているのかわからなかった。４ＷＤ車がヘイたちを迎えに来た。

セットに移動中、ヘイは周囲をしげしげと見まわした。ときおりタンブルウィードが転がるほかは四方八方が赤い。行く手に砂塵《さじん》嵐らしきものが見えたとき、車が止まった。ドライヴァーは無線に向かって何かつぶやくと、その場で嵐が過ぎ去るのを待った。「『なんてこと、これから何が起きるの?』って思ったわ。砂ぼこりの大きな雲がずっと居座っていそうだった」と、ヘイはふり返る。

**それから突然、砂ぼこりのなかに影が見えた。暗い影。最初はもう一台の車かもしれないと思ったけど、砂ぼこりが収まると、人のかたちになった。そして砂塵嵐の向こうにわたしが見たのは——自分の目が信じられなかった——むき出しのお尻だったの。黒い革の割れ目からむきだしになってた。それに、モヒカン頭も見えた。「たいへん、ブロークンヒルってこういう土地柄なわけ?　この人は地元住民?」って思ったわ。**

ヘイは数年後、ボンド映画で人もうらやむ役を射止める——一九八七年の『007　リビング・デイライツ』のヴィラン、プーシキン将軍の恋人役だ。その後オーストラリアの昼メロ（「Neighbours」〔一九八五～〕「Home and Away」〔一九八八～〕など）やSFシリーズ「FARSCAPE ファースケープ　宇宙からの帰還」〔一九九九～二〇〇三〕といったテレビドラマ多数に出演する。ヘイはバイロン・ケネディとつきあった短期間をふり返る。

**バイロンにいいつづけた。「文明世界に戻ってこの感情がなんなのかはっきりするまで絶対待つべきだ」って。映画のセットにいるときは、現実から完全に切り離される。だれかに好意**

**を持ったとしても、本気なのか現場の高揚感に感化されただけなのか、わからないのよ。**

この憑《つ》かれたようなペースの〝響きと怒り〟の最中では、ずばり、響きを――とりわけ、だれかがそういった音響効果をつくりださねばならないことを忘れるのはたやすい。そのだれかとは、音響編集のマーク・ヴァン・ビューレンだ。バイロン・ケネディはカウボーイブーツを履いた足をデスクに載せ、ヴァン・ビューレンを面接した。ミラーが常にヴィジュアルのほうに重きを置く――基本的に画《え》でものを考えるアーティスト――いっぽう、プロデューサーはサウンドにとり憑かれている。ヴァン・ビューレンに編集中のタンカー・チェイスのカットを見せたあと、ケネディが「できると思うか？」と、尋ねた。音響編集技師はできると答え、数日後に作業にとりかかった。映画中のほぼすべての音響効果――あらゆるカークラッシュと爆発、メル・ギブソンが砂利道を歩く音ですら――を一からつくり直す必要があった。

「車のパーツをスレッジハンマーで叩《たた》いて、いろんな音をつくりだそうとした」と、ふり返るヴァン・ビューレン。

**すべてがより大きくなければいけなかった。より大胆、より不敵に。ぼくたちはひとつの音だけでなく、十五とか二十とかの層を重ねて組み立てた。二台の車両がつばぜりあいをして、タンカーの車体がこすれるキキキッというノイズを出すため、金属の部品を使い、その上で物を引きずった。リアルな摩擦音や衝撃音が出るまでサウンドを試行錯誤し、組み立てた。この**

**映画に「レス・イズ・モア（少なければ少ないほどよい）はありえない。いつでもモア・イズ・モアだった。**

その三語、つまり、エフェクトについてのことば――「モア・イズ・モア」――はまた、ミラーとケネディの映画づくりに対する姿勢にも当てはまる。もしくはおそらくただふたこと、「もっと《モア》・でかく《ラウダー》」《マッドマックス》の最初の三作を手がけた音響ミキサーのロジャー・サヴェージは、『マッドマックス2』のポストプロダクション中、バイロン・ケネディが〝Lワード〟をたくさん使っていたのを覚えている。「バイロンはよくこういっていた。『Louder《ラウダー》、もっとでかくしたい。なぜもっとでかくできないんだ？』と、サヴェージは述懐する。音量への際限のないプロデューサーの飢えに対処するため、音響ミキサーはケネディに音量コントローラー（いわゆる「フェーダー」）を与え、自分で音量を調整できるようにした。

ただ、ケネディは知らなかったが、フェーダーのつまみをどれほど高く上げようと、なんの効果もなかった。背中に張りついているケネディを追い払うためのひっかけだった。「彼はすっかり信じてた」と、サヴェージはクスクス笑う。

　フェーダーが飾りだって最後まで気がつかなかった。アナログサウンドの当時、ばかでかいノイズについては注意が必要だった。光学カメラのバルブを、音が物理的に壊してしまうおそれがある。バルブの交換はすごく高くつくんだ。だからバイロンをひっかけた。気がつかれなかったのはたぶん、すでにサウンドがとてもやかましかったからだ。

ミラーが『マッドマックス２』のアクション・シークエンスの隅々まで目を光らせたいっぽう、撮影時に起きていたことで、彼の決してあずかり知らない――そしてたぶんいまだに知らない仕掛けがあった。たとえば、タンカーの下に忍ばせた小型のマイクロフォンで、あらゆる種類のクレイジーな物音が録音された。マイクはこっそり、『マッドマックス２』の録音係ロイド・キャリックがとりつけた。撮影中、キャリックは三・八インチ（約九センチ）のウィットねじを使えば小型のマイクロフォンを車両のさまざまな場所に、目立たせずにとりつけられることを発見する。だれが彼にとりつける許可を与えたのかは覚えていない。もしくはだれかに尋ねたかどうかさえ。キャリックはいう。

**マイクは絶対にみつからないよ。ハイウェイを走行中、複数の車が違うタイミングでタンカーにぶつかる。それで、ぶつかる場所を見積もり、マイクロフォンをとりつける場所を決めた。そうやって走行音を拾ったんだ。**

キャリックはもうひとつ、小さなものをキャビンのなかに隠した。彼自身だ。百六十センチメートルの音響録音係は、前部座席の助手席側でハンドル脇にかがみこむと、すっぽり収まった。そこに座り（もちろん安全ベルトはなし）、安いステレオマイクロフォンを握りしめた。

**トラックのなかにかがみこみ、そのあいだずっと、道路を上がったり下がったり、マッドな**

車に大挙して追いかけられてた。だれも何もいわなかった。ただやったんだ。あるシーンで、トラックが燃えている車両を突き破った。そのときぼくはキャビンのなかにいて、座って隠れていた。トラックが火のなかに突っこみ、走り抜ける。キャビン全体が熱くなるのを感じた。ものすごく熱かった。あとで思ったよ、「これって燃えるんだよな？」って。

『マッドマックス2』の最後のチェイスシーンのあいだ、空中にいるのがジャイロ・キャプテンだ。植物の点在する茶色い大地がどこまでものびる長いショット（バイロン・ケネディの黒いヘリコプターで撮影された。ケネディはヘリを几帳面にメンテナンスしていた）に、ジョージ・ミラーは画面を切りかえる。ジャイロ・キャプテンが大幅に改造したオートジャイロを操っている。小さなむきだしの航空機（回転翼機）のオートジャイロは、前後から生みだされる推力で飛ぶ。空中を飛んで、眼下でくり広げられる修羅場についていくあいだ、ヘリを実際に操縦しているのはジャイロ・キャプテン役の俳優ブルース・スペンスではない。

とはいえ、クローズアップで映るジャイロ・キャプテンの反応を演じるのは、もちろんスペンスだ。これらのショット、いわゆる〝ピックアップ〟は製作終了後、シドニーの小高い丘の上で撮影された。ミラーとディーン・セムラーは、電気モーターをローターと鋼鉄の大きな断片にとりつけた。ジャイロコプターの周りと下にレールを敷き、カメラを円になったレールの上に載せて、揺れるようにした。ローターで飛行のエフェクトがつくりだされ、ミラーはスペンスにどこを見てどう反応すべきかを指示した。俳優はまた、このシーンの音響効果とセリフ録音のために後日呼ばれる。うなり声や興奮した叫び声が大半で、スペンスは映画の初期のワークプリントを（何に反応しているのかわかるように）見ながら演じた。

> **スタジオでヘッドフォンをつけ、マイクロフォンの前に立っていたのを覚えている。ほんの少し音楽が聞こえたが、ごく短かかった――クラシックかオペラか、そんなようなものだ。**

そうスペンスはふり返る。「ジョージが、二、三リアクションカットを入れるので何かいってもらいたいといった。映像を見ながらこう思った。『なんてこった。なんだこりゃ？』スペクタクル場面を予想はしていたものの目にした光景にあ然とする。

「わたしにいえたのは」と、彼はいう。

> **「ワオ！　くそっ！　すげえ！　見ろよあれ！」だけだった。チェイスシーンにぶっ飛ばされた。「ジーザス、こいつはどはずれてるぞ」って思ったよ。自分たちが撮っていたのは想像のずっと上を行くスケールだった。**

その手の叫び声でこのシーンを表現するのは、スペンスに限ったことではない。チェイスの終局に向かってわれわれが目撃するのは、$N_2O$でブーストしたヒューマンガスの車両とタンカーが正面衝突するスペクタクル。それはヒューマンガスのみならずレザーパンツをはいた彼の右腕、ウェズをも道連れにする。ウェズはタンカーのバンパーにつかまっており、かくして熟れすぎた果物がハンマーで潰されるごとく、ぺしゃんこになる。ヒューマンガスの車両はあとかたもなくなり、エアゾール缶からふきだしたミストのように破片が空中に散らばる。タンカーはまっすぐ立ち、無傷だ――だが長くはもたない。『マッドマックス2』最大の見せ場、チェイスシーンの最後の瞬間に、ジョージ・ミラーは最高のスタントをとっておいた。マックスのタンカーがど派手にクラッシュしてひっくり返る。ただし、実際にハンドルを握っているのはメル・ギブソンではない。スタントマンですらない。彼は実際のトラックドライヴァーで、映画セットに来たのは今回がはじめてだ。デニス・ウィリアムズというごく平凡な男が、何かとんでもないことをしようとしている。

一九八一年七月二十九日土曜日の早朝、ニューサウスウェールズ州の荒涼とした赤土のムンディムンディ平野で、ウィリアムズはおそれおののいていた。Mackトラックのハンドルを握りしめ、トラックドライヴァーはいまから論理に逆らうことをしようとしている――狂気の沙汰を。なんだってこれをやることに同意した？　どうやって口説かれた？　こんな状況に陥ったのは、すべて単純な誤解のせいだ。だけど引き返すには遅すぎる。ブロークンヒル近郊の町から来た群衆がとなりの道路脇に集まり、彼を応援している。ウィリアムズの役目は――どうやら――おかしなぼさぼさ髪の、ジョージ・ミラーとかいう男の監督する『マッドマックス2』とかいう映画の、センセーショナルなフィナーレを演じることだ。

『マッドマックス2』の山場となるチェイスシーンが狂おしい頂点に達するとき、ロカタンスキーはとうとうタンカーのコントロールを失い、道路から転げ落ちる。怒濤《どとう》のフィナーレを飾る、しびれる幕切れだ。現実には、すべてがウィリアムズにかかっていた。本物のトラックドライヴァーで、スタント経験はゼロ――つまるところ、これまで彼が職業上うまくやってこれたのは、できる限り衝突を避けてきたのが大きな理由だ。

「おれはトラックのなかにいて、スタートを待っている。そして、左を見る」と、ウィリアムズが記憶をたぐる。「町の半分の人間がそこにいる。みんなは笑っている、親指を空中に突きだして。すると、おれは考える。『いったいおれはここで何をしてるんだ?』」計画では、ウィリアムズが丘の上からスタートし、少しアクセルを踏んで勢いをつけて坂道を下る。二本の棒を目印にした地点でウィリアムズは左にハンドルを切り、斜面でタンカーを横転させつつカメラに向かって滑っていく。ごくふつうの男が、十二輪のセミトレーラーをクラッシュさせる。

すべてはトラックドライヴァーとふたりのスタッフメンバーとの、偶然の出会いからはじまった。その年のはじめ、ウィリアムズの職場、シドニーのセント・ピーターズにあるケンワース代理店にふたりが訪れたときから。美術監督のグレアム・ウォーカーとトランスポート・マネージャーのラルフ・クラークは、トラックを購入しにやってきた。ふたりは映画をつくるためにトラックが必要だといい、ウィリアムズは映画のなかでだれがトラックを運転するのか尋ねた。ふたりが「メル・ギブソンだ」というと、彼は答えた。「聞いたことないな」。ふたりがメルは映画『マッドマックス』の主演だと説明すると、彼はいった。「見たことないな」。それからウィリアムズが尋ねた。「そのメル・ギブソンという人は、トラックドライヴァーなのかい?」。ウォーカーとクラークは答えた。「いいや。彼は少し前に国立演劇学院《NIDA》を卒業した」。トラックドライヴァーはふたりをぼんやりと見返した。しばらくして、彼がいった。「そうか、それは問題だな」

ウィリアムズはふたりがたったいま買ったＭａｃｋ――正確にはＭａｃｋＲ６００クールパワーについて説明してやる。このトラックはクアッドプレックスを採用し、二個のギアボックスと二本のシフトレバー、合計二十二段のギアから成り、操作は複雑をきわめる。そのとき、三人目の男が現れていった、「参ったぜ、ミニを駐車できなくてさ！」。ウィリアムズがふり向くと、それがメル・ギブソンだった。

トラックを運転できるドライヴァーが必要だと悟り、ウォーカーとクラークはウィリアムズに手が空いているか聞いた。ウィリアムズは上司にうかがいをたてた。商売は凪いでいた。「店は閑古鳥さ、メイト。やってみな」との答えが返った。ウィリアムズは仕事を引き受け、シドニーと映画が撮影されていたブロークンヒルのあいだを八、九回往復し、道具や機材を運搬した。映画のスタッフでほかにクアッドプレックスの運転方法を知っている者がひとりだけいた。ジェリー・ガウスラーはスタントチームの一員（そしてそれゆえに手がふさがっていた）だ。本番の撮影中、Ｍａｃｋトラック――とそれに牽引《けんいん》されているタンカー――をメル・ギブソンのスタントドライヴァーとして運転する役目は、ウィリアムズに与えられた。

一作目の製作にジョージ・ミラーとバイロン・ケネディが数年間を費やし、まるごと一年を編集に当てたいっぽう、『マッドマックス２』ははるかにサクサク進んだ――すべての行程が完了するまで十二ヶ月以下だ。時間は最も重要だった。なぜなら映画の配給元、ワーナー・ブラザースは日本のマーケットに打って出る計画で、日本では重要な年末年始シーズンまでに完成させろとミラーとケネディにプレッシャーをかけたからだ。一九八〇年のクリスマスに脚本に手をつけ、翌年の同じ時期には、ファイナルカットがもう映画館にかかっていた。それほど短い作業時間の帰結として、脚本の大半が完成しないまま本撮影に入った。ミラーといっしょにストーリーを考えるふたりのライターのひとり、ジャーナリスト兼脚本家のテリー・ヘイズはある日の撮影中、デニス・ウィリアムズに近づいて、内々に話しかけた。

「デニス」と、彼は聞いた。「トラックをひっくり返すのって、どれぐらい難しいんだ？」。ヘイズは何かしらの理由で横転したトラックの写真か静止映像がほしいのだろうと、ウィリアムズは推測した（そして、あとで自分をけっ飛ばすことになる）。彼は答えた。「簡単だよ、いつでもいいから夜のヒューム・ハイウェイにいけばいい。だれかがひっくり返ってるさ」。ヘイズが返した。「そんなに簡単なの？」「朝飯前だ」と、ウィリアムズは繰り返した。脚本家は歩いていった、ひとりごとをつぶやきながら。三週間後、ヘイズがウィリアムズのもとへ戻ってきて、トラックドライヴァーに「きみのあのアイデア、気に入ったよ。使わせてもらうことにした」

「へ？」。デニス・ウィリアムズはなんのことかわからなかった。ヘイズが説明した。

**トラックの側面をヒューマンガスの車にぶつけ、その衝撃で車体がぐらつき、それから土手に倒れるという筋書きをわれわれは考えていた。メルと同乗していたこどもはふたりとも、飛びだして走って逃げる。けれどももしモロに正面衝突して、それからきみがトラックをぼくらに向かって転がしてくれれば、すごい画《え》が撮れる！**

ウィリアムズは考えた。「ああ、くそ、この人はおれがすでに同意したと思ってる──だからノーとはいえない」。上司のラルフ・クラークに事情を説明すると、トランスポート・マネージャーはこう返した。「おまえはいったい、おれたちを何に巻きこんでくれた？」

スタントドライヴァーでもなんでもないウィリアムズに、うまくタンカーを転がす能力があるとの前提で話はつき、スタッフはこのとんでもなく危険なスタントを出来る限り安全に遂行できるよう手配した。この規模のクラッシュならばウィリアムズが死ぬほどの衝撃はまず起きないと判断されたが、キャビン内の物がぶつかってウィリアムズを傷つけるおそれがあった。中身がとりのぞかれた。ドアハンドル、ウィンドウハンドル、フロントガラスすらとりのぞいた。必要不可欠ではないすべてのナット、ボルト、スイッチがはずされる。チームはそれからロールケージを組み立てた。助手席の周りに金属のフレームをとりつけ、車両がひっくり返る場合（この場合は百パーセント）にドライヴァーを守る。ハーネスは金属製のうしろ板で支える。うしろ板はナックルに鎖でつないでＭａｃｋトラックのシャーシまでのばした。ハーネスとうしろ板の処置をすることで、固定されたウィリアムズは左右に揺れこそすれ、前に倒れることはない。

巨大なトラックとタンカーをわざと衝突させる（よい子のみんなは家でやっちゃだめだぞ）計画を立てた者ならだれでも直面するもうひとつの問題が、燃料と電気に関するものだ。電気はスパークを起こす。スパークと大量のガソリンが合わされば、何が起きるかを理解するのに科学の天才になる必要はない。そこで、スタッフはタンクから燃料を抜き、代わりに安全弁に通せるほど小さなボールに燃料を入れて――ウィリアムズが一度か二度傾斜を下るのにちょうど足りるぐらい――弁から挿入し、漏れ出さないようにした。テリー・ヘイズがさらなる要求を出して状況を複雑にする。脚本家とミラーは、タンカーを転がしたい、しかり。ただし、転がって転がって転がって転がしたくはない。彼らの理屈では、もし乗り物が転がりつづければ、おそらくもっともらしさの問題が生じる。マックスとうす汚れた若い同乗者が生きてその状況から出られるとは、観客は信じないだろう。

「おれは、こういった。『テリー、時速百キロ出すんだぜ、坂道を下って右に折れているところまで走り、それから十二フット（約三・五メートル）の土手を転がるんだ』と、ウィリアムズがふり返る。

**ひっくり返って、それからスライドしろっていうのか？　おれはいった、「メイト、空気ブレーキがあるからって、空中で止まれるわけじゃないんだ。いったん転がったら、車はそれ自身の意志を持つんだぞ」って。**

といいながらも、トラックドライヴァーは妙案を思いつく。スタッフに頼んで十トンの湿った砂を砂嚢に入れてもらい、タンカーの左側に積みこんだ。そうすればつまり――理論的には――タンカーが土手の上で倒れたとき、重さで押さえておける。スタントの十二時間前には何も食べないようにウィリアムズは指示された。「そうすれば何かが起きた場合、病院に搬送してすぐに手術できる」と、ウィリアムズ。「麻酔と関係しているんだと思う。でもそれについちゃまったく心配しなかった。ただあのでかぶつがひっくり返ってくれるよう願った」

バイク整備士のバリー・ブランセンは狼狽《ろうばい》するトラックドライヴァーの相談役になった。

**ずいぶん時間をかけてデニスをコーチし、しまいにはいい友人になった。ああいう男、ゴスフォードに住み、でっかいマザーファッキンなトラックをふつうに転がして暮らしてた男が、突然こんなことをやっている。それまで頭のなかにあったのとは完全に反することを。おれたちはいった、「すべてうまくいくよ、メイト」。おれとガイ（スタントマンのガイ・ノリス）がライヴショーでやっていた本当に危険なスタントをデニスに話した。「この手のことをおれたちは二年前までよくやってた」。正直いって、完全なおためごかしだ。「いいか、何も心配しなくていい。おまえは大丈夫。おれたちがすぐそこで見てる。確実に安全にすませるよ」。でも気の毒に、デニスのやつは二晩全然眠れなかったはずだ。**

とうとうその日がくると、美術監督のグレース・ウォーカーによれば、「空気がぴんと張りつめた。ジョージはずっといい張ってた、『だれにもケガさせたくない』って。それが鉄則で、ジョージはそこに力を入れていた」。衣裳部門で働くロジャー・モンクの記憶にあるように、大それたスタントとエフェクトがこれでもかとばかりにぎゅう詰めされた難しい撮影で、いちばんとち狂った場面が最後にとっておかれた。「撮影中でいちばん緊張したのが、トラックが横転する前後の時間だった。オーマイゴッド。あれはやばかった」と、モンクはいう。

**テレビで見た、月面着陸と人類が月の上を歩くのをみんなで見守っている映像を思い出した。だけどここで見守っているのはロケットじゃなくて、トラックだ。そして、飛ぶんじゃなくてクラッシュする。**

丘の上で待機しているウィリアムズは、ハンドルを握り、深呼吸をした。ショータイムだ。「ええい、ままよ。人生は一度きりだ」。トラックドライヴァーはアクセルに足をかけ、出発する。道路の反対車線の見晴らし台から下るにつれ、タンカーはスピードを上げる。ウィリアムズはひっくり返るべき地点に、粘着テープを柱に巻いて印をつけておいた。どんどんそこへ近づくとともに汗が額から滴り落ち、心中を恐怖の波が泡立つ。いよいよだ。あとほんのちょっと。あともう二秒。やるぞ！

そして……ウィリアムズは怖《お》じ気《け》づいた。スタッフが何が起きたのか聞くと、こういった。「しくじった。ただしくじった」。だれかがいった。「結果オーライだ。どちらにしろ向こうは準備できてなかったから――でも、つぎは行ける」「死んでも準備しとけ」。トラックドライヴァーが怒鳴った。「こいつは一発勝負なんだ。一度ひっくり返ったら二度目はないぞ」

ウィリアムズは丘の頂に戻っていった。ブロークンヒルから来た地元住民の野次馬はまだそこにいて、まだ盛り上がっていた。失敗に終わった一度目は、サスペンスをいや増しただけだ。道路に駐《と》めている救急車のボンネットにふたりの救急隊員が座っているのを見おろし、トラックドライヴァーは「獲物を待つハゲタカみたいだ」と思う。深呼吸をしたあと、ウィリアムズは再度丘を下りはじめる。今回は怖じ気づかない。タンカーが道路を外れてひっくり返りはじめたとき、Ｍａｃｋのピラー（車の屋根部分を支える柱）

が鋤《すき》のような動きをして土に当たる。トラックとドライヴァーが空中に投げ出され、ほとんどひっくり返ると、土がフロントガラスのあるべきところからキャビンのなかに飛びこんできた。ウィリアムズの胸に激しくぶつかり、ヘルメットが土で埋まる。

タンカーは多かれ少なかれ目的どおりの場所に着地した。しかし、整備士のバリー・ブランセンが回想する。

**少しだけ、おれたちが止まると想定したところより先に進んだ。いいかえれば、推測したよりも車体が重かったんだ。トラックが横転したあと、みんなは後退しないといけなかった。土ぼこりや何かがぜんぶ収まるのを待ってから、デニスが無事かどうか走って見に行った。**

車両が動きを止めると、ジョージ・ミラーが「カット！」と叫んだ。一同——監督をふくめ——がひっくり返ったキャビンに走っていく。「ジョージが『カット』というまで、だれも近づいてこれなかった」と、ウィリアムズがふり返る。

**それからジョージは歩きまわりだした。声を張りあげ、「彼の写真をとろう、なかにいるうちに！」。それで、おれはいう。「息ができない！　ヘルメットに土がたまった！　とってくれ！」**

横転した車からウィリアムズが出てくると、スタッフはフーフーはやしたてており、丘の上の見物人が拍手喝采する。救急隊員が駆けつけてトラックドライヴァーに大丈夫か尋ねる。彼は答える。「大丈夫、大丈夫。ちゃんと立ってるだろ？」。少しして、周りの人々が散ると、ウィリアムズは倒れた。「地面にバッタリ倒れた、立て看板みたいに」と、彼はふり返る。「アドレナリンのせいだ。ぷっつり切れた」

『マッドマックス2』は順撮り（ストーリーの進行と同じ順序でシーンを撮影していく）だったため、本撮影が終了した。翌日の晩に打ちあげが開かれると、ウィリアムズは町の人気者だった。キャストとスタッフはまもなくブロークンヒルを離れて家に戻ったが、小集団、トラックドライヴァーと上司のラルフ・クラークはもう少し残ってあと始末をした。ようやく家に戻ったとき、ウィリアムズは電話に出た。ジョージ・ミラーからだった。監督はこちらへ来てラッシュを見るかい、と誘った。

ウィリアムズが着くと、ミラーはごきげんだった。彼らが撮ったタンカーの横転フッテージが、息を飲む出来だと監督は形容した。自分の運転する車両がほとんどジャックナイフのようなくの字になりかけながら、横に傾いて地面に投げ出されるのを見たとき、トラックドライヴァーにいえたのは、ただふたことだけだ。「シット」と「ファック」。多くの者がやがて、ジョージ・ミラーはどうやってあのショットを成功させたのか首をひねることになる。レールを使ったのかな？　リモコン？　ケーブルが関係してる？　「いいや」と、フィルムメーカーはいう。「実際にドライヴァーがトラックを運転した」。しばらくのち、ウィリアムズはつぎの《マッドマックス》映画、『サンダードーム』の仕事に招かれる。「彼らはどうしたと思う？」と、ウィリアムズ。「もう一台、クアッドプレックスのＭａｃｋを買ったんだぜ」

# Chapter13 : TRIUMPH AND TRAGEDY

# 第十三章　勝利と悲劇

「あなたはわたしの人生を導く先達《せんだつ》、時代の先を行く天才でした。わたしはあなたの精神を引き継ぎます」

『マッドマックス2』の成功は、ジョージ・ミラーが一発屋ではないことを証明した。同じことが、もちろん、同様に成功した親友でプロデューサーのバイロン・ケネディにもいえる。一九七一年にメルボルンでの映画ワークショップで出会って以来、このコンビはとてつもないことをやり遂げ、映画業界での主要なプレイヤーになるという夢を実現した。もしオリジナルの『マッドマックス』がオーストラリアの映画産業に火をつけたとすれば、続編はガソリンをぶちまけたのち火を放った。国内の映画館で、『マッドマックス2』は前作の二倍以上、千八十万豪ドルの興行成績を記録した。その半分以下の製作費の作品にしては悪くない。とはいえ一本目の映画同様、ブタの貯金箱なみのオーストラリアの興行収入は、海外でのそれに比べればはした金だ。

ロカタンスキーのふたつ目のアドベンチャーは——よくいわれるように——日本で大成功《ビッグ・イン・ジャパン》した。映画は日本市場を狙い撃ち、一九八一年十二月十九日、東京にてワールドプレミアを開催、メル・ギブソンがプロモーションに送りこまれた。『マッドマックス2』はオーストラリアの五十八館に対し、日本では八十八館の劇場にかけられている。日本の興行成績は六百万ドル以上――たいした金額ではあるが、期待を下回った。専門家は、アメリカ＝香港合作のバート・レイノルズとジャッキー・チェン主演によるカーレース・コメディ『キャノンボール』と競合したためだと分析した。

　オリジナルの『マッドマックス』同様、『マッドマックス2』はヨーロッパじゅうで大ヒットした。オリジナルと違い、続編はまた、アメリカでも良好な成績をあげた。一作目の扱いを彼《か》の国は誤った。観客はオーストラリアなまりを理解できないとの懸念からアメリカ人の声優が吹き替え、結果的に最低限の注目しか集めなかった。ミラーは吹き替えの処遇に度を失った。とりわけ、ヒュー・キース＝バーンの、舞台じこみの心をかき乱す張りのある声を破壊されたことに。続編は独立した一本の作品として売りこむことが決まり、アメリカでは〝マッドマックス〟を抜いたただの『The Road Warrior』の題で公開された。アメリカ国内では、総計二千三百六十万ドルの興行成績を収める。

　前回のロカタンスキーのライドから、批評家たちは二年ほどかけて彼らの落っこちたアゴを床から拾いあげた――はいいが、再び落とした。めまいと耳鳴りがしながら劇場を出た〈シカゴ・サンタイムズ〉紙のロジャー・イーバートは、『マッドマックス2』を『ブリット』（一九六八）や『フレンチ・コネクション』（一九七一）と比較し、「現代のチェイス映画の傑作」と評した。〈ニューヨーク・タイムズ〉紙のヴィンセント・キャンビーの目には「サドマゾのコミックブックが命を持ったような、むちゃくちゃな映画ファンタジー」に映った。〈ワシントン・ポスト〉紙のゲイリー・アーノルドはミラーを「並はずれた才能」と表現して日本の巨匠、黒澤明らミラーのヒーローになぞらえた。

第一作をとんでもないお騒がせ映画とみなしたオーストラリアの批評家たちは、今回は脱帽した。〈シドニー・モーニングヘラルド〉紙のルイーザ・ライトは『マッドマックス2』を「スクリーン史上最高のスタントの九十分間」だと認めた。月日が経《た》つにつれ、『マッドマックス2』はアクション映画屈指の傑作と称揚されるようになる。〈ニューヨーク・タイムズ〉紙、〈エンターテインメント・ウィークリー〉誌、イギリスの〈エンパイア・マガジン〉誌は「オールタイムベスト映画」のリストに入れる。〈ローリングストーン〉誌の読者投票では『マッドマックス2』が史上最高のアクション映画に選ばれた。

批評家からの絶賛の嵐に加え、ジョージ・ミラーとバイロン・ケネディはまた、投資家たちをも喜ばせた。オリジナル作に財布の紐《ひも》をゆるめて支援してくれる人々をみつけるのは長くきつい上り坂だったいっぽう、二回目は鼻歌まじりだった。市場最も見返りの多かった映画の続編への投資は、無名の監督と彼の敏腕――同様に未経験だったが――ビジネスパートナー兼プロデューサーの長編デビュー作に金を出すのとは話が違った。『マッドマックス2』がより大きく、よりうるさく、より野心的でより高くついたように、投資家たちの面子《メンツ》もジャンプアップした。そのうちのひとりはパース生まれの鉄鉱石王にして、極右の論客ラング・ハンコック。オーストラリア一の金満家であり権力者――と同時に、オーストラリア先住民の権利等の社会問題に対し、饒舌《じょうぜつ》で物議をかもす発言をするので知られる。

配給会社はさらなる《マッドマックス》映画をいつでもほしがっていた。驚くには当たらない、そのような投機作品は多かれ少なかれ商業的な成功を保証するからだ。ジョージ・ミラーとバイロン・ケネディは、『マッドマックス2』をミラーとブライアン・ハナントと共同脚本したジャーナリスト兼脚本家テリー・ヘイズと再びタッグを組む。三人は三作目の骨子を打ちあわせた。

一九八三年七月十七日の日曜日、シドニーは寒波に見舞われた。シドニーの中心商業地区から三十五キロ西に離れた郊外のブラックタウンで、バイロン・ケネディは自家用ヘリのベル・ジェット・レンジャーを格納庫から出して十二時十分ごろ離陸させた。同乗者は、家族ぐるみの友人で十五歳のヴィクター・イヴァット少年だ。ふたりはニューサウスウェールズ州ブルーマウンテンの低い山あいにあるバラゴラン湖まで、遊覧飛行を計画していた。その場所を選んだのは不思議ではない。うっそうとした森に囲まれたアクアブルーの湖面は、見とれるほど美しい。

ケネディとイヴァットが現地に到着し、プロデューサーが湖の上空を飛んだとき、水面はなめらかでガラスのようだった。ふたりはおよそ八十五ノット（時速約百五十七キロメートル）で高度三メートルを飛んでいた。湖上を低空飛行するときは、水面からヘリコプターの高度を測定するのが、経験豊かなパイロットでさえ難しい。ケネディは判断を誤り、近づきすぎた。上昇しようとヘリを持ちあげたとき、スキッドが湖面に当たり、機体が墜落した。

難破したジェット・レンジャーから脱出したヴィクター・イヴァットは、ケネディをヘリから助けだすと、凍える冷たさの水中を岸まで二百メートル引っ張って泳いだ。ティーンエイジャーはケネディを横たえ、木ぎれや葉の山をバイロンの上に載せて凍てつく山中の外気を遮り暖めようとした。プロデューサーは身動きできずにいる。背骨を折ったのだ。イヴァットは石を使って地面に「ヘルプ」と文字をつくり、上空からみつけてもらえるよう願った。午後五時五十分になってもふたりが戻らないため、ケネディの恋人アニー・ブレイクリーが空港にふたりの消息不明を知らせた。六機のヘリコプターと一機の軽飛行機が捜索に乗りだす。

その夜遅く、午前一時ごろ、ローナ・ケネディはウェリビーの自宅でラジオを聞いていた。バイロンの寝室にいると——愛息子《まなむすこ》を懐かしんでベッドで寝ていた——背筋の凍りつく知らせが入る。ニュースキャスターが、有名な映画プロデューサー——ローナの第一子——が自家用ヘリでフライトに出かけたまま、現在消息不明だと伝えた。夫エリックの部屋に駆けこんだローナは、幽霊のように蒼白《そうはく》になって知らせを伝えた。ふたりはひと晩じゅう起きて、怯《おび》えながら息子の消息の知らせを待っていた。その夜、ケネディは息をひきとる。享年三十三歳だった。

一九八三年七月二十日、メルボルンの〈エイジ〉紙の訃報欄に掲載された父母名義の通知の下欄に、バイロンの妹アンドレアは兄に向けてメッセージを残した。「親愛なる兄へ」と、アンドレアは書いた。「あなたはわたしの人生を導く先達、時代の先を行く天才でした。わたしはあなたの精神を引き継ぎます」。ケネディの葬儀は七月二十六日、メルボルンにておこなわれた。ヴィレッジ・ロードショー社の共同設立者グレアム・バークが弔辞を読んだ。バークはやがて『マッドマックス』へと結実する作品の最初の売りこみ《ピッチ》を彼があざけったとき、バイロンの顔が真っ赤なトマト色に変わったのを決して忘れない。ふたりは親しい友人になった。

ケネディはバークに、彼を疑ったりするのは愚行だと証明してみせたというだけでは、ことばが足りない。あとにも先にも、バイロンのような——少ない元手からどでかい結果を生みだし、監督のヴィジョンを完全に、緊密に分かちあうオーストラリア人の映画プロデューサーは存在しない。若かりしころ、ケネディは父親のエリックにいった。大きくなったらうんと稼ぐようになると。彼は有言実行したが、また、もっとまれなことをやった。こどものときのこだわりをおとなになっても持ちつづけ、それを梃子《てこ》にすばらしいことを成し遂げた。

# Chapter14 : 40,000 YEARS OF DREAMING

# 第十四章　四万年の夢《ドリーミング》

「かつてこの地に暮らした男がいた、ずっと昔だ。すごく大きなイチモツを持っていたらしい。彼らはマッドマックスもすごく大きなイチモツを持っているはずだと考えている」

中央オーストラリアの平原の乾いた砂漠に、カタ・ジュタと呼ばれる僻遠《へきえん》の地がある。見渡す限りの広大な風景に巨大なドーム型の岩山、通称〝残丘《ボルンハルト》〟が点在し、果てしなくのびるかに見える赤い土のブランケットに覆われている。住人のオーストラリア先住民にとってここは重要な聖地であり、教会やシナゴーグなみに神聖だった。この広々とした地には自分がいて、神がいて、語る時間がある。

カタ・ジュタの平原はマックス・ロカタンスキーの三つ目のアドベンチャー、『マッドマックス　サンダードーム』の舞台として登場、ルックの重要なパートを引き受け――ある意味、映画のスピリチュアルな中核を成している。本撮影に先立つ悲劇的なできごとを思えば、『サンダードーム』が《マッドマックス》シリーズ中最も高尚で、最も神秘主義に傾倒し、浮世離れした宗教的（ねじれた金属ときしるタイヤのおまけつき）なのも意外ではないだろう。だが、バイロン・ケネディがプリプロダクション中に急逝したとき、ミラーは本能的に映画から降りようとした。映画製作に興味を抱くようになって以来、ふたりは固いパートナーシップのうちに仕事をしてきた親友同士だった。いっぽうの成功を、他方の成功を勘定に入れずに考えることは不可能だ。

　だが、投げだしたいというミラーの思惑に反し、「ほぼ真逆なことが起きた」。おそらく「最も仕事に打ちこんだ時期」に入り――のちに監督がいうには――「それをとてもとても喜んでいる。立ち直る一貫だった。人生から手を引くのではなく、少しばかり打って出る」。人なつっこい、優しげに話す外面《そとづら》の下に隠された芯の強さをうかがわせるコメントだ。

　ケネディなしで映画をつくる重荷を軽くするため、ミラーはもうひとりの友人で業界人――舞台畑の人間だった――のジョージ・オギルヴィーに連絡をとり、『サンダードーム』の共同監督を引き受けてくれるよう頼む。いっぽう、テリー・ヘイズはアメリカ人神話学者ジョーゼフ・キャンベルへの心酔ぶりを新たな段階に引きあげ、マックス・ロカタンスキーをメシア的な人物に仕立てる（ヘイズの頭のなかで。後述）。脚本家はマックスをいまや「黒革を着たキリスト」と形容していた――一作目で犯罪者のジョニー・ザ・ボーイを炎上する車につないで自分の足首を切れといい放つ、ひどく反キリスト的なおこないをした厭世《えんせい》的なハイウェイ・パトロールからの、たいした出世だ。

　メル・ギブソンは『サンダードーム』に計百二十万ドル（総製作費はおよそ千二百万ドル）とうわさされる額でサインし、アプローチの変更を歓迎した。「本作は新たな領域に踏みだしている」と、俳優はのちに語った。

**前回の単なる焼き直しになるならつくる意味は何もない。だけどこれはもっとずっと人間的なストーリーで、必ずしも《マッドマックス》映画ではない……前の二作は、少々ニヒリスティックな傾向があった。**

最後の指摘に関しては、うん、確かに。だがその前のことば――「必ずしも《マッドマックス》映画ではない」――は確実に（そして正当な理由で）《マッドマックス》ファンの目には裏切りに等しい。製作陣の『サンダードーム』にとりくむ姿勢を暗示している。すなわち、よかれ悪《あ》しかれ本作は前二作とは違うものになるということだ。バイロン・ケネディを失った以上、それははじめから運命づけられていた。

一九八四年の終わりには、映画はとっくに撮影に入っていた。大衆とメディアの目を撮影ロケ地からそらすため、『サンダードーム』には偽の題名『ザ・ジャーニー』が使用された。ジョージ・ミラーは長いあいだ、とあるオープニングショットを心に描いてきた。ヘリコプターで遠くから撮影した映像が、ゆっくりと地上に近づいていく。特徴のない、がっしりした赤い岩の表面がショットを埋める。カメラが上方に引き頂上を越えると、遠方にマックスが映り、数頭のラクダに引かれたごみ運搬車を運転している。このシーンを撮影するに先だち、実際問題どこでこれを撮影するのかという当然の疑問が生じた。

ミラーたちが最終的に落ちついたのが、カタ・ジュタだった。スクリーンに映る一帯は、不毛なポスト・アポカリプス世界が舞台の映画のコンテキストにおいて、完全に荒廃した世界として描かれる。カタ・ジュタのような土地は、文明が基本的な状態にまで後退していることを暗示でき、《マッドマックス》に最適だった。

　何万年もの昔からオーストラリア先住民はこの大地を闊歩《かっぽ》してきた。古代からつづく儀式がいまでも近郊の洞窟でおこなわれている。アボリジナルの人々は、この世界はすべて、彼らの宗教と文化の基礎であるドリームタイム（または「ドリーミング」）の期間に精霊によってつくられたと信じる。ドリーミングには大地とその生き物すべて、いちばん小さな虫からいちばん大きな岩までがどうやってできたかを説明する天地創造の物語がふくまれている。アボリジナル・オーストラリアンはドリームタイムが世界のはじまりを定めるいっぽう、決して終わりはないと信じる。過去、現在、未来が連続している。カタ・ジュタで一日を過ごし、太陽に焼かれたまばらな植物と果てしなく思える赤い土を見ていると、時間が止まっているのが感じられるようだ。

　オーストラリア先住民の文化に長らく魅了されてきたジョージ・ミラーは、聖地にスタッフと土足で踏みこんであとを放置するようなフィルムメーカーではない。だれかが何かをする前に許可を求めて承認を得る必要がある。しかし、ロケーション・マネージャーのジョージ・マニックスは、カタ・ジュタの土地管理者から撮影許可をとりつけるのが難しいのを知っていた。ひところ社会問題になったのだ。『サンダードーム』がプリプロダクションの初期段階にあるあいだにテレビ放映された、ウルル（しばしばエアーズロックと呼ばれる）ロケのマクドナルドのコマーシャルを、マニックスは覚えている。そのCMでは、ウルルの上に「正確には思い出せないが、ゴールデンアーチ（マクドナルドのシンボル）か何かが」そびえる映像が映る。マニックスによれば、ミラーがこのコマーシャルを見たとき、聖地がチーズバーガーのコマーシャルに使われることにぞっとしていた。

また、マクドナルドのフィルムメーカーは撮影許可をとらなかったとのうわさが広まった。ほかにもスタッフが踏みいるべきではない領域に侵入し、感心しないふるまいをするなどの小さな粗相がいくつもあった。これが非難を呼んだ。これ以上ウルル（またはカタ・ジュタをふくめた一帯）で撮影するべきではないという世論が形成された。マニックスは何が起きているのか独自にリサーチをした。ウルル＝カタ・ジュタ国立公園に連絡をとり、『マッドマックス　サンダードーム』は白人がこの状況を是正できる好機だと提案した――ほかの者が払わなかった誠意を示すことで。やがて返信があり、岩山の陰に暮らすムティジュルの人々は、マニックスの申し出を検討する用意があるとのことだった。先方はまずは会って、話を聞きたいと要請したという。

**国立公園の職員を通じて、彼らは検討しなくもないが、どんな物語がカタ・ジュタに結びつけられるのかを知りたがっているといわれた。なぜなら彼らにとって場所と物語はつながっているからだ。物語は場所に属し、場所はそこに属する物語を持つ。**

と、マニックスはふり返る。

**そのふたつのコンセプトは密接につながっている。もしわれわれがカタ・ジュタへ赴いて映**

画を撮影するなら、われわれの物語を彼らの場所につなげることになる。それで、彼らは撮影の前に物語がふさわしいかどうかを評価したがった。

ロケーション・マネージャーはつづける。

この時点でまだ脚本はなかった。テリー・ヘイズはヴィジョンと物語をことばに変換するのに苦労していた。テリーはちょっぴり変わり種の脚本家だと思う。十ページを一挙に書いたあと、それから一週間は一行も進まない……一種の進んだり止まったりで、それはわれわれプリプロダクションの仕事をすごく難しいものにしていた。けれど、ストーリーボードがあった。ジョージが以前いっしょに仕事をしたアメリカ人アーティストの描いたものだ。名前はエド・バリュー。

ミラーとバリューが出会ったのは、一九八三年の『トワイライトゾーン　超次元の体験』でふたりが仕事をしたときだった。バリューはそれ以前はスティーヴン・スピルバーグの最初の《インディアナ・ジョーンズ》映画『レイダース　失われたアーク《聖櫃》』のプロダクション・イラストレーターとして働いた経験がある。バリューは同ベテラン監督の代表的な映画で何作も仕事をしつづけ、のちに大予算のハリウッド映画の美術監督になる。

「『トワイライトゾーン』で仕事をしていたころ、ジョージとはじめて打ちあわせをした。ふたりで腰をおろすと、ジョージはわたしを値踏みしながら、どういう手順で仕事をするのか聞いた」と、ふり返るバリュー。

**わたしはこう答えた。「そうですね、仕事のしかたはそれぞれですよ。脚本を読んで、家に帰ってたくさん絵を描き、妥当だと思えるかたちでストーリーボードを描く。それからふたりでそれを叩《たた》き台に、手を入れていく」。ジョージはいった。「そのやりかたは好きじゃないな」**

バリューはつづける。

**「いっしょに仕事をするのはどうだろう?」と提案された。そうやって進めたよ。あんな監督と仕事をする機会は一度もなかった。ジョージはすごく人を巻きこむんだ。ぴったりのことばは、平等主義かな。わたしを自分の意見とアイデアを持っている男だと見こみ、それを利用した。**

ほぼ一年間シドニーに滞在して『マッドマックス　サンダードーム』の仕事をしないかとの誘いの電話を受けたとき、バリューは大乗り気だった。ミラーとヘイズに混じり、バックストーリーを固める長い話しあいの席に着く。ふたりの脚本家の説明するあらすじは、つぎのようなものだった。アポカリプスのあと、アウンティ・エンティティという女戦士（ティナ・ターナーが演じることになる）が革命を起こす。エンティティは混沌《こんとん》から秩序を生みだし、人里離れた地に、掘っ立て小屋のような市場町のバータータウンを設立する。そこでの比較的安全かつ安定した環境で、商人たちが品物を売りさばく。エンティティはマスター・ブラスターと複雑な関係にある。後者は自分こそがこの新しい準文明の真の支配者だと主張する。マスター・ブラスターは町の地下に住み、権力を握っている。小男のマスターは頭脳担当だ。腕力担当のブラスターの肩に乗っている。巨人じみたでかぶつ、ブラスターの精神活動は限られている。バリューは映画用に千枚近くのイラストを描いたと見積もった。そのうちの数点で、この奇妙な小男―大男のふたり組を描いた。マスター・ブラスターの一枚をふくめたイラストレーション多数を、ふたりのジョージ――ミラーとマニックス――が携えてカタ・ジュタへ向かう。マニックスはアボリジナルの族長たちとの会合場所を撮影候補地のひとつ、「風の谷」に定めた。カタ・ジュタとウルル近辺の風景は雨量によってかなり変わる。長い日照りで植物が減り、まばらになってしばらく経《た》った日の午前十一時にふたりは着いた。

しかし、天気はすばらしかった。赤い土ぼこりの舞う大地を照らす太陽が、アシッドブルーの天空にかかる――一葉の絵はがきのように。ミラーとマニックスは八、九人の長老たちの一団と、通訳のフィリップ・フラッドとともに地面に座った。のちに優れた外交官および公務員になるフラッドは、ピチャンチャチャラ語を話せた。砂漠地帯に住む多くのアボリジナル人にとって英語は第三か第四言語だ。もしあの日、出席した長老のなかに英語を少しでも話す者がいたとしても、ブロークンでひどくなまっていた。

ハマアカザの小枝が散らばる地面に座り、ふたりのジョージは『サンダードーム』のストーリーを説明しはじめた。マニックスがバリューのイラストレーションを掲げ、ミラーが話す。長老たちは土ぼこりの舞うなかあぐらをかいて座り、静かに礼儀正しく聞いている。ふたりがプロットを話すあいだ、彼らはときどき質問をした。冬のさなかだが、暖かい日だ。長老のひとり、英語名アルバートがシャツを脱ぐ。プレゼンテーションの最中に彼は地面を指でなぞり、赤い土ぼこりをたくさん集める。胸に線を描きはじめる。

アルバートはマニックスのとなりに座っていた。ロケーション・マネージャーは男が自分に装飾を施す様子を横目で見た。アルバートは石を無造作に一個拾い上げ、それからもう一個拾う。ひとつの石をもうひとつで挽《ひ》きはじめる。すると、違う色ができる——ペースト状の。アルバートはペーストを指につけて、胸板に装飾的な線を加えはじめる。いまでは塗料まみれになったアルバートが、ミラーとマニックスがまだ物語を説明している最中に立ちあがり、騒ぎはじめる。残りの長老たちに熱弁をふるい、ふたりの白人客を指さす。力強い演説だ。騒々しく、攻撃的で激しい身ぶり手ぶりを交える。彼はほとんど叫んでいる。マニックスとミラーが神経質そうに通訳を見やる。フラッドはアルバートが話しまくるピチャンチャチャラ語に追いつこうと苦戦し、ふたりの質問を黙らせる。

アルバートの熱弁が突然止まる。彼は叢林《そうりん》にわけ入り、一メートルほどの低木の奥へ消える。ミラーとマニックスが何が起きているのか尋ねると、フラッドはあなたたちはついていると返事をした。長老たちはふたりの物語を気に入ったという。長老のひとり、トニーが大きな石を地面から拾いあげた。彼が話し、フラッドが通訳した。「彼はあなた方に物語のお礼をいい、お返しに似たような物語をしたいそうです」。トニーが石を打ちあわせ、さらに歌いはじめた。ほかの者も加わり、地面を叩いて石を打ちあわせてリズムをとった。突然、茂みからアルバートが再び現れた。彼は着ていたシャツをとって腰の周りに結び、袖を股のあたりにたらしている。袖を結わえているのは大きな棒だ。棒は五センチ幅でおよそ二十五センチの長さがあった。太もものあいだで猥雑《わいざつ》に揺れているそれは男根で、歌いながらミラーとマニックスへ向かってくる。

「わたしは笑みを浮かべうなずいていた。男根が揺れながらわれわれに向かってやってくるあいだ、どうしようもなく居心地の悪い白人がよくやるようにね」と、マニックスがふり返る。

**それから突然、しばしばわれわれには予測のつかないアボリジナル文化のパターンにならい、歌やら何やらが止まって静かになった。アルバートが座ったとき、わたしは通訳にいまのはいったいなんだったのか尋ねた。アルバートはわれわれに物語を語っていたとの返事だった。かつてこの地に暮らした男がいた、ずっと昔だ。すごく大きなイチモツを持っていたらしい。彼らはマッドマックスもすごく大きなイチモツを持っているはずだと考えている。**

話しあいがつづくうち、フィルムメーカーとロケーション・マネージャーは彼らと長老たちのあいだにつながりが生まれるのを感じた。周りのとほうもなく広大な空間にかかわらず、親密な感覚があった。マニックスは尋ねた。この地域で撮影する特別な条件が何かあるか――明白なもの以外に、気をつけるべきことは何か。長老は答えた。岩のそばの背後の一帯――ずばり、長老から許可が出次第、スタッフが向かう予定の場所――は女人禁制だと。さまざまな役割の女性スタッフがいることを思えば、これは問題だ。マニックスが境界はどこか聞いたとき、ひとりの長老はただ、自分の頭を指さした。境界は頭のなかにあるという。もし女性が禁制地だとつゆ知らず、たまたま入ったとすれば、構わない。だがもし意図的に入るならば、一歩踏み入ると同時に境界を超える。いいかえれば、すべてが意図の有無による。「それなら何とかなる」とマニックスは考えた。

だが、カタ・ジュタのその朝、最も際立った出来事は、アルバートの揺れる男根でも長老たちの歌と踊りでもない。ジョージ・ミラーが閃《ひらめ》いた瞬間、というのではことばが軽すぎる。この日、監督はとてつもなく意義深い経験をする。自分の表現形式とフィルムメーカーとしての動機を理解する、劇的な瞬間を。それは、起こりうるとはだれにも予測のつかないことだった。そして、それはバリューのマスター・ブラスターの絵にかかわる。

ミラーとマニックスはバーターータウンの権力構造を説明する長広舌に入った。町の下に、権力を握る大男と小男を組みあわせた戦士のクリーチャーが住んでいる。このコンセプトを理解してもらおうと、ふたりはバリューーのイラストを指さしたが、聞き手を混乱させはしないかと心配した。ひとりの長老が遮って、フラッドに何かをいった。「大丈夫」と彼は通訳した。「彼らは理解している。彼らにはわかった。それは彼らの物語にある」

長老たちはこの話を知っていた、というか、非常に似ている話を。大男と小男がいっしょに働く物語だ。アボリジナルの物語は、世代から世代へ受け継がれてきた。おそらく何万年も。ミラーはことばを失った。「きみがいってるのは」ミラーがフラッドに聞く。「彼らはこの話をすでに知っているってこと?」

「ええ、そうです」と、通訳は答えた。「彼らは以前に何度も聞いて知っています」。『マッドマックス』の類を見ない成功について何年も考えてきた映画監督にとって、それは青天の霹靂《へきれき》だった。夜を日に継ぎ、この疑問を考えた。なぜこの物語はこんなにも大きな反響があるのか？　研究中に何度かアボリジナルの話に着目しているジョーゼフ・キャンベルの文章が、この謎の一部を解いた。神話学者は人生の多くの時間を費やして、自身が「人類共通の物語」と呼ぶものを構成する、神話とシンボルの組みあわせについて研究した。

人類のさまざまな神話と宗教には、多くの違いがある。しかし、キャンベルは類似性のほうにより興味を持った。彼を触発した道筋のひとつは、古代インドの『ヴェーダ』と呼ばれる経典のなかに見つかる。書は、「真実はひとつであり、賢者はそれをいくつもの名前で呼ぶ」と述べていた。キャンベルの研究は、マックス・ロカタンスキーの万国共通の人気を説明する糸口をミラーに与えた。マックスはあらゆる文化のアイデンティティの心象に当てはまる存在なのだ。日本においてロード・ウォリアーは侍タイプの人物として受容される。スカンジナビアではヴァイキングになる。

そのつながりは地理的な境界を越え、世界をあまねく覆っている。だが、いまやつながりは時間をまたがった。〝ドリーミング〟が過去・現在・未来同時に起きるなら、おそらく人間のストーリーテリングの母体は同様の時空間に存在し、決して古びることがない。その意味で、映画というアートは、と、ミラーは理由づけをつづける。一八九〇年代後期に発明されたのではない。地球上でいちばん古い人種がキャンプファイヤーを囲みながら創作した。この日の啓示はフィルムメーカーを触発し、ミラー自ら脚本／監督／プロデュース／案内役をつとめた一九九七年のドキュメンタリー『40,000 Years of

Dreaming』において、シネマの来歴をつづっている。

空港に戻るあいだ、ミラーはもの思いにふけった。まるで、クイーンズランドの車中のこども時代に帰り、想念や可能性が頭のなかに渦巻いているようだった。

この一件は、ミラーの作品とオーストラリア先住民の文化とのつながりを決定的にしたといえるかもしれないが、それが唯一のエピソードではない。歳月とともに大小さまざまな事実がミラーの周りであきらかになり、なかにはずいぶん時間がかかったものもある。『マッドマックス2』で、ミラーは八歳のこども、エミール・ミンティをフェラル・キッド役にキャスティングした。つぎはぎの服を着た少年のフェラル・キッドは、うなるか獣じみた声のみで意思疎通する。フェラル・キッドの武器は鋭利な銀色のブーメランだ。鋭利すぎて男の指を切りとってしまう。

オーストラリアに渡ってきたばかりのイギリス人が、よく「木製の剣」と呼んでいたブーメランは、アボリジナル文化の重要な一部だ。長きにわたり狩りと娯楽に使われた。何万年も前に考案されたとされ、岩石に描かれた非常に古いブーメランの絵が発見されている。

二〇〇七年に時間を進めよう。成人したエミール・ミンティに奇妙なことが起きる。俳優業からはずいぶん昔に足を洗ったミンティは、現在シドニーで宝石商を営んでいる。親友のジョニーは大みそかのパーティーを盛大に開くことで有名だ。ジョニーのパーティーで数杯飲んでいると、若者がミンティににじり寄ってくる。唐突に、「やあ兄弟、あんたはクーリかい?」と聞かれる。クーリとは、ニューサウスウェールズ州とヴィクトリア州に住むオーストラリア先住民を指す。ミンティはそのとき、クーリの意味さえ知らなかった。「違うよメイト、ぼくはエミールだ」

翌年、ミンティは再びジョニーのパーティーに行く。ビールを飲んでいると、別の若者がやってきて、同じ質問を同じ調子でする。ミンティは「去年もぼくに聞いた？」と返す。男はいう。「いや、それはたぶんおれの兄弟だ」。いまではクーリの意味を知っているミンティは、否《いな》、彼はアボリジナルではないと説明した。

エミール・ミンティは自分の母と父を、ジェン（イギリスとインドの血筋）とマイク（イギリスの血筋）だと常々いっている。ふたりはミンティに愛とサポートを惜しまず与え、育てあげた。ただ、ジェンとマイクは実の両親ではない。ふたりはエミールを赤ん坊のときに養子にした。三十代のときにミンティは生みの母親を捜し当てたが、実の父親捜しはさらに十年後、二〇一六年の初頭までお預けになった。ミンティの妻がフェイスブックで彼をみつけ、彼の養女とやりとりをはじめた。その女性が、ミンティの妻に聞いた――ソーシャルメディアプラットフォームのメッセージサービスを介して――「エミールは自分に先住民の血が流れているのを知ってる？」

エミール・ミンティは自分がウィラドゥリ族の子孫であると知る。面積的にはニューサウスウェールズ州最大のオーストラリア先住民国家ウィラドゥリは、「三本川《スリーリバーズ》の土地」と呼ばれる地に住む。三本の川とはマランビジー川、ガラーリ川（別名ラクラン）、ウォンボーイ川（別名マクォーリー）を指す。ミンティの生物学的祖母のひとりはウィラドゥリの族長だった。彼女は二〇〇三年メルボルン初のアボリジナル裁判所、ブロードメドウズ・クーリ裁判所の委員に任命される。ウィラドゥリ族はこの土地を四万年間管理してきた。最近知った出自に誇りでいっぱいになり、ミンティはジョニーのパーティーで若者たちが話しかけてきた理由について、持論を展開する。

「町を歩いていても、ぼくらは互いにわかるんだ」と、彼はいう。

**ぼくらだけにわかるつながりがある。ウィラドゥリ族の一員だってピンとくるんだ。前はこういっていた、「彼らの仲間」って。いまでは「ぼくらの仲間」っていってるよ。**

ジョージ・ミラーも何かを感じとったのか、それともエミール・ミンティのブーメランと《マッドマックス》ユニバースとのつながりは完全に偶然なのか? どちらにしても、含蓄のあるキャスティングとなった。

ウィラドゥリ国(今日もまだ存在する)はスリーリバーズの国土じゅうに散らばる何百ものグループからなる。これらのグループは同じ(もしくはよく似た)信仰を持ち、同じ言語を話した。それゆえに国家を形成した。彼らの言語は話しことばのみで、文字は存在しない。それはつまり、すべてのアボリジナルの社会同様、物語は世代から世代へ口承される。同様に歴史は耳で覚え、それを繰り返し語ることで伝えられてきた。

われわれもまた時間を超え、先へと進み、『怒りのデス・ロード』の最後の瞬間に飛ぼう。エンドクレジットの前に観客が目にする最後のショットは、謎めいた引用文だ。つぎのような文言がスクリーンに現れる。「約束の地はあるのか? 自分を探し求め さまようこの荒野の果てに」。この引用は、いかなる脚本家、学者、哲学者のことばでもなく、それどころかこの世に存在したいかなる人間のものでもない。文章の下に、それが〝歴史を作りし者〟という名の登場人物のことばであることが明示される。それは何者で、彼のことばになぜそのような重きがおかれたのか？　答えは映画本編のなかにはみつからないものの、『怒りのデス・ロード』公開後に出版された公式コミックブックにある。問題のページには、文字のみの刺青に全身をびっしり覆われた男が描かれている。あるいは、男いわく、〝ワードバーガー〟が。〝歴史を作りし者〟（初期の脚本には登場するが削除された）は世界が崩壊したとき――そして書物が焼かれたとき――人類の物語を保存するため、彼のような男女が語り伝えるようになったと説明する。

〝歴史を作りし者〟のレパートリーのひとつが、むろん『怒りのデス・ロード』の物語それ自体になるはずだ。要約すれば、唾棄すべき、巨大な権力を持つ男性優越主義者（イモータン・ジョー）が、女たちの一団を追って砂漠を渡る。ここで、再びわれわれは時間をまたがろう。アボリジナルが世代から世代へ語り継いできた物語のひとつに〝Kungkarangkalpa Tjukurpa〟というものがある。「七人の姉妹たち」としても知られる話だ。

それは、変身能力を持った、ずる賢い邪悪な男性優越主義者に追われる乙女たちの物語だ。長女（ミラーのヴァージョンでは、これはフュリオサ大隊長に当たる）は男の変身を見破ることができた。長女は警告を発して妹たちを守る。もしカタ・ジュタのあの朝、ミラーが長老たちにこの話を語っていたら、長老たちはきっとマスター・ブラスターの説明に対してしたのと同じ反応を示したことだろう。おそらく、こういったはずだ。「その物語なら知っている。前に何度も聞いた」と。

# Chapter15 : PIGS IN THE CITY

# 第十五章　ブタ　都会へ行く

「メルはブタを毛嫌いした。においを嫌った。そこらじゅうに落ちてる糞を嫌った。交尾しあっているブタたちぜんぶを嫌った。憎悪してたよ」

人生はわれわれ全員を、すべからく地上にひき戻そうとする。カタ・ジュタの聖なる空間で、ジョージ・ミラーは古代の知恵とキャンベル的物語《ナラティヴ》によって深遠なインスピレーションを体験しながら、シドニーにはそれを持ち帰らなかった。この地では、地元の権威筋から『マッドマックス　サンダードーム』撮影プランに猛反発をくらう。長老から承認を取得して筋を通したあと、ミラーはこの土地の別の管理者たち、シドニー市議会の協力を拒否される。そして、彼らは猛烈に怒っていた。

午前七時ごろ、シドニーのキャンパーダウン。掘っ立て小屋の戸口がキイッ、と音を立てて開いたとき、ジョージ・ミラーは興奮を抑えきれない。ミラーといるのはアメリカ人シンガーソングライターのスーパースター、ティナ・ターナーだ。ターナーは映画の悪玉アウンティ・エンティティを演じる。もうひとり、ニューサウスウェールズ州の僻地《へきち》にある小麦農場育ちのリチャード・〝ティック〟・キャロルは、ケネディ・ミラー社に豚の世話係として雇われた。ドアが開き、三人が広々とした天井の高い部屋をのぞきこむ。大柄な、ピンクがかった白い豚四百頭がひしめきあい、横になって寝ているシュールな光景が目に映る。

　ブタたちは疲れていた。夜通し起きて、スプリングデールの村の養豚場から約五時間をかけて西の地へ輸送されてきたのだ。朝の三時か四時ごろ、キャロルともうふたりの同僚は有蹄類《ブタ》たちを引き連れ、シドニーの中心商業地区《CBO》からわずか数キロのキャンパーダウンに到着した。あたりは死んだように静かだった。車一台ひとっ子ひとり通らず、大きな哺乳類がハンドラーのあとを従順について、二、三時間もすれば車がせわしく行き交うはずの道路を横断し、広い小屋の入り口をくぐるところを目撃する者はいなかった。

　ブタたちは『サンダードーム』のストーリー上重要となる場所、アンダーワールドで大役を演じる。アンダーワールドはバータータウンの地下にあり、町にエネルギーを供給している。未来の再生エネルギーを想定したミラーの奇妙なヴィジョンでは、ブタの排泄物《はいせつぶつ》から精製したメタンで、地上の共同体に電力を供給する。そんなわけで、映画セットはブタを必要とした。それもたくさん。自分が描いた空想の王国のヴィジョンが目の前に存在しているのを見て、ミラーは学童のように有頂天になった。長い戦いに勝ったのだ。一時、くるんとした尻尾《しっぽ》の彼の友人たちは映画に出られるチャンス、あるいはシドニーの中心地に来ることさえ、ひどく望み薄だった。

　人々はブタをおそれた。第一に、イスラム教とキリスト教はひかえめにいってもブタたちに寛容ではなかった。申命記とレビ記はブタを不潔の代名詞扱いするが、実際には非常に清潔な生きものだ。農場の生きもののなかでも最上級に清潔なほうだ。相応の環境で暮らせば、ブタは別々の場所で食べ、寝て、脱糞《だっぷん》する。第二に、ブタは皮膚、目、消化器官をふくめて人間との遺伝的な類似点がいくつかある。二番目のせいで、彼らの糞便は人間のにおいにきわめて近い。犬の糞は犬の糞。猫の糞は猫の糞。けれどブタの場合、排泄物から漂う香りはわれわれ自身のものと酷似し、人間はそれを好まない傾向にある。三番目に、そして最も穏やかならざることに、ブタは人間にうつれば命とりになる人畜共通感染症を拡散してきた長い歴史がある。

これが、ケネディ・ミラー社対シドニー市最大の争点となった。映画プロダクションが四百頭のブタを市の中心部にほど近い場所に連れてくる計画をしているとのうわさを聞いたとき、市議会は青くなった（また、キャンパーダウンのその場所は小児科病院から数メートルの距離にあり、ビスケット工場からも近距離にあるという事実が関係した）。お役所主義的な戦線が布告され、最終的に最高裁判所で争われることになる。ティック・キャロルはあの運命の朝、ブリーフケースを下げ、ビジネススーツ姿の不機嫌な顔つきをした紳士ご一行が道路をぞろぞろとセットの方へやってきた光景を覚えている。ひと目見て、彼らがジョージ・ミラーのサインをもらいにきたのではないとわかった。

美術班の者と大工たちが屋内で働いていると、敵意ある男たちが建物全体に即時差し止め命令を貼りつけた。スタッフが敷地から事実上締め出されたケネディ・ミラー社は反撃する。本撮影が迫る大事な時期、製作会社は議会をニューサウスウェールズの最高裁判所に連れだし、差し止め命令の無効を争った。都会に来て二日と経《た》たず、ブタの世話係は裁判所の殺風景な法廷に座り、とんでもなく挑発的で不穏な証言を傍聴している自分を発見した。

キャロルはブタの移動先に関してははじめからずっと懐疑的だった。ロケーションについて最初に説明を受けたのは、映画のエグゼクティヴ・プロデューサー、スー・アームストロングから突然電話があり、映画の撮影現場で働く気があるかどうか聞かれたときだ。

「わたしはすぐに、やめておけと返事した。うまくいきやしない。ブタたちは死に、排泄物を持てあますことになる」と、キャロルはふり返る。

**わたしはいった。「養豚場に行くほうが懸命だ。ブタたちが飼育されている農場に行き、大きな豚舎を建てる。それから豚舎のなかにセットをつくれ。そうすれば毎日ブタを養豚場から連れてこられる。用向きがすんだら、豚舎を養豚家にお礼として提供してやればいい」。彼女（アームストロング）はそれには遅すぎるし、時間はひどく限られているといった。撮影までに四、五週間しかない。**

キャロルは数時間後には車でセットを訪れていた。そこで彼が会った最初の人たちのなかには、美術監督のグレース・ウォーカーと大道具スーパーバイザーのデニス・スミスがいた。スタッフと打ちあわせに入ると、キャロルは自分の考えをはっきりさせた。「ここにブタは入れられない。セットを食べちまうから」。つまるところ、セットの大部分はポリスチレンと銀色の紙製だった。四、五時間もすればそんなのはなくなっちまうぞとウォーカーとスミスに提言した。

「でもちっとも動じないんだよ、あのふたりはさ」と、キャロルはふり返る。

**彼らは「そうかそうか。で、何をしたらいい？」って。それで、セットをどうすれば視覚にも耐え、ブタから保護できるか、検討しはじめた。**

それには（壁と同じ色の）黒く塗られた水道管を、外側の周りにめぐらすこともふくまれた。

ほかにもキャロルのアドバイスのいくつかがとり入れられた。（ブタが好きなときに水を飲めるように）パイプにニップル式給水器をつけ、温度調整の足しに大きな換気扇を追加した。しかし、裁判劇よりも前に、別の問題を解決する必要があった。大問題だ。ミラーは動物をひとまとめにして、全頭をひとつの場所に入れる必要があった。ところが、『サンダードーム』のブタたちが飼育されていた〈ジェイクの養豚場〉のような場所では、生まれたての子ブタは一頭ずつ別々の房に入れられ、そこで一生を過ごす。養豚場がそのような処置をとるのには理由があった。もしひとつところに入れられればブタたちは互いに攻撃し、殺し、食べさえする。互いの耳を噛《か》み、尻尾《しっぽ》をひきちぎり、同胞の頭蓋骨をかち割る。ブタはいじめておどし、序列をつくる。もしひとつところで飼育されれば――映画では必須だった――とんでもない犠牲が出る。

キャロルは昔からの家族の友人で、〈ジェイクの養豚場〉のオーナー、ジミー・ウォーカーにこの問題をどうすべきか相談した。ウォーカーは「うー」とか「あー」とかうめいて数日間考えこんだすえ、単純ながら天才的プランを思いつく。ばらけたワラ――ブタたちは生まれてから一度も触れたことがない――を一・五フィート（約五十センチ）ほどの高さまで、敷料として囲いに敷きつめる。そのあとではじめて囲いの扉を開けて、ブタたちが遊んだり、親交を深めたりできるようにする。それまでずっと固い地面で暮らしてきたブタたちは、やわらかい贅沢《ぜいたく》なワラに恍惚《こうこつ》となり、気がそれるはずだとの読みだった。読みは完全に当たった。ティック・キャロルがふり返る。「ブタたちは大喜びだった。ワラで遊んだ。走りまわってた。けんかはなしだ」

ブタたちがワラを敷いた地上の天国に集ういっぽう、ケネディ・ミラー社のチームは裁判で激しく殴りあう準備をしていた。美術監督のグレース・ウォーカーは会社側の証人になってもらえないか打診された。もちろんだ、ならない手があるか？　ウォーカーは裁判に出たことがなく、面白そうに聞こえた。ブタ事件裁判！　この大災厄を面白いと思う人間は、彼ひとりではなかった。「みんなが面白いと思った」と、ロケーション・マネージャーのジョージ・マニックスはふり返る。

**とはいえ、ロケ地を失うのがおそろしくもあった。撮入直前だったんだ。セットデコレーターが詰めてセットを仕上げている。すべての準備がほとんどついていた。巨額の費用がかかっていた。**

いわゆる「うそも方便」式の裁判ものさながら、双方が専門家の証人を担ぎだして形勢逆転の証言をさせようとした。ケネディ・ミラー社側は、高名な獣医師のジョン・ホルダーだ。ある日の午後、ホルダーはケネディ・ミラー社の人間からの奇妙な電話を突然受け、製作会社が何百頭ものブタを市の中心部に持ちこんだら、シドニー市が横やりを入れてきたといった。ホルダーの最初の返事は、「それはたぶん妥当な反応なのでは」だった。

もう少し詳しく事情を聞いたホルダーは、市は前のめりに動きすぎており、適切な措置をとれば解決は可能だと意見を変えた。ミラーに会いにやってきた獣医は、監督を「愛嬌《あいきょう》あふれる」人物だと思ったことを覚えている。人好きがして、気さくで、あきらかにとても知的だった。ケネディ・ミラー社側の専門家として月曜の朝出廷してもらえないかと、監督はホルダーに頼んだ。獣医は同意した。

いっぽう、シドニー市は独自にプランを立てており、これまた大物投入を準備していた。彼らの専門家は、ドクター・マーシャル・〝マーシュ〟・エドワーズ（のちのシドニー大学獣医学部の学部長）。一九六〇年代からオーストラリア獣医学界の主導的立場についており、この分野の者で知らぬ者はいなかった。エドワーズはブタが媒介する伝染病を非常に生々しく描写して、法廷に衝撃を与えた。レプトスピラ症に冒された人間の肝臓の写真も、そのなかにふくまれる。「ワイル病」の別名でも知られるレプトスピラ症は、ブタからヒトに伝播《でんぱ》する危険な伝染病だ。

非常に強力かつ物騒なメッセージであり、ケネディ・ミラー社にとって滑りだしは分が悪かった。製作会社の弁護士は反論を必要とした。そして、豚舎に選ばれた場所では以前動物を飼っており、したがって先例があるとの示唆にとびついた。これは反論としては貧弱だとの感触が――製作会社側にさえ――あった。エドワーズと争えるものでないのは確かだ。『サンダードーム』の大道具スーパーバイザーのデニス・スミスが、なぜその主張が薄弱なのかを要約する。

**かつて、そこで雄牛や雌牛――繁殖用で、食肉用ではない――を売っていたのは事実だが、**

百年も昔の話だ。年代もののこの建物は何年も使われていなかったんだ。

ティック・キャロルがつけ加える。

それはそれは大きな、ただのがらんとした建物だったが、どうやらそういう過去があることは知られていたらしい。会社側は豚舎が以前の用途のつづきだと主張しようとしたけれど、あまり説得力はなかった。

おおかたの見たてでは、彼らの主張はいかにも弱かった。ケネディ・ミラー社はワラにしがみついているとの印象を受けた――ブタが楽しんでいるような贅沢なワラではなく。「見たところ、ダグ（・ミッチェル、ミラーの長年の友人兼プロデューサー）はすごく沈んでた」と、キャロルがふり返る。

向こうが病気の件を持ちだしたとき、窮地に立たされたとダグは思ったんじゃないかな。あの段階で、キャンパーダウンの小児科病院はやっぱりたった二百五十メートルかそこらしか離れていなかった。見通しは明るくなかった。

グレース・ウォーカーにとって、とめどなく面白い展開だった。たとえ彼のチームが勝利からは程遠いと感じたとしても。「ブタが小便したら尿が地面に当たって二フィート（約六十センチ）跳ね返り、それからロケット噴射で飛んでいくみたいな議論になっていった」と、ウォーカーはいう。「そして空中に拡散し、小児科病院が危険にさらされるんだと。話にならないよ！」

傍聴人の目には、判事は自分を調停者とみなしており、シドニー市以外はだれもが妥協点を望んでいるように思われた。『サンダードーム』の本撮影が迫り、最後の瞬間につけられた腹立たしい難癖の処理に追われた製作会社には、合意の用意があるという空気が漂った。キャロルはいう。「ケネディ・ミラー社はなんでもいいから受け入れ、その条件で撮影するつもりだ。かたやシドニー市議会は完全にけんか腰だった。一日たりと、ブタ一匹譲らない構えだった」

係争は長引いた。翌日に、そしてその翌日、そしてその翌日に。その週の終わり、ロケーション・マネージャーのジョージ・マニックスは、キャンパーダウンのくだんの場所の使用に先立ち、シドニー市議会に電話を入れて担当者に問いあわせたことを証言した。シドニー市はブタの申請書を作成する必要があるとマニックスに告げたと主張している。マニックスは真っ向から反論した。だれにもいわれていない、それはまったくの偽証だと。電話での問いあわせ中にメモをとっていたと話すと、判事から証拠として提出するよう命じられた。

「仕事用の備忘録に、先方の男の名前と、彼が挙げた承認を受けるためにこっちがしなければならないことをメモした」と、マニックスは述懐する。

**市議会は申請書を書く必要があると、わたしにいったと証言した。わたしはいわれてないと証言した。日誌を提出したよ、ちょっと恥ずかしかったけどね。正式な記録でもなんでもない**

から。でも、**法廷は議会がわたしに申請しろといっていないこと、そして向こうが伝えたガイドラインをこっちは守ったことを認めたよ。**

マニックスの提出した日誌は多少は助けになったかもしれないが、ケネディ・ミラー社が難《ベーコン》を逃れるまでにはいたらなかった。彼らのチームはエドワーズの伝染病にまつわることさら人騒がせな弁舌に対抗できるものを、何も提示できなかった。ところが、市議会の最も強力な主張が自ら墓穴を掘ることになる。法廷審理のつづくある朝――保健の専門家と議会職員がエドワーズのコーラスに加わり、ブタから伝染するおそれと病院との距離の近さを繰り返し問題視するあいだ――ティック・キャロルの心はよそにあった。友人のジミー・ウォーカーの養豚場がどれほど長く存続してきたかを、彼は考えはじめた。長年のあいだ、ウォーカーの安全記録に染みひとつないのをキャロルは知っていた。

そのとき、ハッとなった。〈ジェイクの養豚場〉はＭＤ《ミニマムディジーズ》養豚場だ。豚舎は基本的に、衛生管理の徹底された検疫エリアといっていい。安全スーツとゴムブーツなしでは入れない。そして、検疫記録は保存される。

**わたしは突然悟った。養豚場のデータならたくさん存在しているはずだ。現在はどうだか知らないが、当時連邦と州の両方がすべての食肉に対しておこなった検疫は――**

と、キャロルが記憶をたぐる。

報告書《レポート》が戻ってくる。あの当時、生体検査システムを通過したジミーのブタが何頭になるか計算したら、膨大な数だった。何千も何千も何千もだ。

法廷審理が進むなか（おそらくエドワーズがまだ危険な伝染病についてわめいていた）、キャロルはメモを書きつけ、ケネディ・ミラー社の弁護士に渡した――テレビの法廷ドラマでおなじみの所作だ。ついに彼らは切り札を手に入れた。その時点から、と、ホルダー獣医がふり返る。

わたしは法廷でこう主張できた――ＭＤ養豚場のデータをもとに――ブタはレプトスピラ症も連鎖球菌も持っていないと。寄生虫もいないしシラミもいない。マーシュ・エドワーズはブタたちはふつうは寄生虫を持っていると主張した。ふつうならおそらくそうだろう。しかし、ＭＤ養豚場で飼育されていたという基礎事実をふまえれば、問題のブタはいずれも清浄豚だ。そのため、エドワーズは即座に撃沈された。

ティック・キャロルは議会側のスター証人エドワーズの様子が、ホルダーの証言を聞きながら目に見えて一変したのを鮮明に覚えている。「罠《わな》にかかったも同然だと悟ったとき、教授の顔から血の気が引いていったのがわかった」と、彼はふり返る。

**エドワーズは認めなくてはいけなかった。もしブタがレプトスピラ症に感染していたら、解体処理時のフィードバック・レポートに記録されているはずだって。**

気まずい白旗を掲げ、エドワーズは『サンダードーム』のブタが病気に感染している可能性はまずないと不承不承認めた。伝染病の脅威をことさらあおるため、シドニー市はひとつの主張のみに頼り――そして欺瞞《ぎまん》を暴かれた。訴訟はとうとう決着した。判事は製作会社の勝利を宣言し、差止め命令はとり下げられた。これは、ジョージ・ミラーにはすばらしい吉報だった。福祉国家にブタを一頭もとりあげられずにすむ。

だが、判決には条件があった。ジョン・ホルダー獣医（または彼のチームのメンバー）による毎日の動物検診が必須とされた。さらに、ミクロンフィルターを既存の換気扇に装着し――キャロルいわく――「ミクロ単位の尿の飛沫《ひまつ》が小児科病院に届くのを防ぐ」。ガスボンベ状の容器に入った特別な消臭剤にタイマーをセットして、自動的に噴霧する。舎に入る者は「ブレイキング・バッド」の挿話でウォルター・ホワイトとジェシー・ピンクマンが着ていたのと似ていなくもない全身防護服を、常に着用する。

「毎日彼らはブタをセットに放ち、スタッフ全員が白いプラスチック製のオーバーオールみたいなのと、密封したブーツそのほかで完全防備しなくちゃいけなかった」と、グレース・ウォーカーが回想する。裁判所の見せ物が一週間たらずで終わり、ウォーカーはがっかりしたかもしれない。「それに、特殊な樋《とい》をつけて糞便を排出し、小児科病院まで広がらないようにしなきゃいけなかった」と、現場つき小道具係のカラン・モンクハウスがふり返る。彼女はつづける。

そういうルールがこまごまとあった。屋外の特定のエリアを歩くことを覚えるとか。そして、セットを出た途端に豚小屋服を脱がなきゃいけない。外では着用を許されなかったの。

ジョン・ホルダーによれば、こういった条件は珍しくはない。

豚舎を清潔に保ったり、そういうことをする必要があった。だが、どれもすべて養豚場を清潔に保つためにふつうにする処置だ。

ジョージ・マニックスによれば、判事の判決なしでも《マッドマックス》チームは用心してブタを扱ったはずだ――とりわけ、セットを食べる動物の扱いには。とはいえ、とマニックスは述懐する。

絶対確実に、もし要求されていなければ、あそこまでぜんぶ徹底的にやってはいなかったはずだ。当時の文化だったんだ。すべてがもうちょっと、今日びよりも勢い任せだった。

病原菌うようよの悲観的なシドニー市の主張には、無数の健康上の問題に加え、ブタがセットで惨めな思いをするとの予測をふくんだ。議会によれば、体重が減り、熱中症で苦しみ、おそらく食欲をなくくす。

実際は、その反対だった。最大の問題は、ティック・キャロルによれば、動物たちは幸せすぎて太りすぎたことだった。セットは人が大勢出入りし、視覚的に刺激が強く、それゆえとても楽しい場所になり、ブタは新たな日課を心から楽しんだ。唯一の問題は、日曜日に起きた。撮影のない日だ。「日曜日にブタたちは不機嫌になった。セットに行けないからだ」と、キャロルは思い返す。「キーキー鳴きはじめ、それからくそノイズをたくさんたてた。一大抗議が起きた」と、クスクス笑う。

アンダーワールドの肥満ブタは、バータータウンの地下から映画史のなかで燦然《さんぜん》と輝き、永遠に生きる。ミラーとキャロルといっしょに、あの朝まだき、大きな、すぐにもっと大きくなる生きものたちが横になって寝ているのをはじめて見て以来、ティナ・ターナーはブタたちとの時間を楽しんだ。彼らを見るたびいつもうれしくなり、飛びあがった。しかし、キャストの全員が喜んだわけではなかった。少なくとも、メル・ギブソンは。「糞をよけて、年寄りの女王みたいにつま先立ちしてたよ」と、ティック・キャロルは思い起こす。「メルはブタを毛嫌いした。においを嫌った。そこらじゅうに落ちてる糞を嫌った。交尾しあっているブタたちぜんぶを嫌った。憎悪してたよ」

反対に、ミラーは魅了されていた――そしてブタたちとの仕事をあまりに楽しみすぎ、のちに飼い葉桶《おけ》に戻ってきて、牧羊犬の訓練を施されるブタが主人公の、愛すべきオーストラリア映画を製作し、共同脚本を担当する。『サンダードーム』の撮影が終わってしばらくのち、ロンドン行きのフライトで、夜中にこども用のオーディオ・チャンネルをつけたミラーは、女性の朗読する児童書『子ブタ　シープピッグ』に触発され、ロンドンに着き次第本を買い求める。それは、オーストラリア映画史上屈指の成功作、『ベイブ』となる。

ブタたち自身がショービジネスとの短い出会いを気に入ったのは間違いない。彼らはセレブたちと共演し（ギブソンはあんまり愛情を返さなかったかもしれないが）、清潔でワクワクする環境で過ごし、革新的な給水ノズルのおまけまでついた。けれど、いいことにはみんな、よくいわれるように、終わりがある。スケジュールのあとのほうで撮影されるシーンに登場させるため、約三十頭のブタが選ばれ、セットに残った。彼らはラッキーなブタたちだ。

残りのブタには、最後の旅が待っていた。地上での最後のときを過ごすことになる場所まで、長旅にはならない。ホームブッシュ食肉処理場――ここで、お空の上にある、だだっ広いＭＤ養豚場へ送られる――までは、ごく短い車旅になる。

Chapter16 : THE DEBAUCHERY OF BARTERTOWN

# 第十六章　バータータウンのどんちゃん騒ぎ

「金曜の夜は、そりゃもう大騒ぎだった。テキーラとコークと覚醒剤《スピード》をやり放題だ。どうやって無事にすんだのかわからないね、正直いって。オーストラリア映画界最悪の年は、マジでくそひどかった。ドラッグをたくさんやった。パーティータイム全開だった」

バータータウンはジョージ・ミラー作品のなかでも最もほこりっぽく、最もとっぴなセットのひとつだ。『サンダードーム』の物語においては、そこは破れた夢を抱く壊れた人々の出会いの場だった。汚らしく、荒涼とした、いまにも倒れそうなもろい存在の町。

バータータウンのセットドレッサー&デコレーターとしてフィルムメーカーが雇った男、マーティン・オニールは、仕事の基本となる哲学を長年ずっと、深く考えてきた。何がいい映画セットたらしめるのか、そして、それはなぜか？　長編映画の舞台には厚みと歴史がなくてはいけないと、オニールは信じる。人間は外面的なディテールに目を向けるが、心は無意識に無形のものを拾いあげる——特定の物が置かれた配置の裏にある心理などを。これはドイツの哲学者ゴットフリート・ライプニッツの唱える〝微小表象〟に通ずる。スクリーンに実際には映らなくても、ある種の心理的なインパクトを与えるものごと。

おそらくそのような考えのひとつふたつ——厚みなり歴史なりヨーロッパの知識人なり——がマーティン・オニールの心をよぎっていたのだろう、彼が気でも触れたかのようにバータータウン（シドニーのホームブッシュ）のセットに乱入し、ショットガンをぶっ放しているときに。

オニールはやってきた、本人の記憶では笑いながら、「セットを少し傷めに」。少なくともそれが、ある週末の晩、重装備かつトリガーハッピー（発砲したくてうずうずしている）な状態で現れた理由を守衛に説明したいいぶんだった。敷地に入ったとき、オニールは守衛にこう警告した。頭を低くしたほうがいいぞ。すると、とセットデコレータはいう。「それはいい考えだとすぐに守衛は悟った」。オニールはショットガンと弾丸を詰めたバッグを持参してきた。「わたしはあの場所でおかしくなった。イカレちまった。バンバン！　バンバン！　バンバン！　乱れ撃ちした」

バータータウンのセットは、巨大なレンガ工場の跡地に建てこまれた。以前ここではシドニーの古い住宅に使われた赤レンガの推定六十パーセントを生産していた。一九九〇年代になると、あたり一帯が二〇〇〇年のシドニー・オリンピックに備えてシドニー・オリンピックパークとして再開発される。『サンダードーム』の設定では、塩湖との境目の砂漠から突きだした岩山の露頭に位置する。あばら屋と掘っ立て小屋の寄せ集め、バータータウンの中央には人目を引く広場とアウンティ・エンティティの〝ペントハウスタワー〟がある。施設としては売春宿、床屋、（壊れたバスを再利用した）バー、野外ステージ、市場とサンダードーム自体がある。それはどでかいジオデシックドーム（軽量で丈夫な球形の構造物。フラードームとも）で、てっぺんからバンジーコードを吊《つ》るし、コードにつないだハーネスを装着したふたりの人間が意見の相違に肉弾戦で決着をつける。ドームで決闘がおこなわれると、見物人は「ふたりが入り出るのはひとり」と決まり文句を唱えて盛りあげる。

　マーティン・オニールの肩を持てば、そこは疑問の余地なく少し傷んで見えるべき場所だ。とはいえ、月曜の朝がやってきても、オニールの型破りな思いつきを褒めてくれる者はだれもいなかった。セットデコレーターは美術監督のグレース・ウォーカーのオフィスに呼ばれ、釈明を求められた。守衛が告げ口をしたのだ。オニールによれば、ウォーカーは彼を詰問した。「どうやらきみは週末にバータータウンに来て撃ちまくったらしいな？」と、美術監督は尋ねた。セットデコレーターは肯定した。ショットガンが「よりリアルな汚し《エイジング》効果」を出せると考えるにいたった一連の流れを説明するとともに。彼の上司がきり返す、「なぜ事前に許可をとらなかった？」

　デコレーターは、バータータウンのワンマン襲撃はセットを汚す最も効果的な方法ではなかったかもしれないと認める。「ドリルでやっても同じ効果があったかも」と、オニールはいい、満面に笑みをたたえた。「でも、大事なのはディテールと意図だからね」

　ジョージ・ミラーもまた、ディテールと意図にこだわる。しかし、おそらくそこまでのレベルのディテールではない。製作のあらゆるエリアに必要とされるミラーには、バータータウンの各所にどれだけの弾痕をあけるべきかといったささいなことがらにかまける時間はなく——オニールに一斉掃射マジックを演じる余地を残した。のちに、他のフィルムメーカーが彼のポスト・アポカリプスティックなヴィ

ジュアルスタイルを真似《まね》る件について苦言を呈し、ミラーいわく、他の映画は、

**廃品置き場《ジャンクヤード》的なカオスに見せようとする傾向があるが、わたしは真実は逆だと思う。ある程度時間が経《た》てば、やがて人々はどんなに困窮していても美をみいだすものだ。**

『サンダードーム』では審美眼は登場人物ではなく、おおむねフィルムメーカーに属する。バータータウンは疑いなくカオスな、ジャンクヤードのような不潔でごみごみした場所だ。けれど監督は少なからぬ美を周囲の環境にみいだす――たとえば黄褐色《ゴールデンブラウン》の砂漠の広大な広がり、そして「大地の裂け目」のこどもたちの共同体に。

『サンダードーム』のプリプロダクション中、オニールとウォーカーは、大道具スーパーバイザーのデニス・スミスおよびサンダードームの車両を組み立てた整備士チーム――いまだに最もイカレた《マッドマックス》製造ライン――と大きな倉庫施設に入った。整備士《グリースモンキー》たちは荒くれ集団だ。染みのついたランニングシャツを着て、ミートパイとビールを朝めし代わりにかっこむ男衆。とある整備士の宴会芸は、生きたままゴキブリを食べることだった。ゴキブリはプロテイン豊富で未来のスーパーフードだよ、と彼は冗談を飛ばす。難点は、殺菌するのがくそ難しいこと。

不潔で、異臭を放つ、ジャンクの散在するこの場所は――ある意味――ジョージ・ミラーのチョコレート工場に等しい。とはいえこどもに優しい場所ではなく、一般人の訪問客に開放されていないのは確かだ。セットの仕上げに関するマーティン・オニールのいささか心理的なリアリズム偏重癖は、銃弾

を撃ちこむだけにとどまらなかった。オニールは〝犬男〟の異名で知られるようになったが、それは昼休みに人類のベストフレンドを散歩に連れだすからではない。

グレース・ウォーカーの記憶によれば、

**マーティンは野犬収容所に通っていた。引きとり手がなくて殺処分された犬目当てにね。処分後の犬を集め、われわれが車両を組み立てている場所へ持ち帰り、ドラム缶にぶちこんで煮沸したあと、頭蓋骨をとりだしていた。**

美術監督はつづける。

**まず、毛皮を剝ぐ。こどもたち（「大地の裂け目」と呼ばれる地に暮らす少年少女に扮する子役）の多くが着ているのは、ええと、なんて犬だったかな。大きくて長い、ウールっぽい耳の犬ってなんていうんだっけ？　巻き毛で、長くてウールっぽい耳の？　ああ、スコティッシュ・ドッグか。名前を失念した。覚えているのはその一匹だ。こどものひとりは収容所の犬でつくった毛皮を着ていた。巧みに縫いあわされていたよ。**

オニールは犬煮沸の過去を語ったウォーカーの回想を裏づける。「そうそう、小さなスコッティね。うん、あれは悲劇だった」

**ふたりばかり、それで吐いてたと思う。犬の皮を剝ぐのはすごく難しいんだ。みんなが基本的には作業場から出ていき、わたしは犬たちをぜんぶ並べた。小さなスコッティがいたよ。スコッティは——実際、スコッティはちょっと難しくて。スコッティには手こずったな。ジャーマンシェパードは楽だった。でかくて古い年寄り犬だったから。でも小さなスコッティはちょっと難しかった。ただの小犬みたいだ。小さくて抱きしめたくなるおもちゃみたいな。犬の皮を剝いで、そうしたらいろんなやつらが来ていうんだ。「なんてこった。おまえは病気だ」って。**

ある晩、小さな黄色い三菱のヴァンの後部に、収容所から引きとった犬の死骸をわんさと積んで走っていたマーティン・オニールは、警察官に止められる。車内をのぞきこんだ警官が尋ねた。「あれはなんだ？」。セットデコレーターが、あれは死んだ犬の山ですよと返事をしたとき、警官は何もいわなかった。「彼はただわたしを見つめた」と、ふり返るオニール。

**お巡りは小声で毒づきながら歩いてった。皮を剝いだ犬の頭を見たことがあればわかるけど、本当に奇妙に見える。口と歯がある種大きくて、とんでもなく変に見えるんだ。**

マーティン・オニールはまた、豚の頭蓋骨をいくつも探して用意をする仕事も課せられた。映画のなかば過ぎ、ロード・ウォリアーが目覚めると、みずみずしい自然（輝く水面、美しい岩、青々とした草木）に隠された共同体「大地の裂け目」の、ツリーハウスタイプの掘っ立て小屋にいる。片方の足首が長いロープにつながれたマックスが、原始的な木の家から落ちた拍子に逆さ吊りになる。足が空を向いているロカタンスキーを捉えた屋外ショット一点だけで、少なくとも三十個以上の頭蓋骨が映る。現在の美術班なら、プラスチックの型をつくって量産するだろう。一九八〇年代なかばのオーストラリアでは、本物をみつけるほうが簡単だった。

「野ブタの頭蓋骨を食肉処理場からもらってきたんだ」と、オニールは述懐する。

**そこの処理場は、肉をドイツへ輸出していた。いまもしてる。わたしは野ブタの頭蓋骨をのきなみ譲ってもらった。ブタの頭を毎日煮沸していたよ。プリプロダクション中、ずっと煮てた。**

不幸な美術班のアシスタントが、この汚れ仕事（ブタの頭蓋骨から肉を除去する）の手伝いを割り当てられた。若者は気が進まなかった。「そいつが『マジでこれをやんなきゃダメですか』というので、『そうだ、それがおまえの仕事だ』と返事した」と、オニール。「彼は頭蓋骨を煮て、剝いで、きれいにしないといけなかった。その作業をちっとも楽しんでなかった。不公平だと思ってたよ」

ある日、美術班の進捗状況を確認しようとドアから頭をのぞかせたジョージ・ミラーは、まだピンピンしている動物の一頭と鉢あわせる。完成した映画で、われわれがはじめて目にするバータータウンの光景のひとつが、町の名前を記した木の看板だ。その下を、鎖や毛皮やローブを身につけた奇妙な服装（衣裳デザイナー、ノーマ・モリソーの仕事）の人々の行列に混じって、木製の荷車を引いた大型犬が歩いている。ワンコはジェイクという名のアイリッシュ・ウルフハウンドで、マーティン・オニールの友人の飼い犬だ。ミラーが訪れたとき、セットデコレーターは監督のそばへ行き、荷車に乗ってみるよう勧めた。「こいつは上等なんですよ、実際に乗れるんです！」。監督は勧めに従い、ぽっちゃりした身体をそこへ押しこんだ。すると、と記憶をたどるオニール。

**ジェイクが走りだした！　たぶん前をわたしが走り、ジェイクはゲームだと思ったんだろう。思い出せないけど、なぜかジェイクが走りだしだ。犬が突っ走る。大きな犬だ。ジェイクは小さな手押し車にジョージを乗せて、疾走していく。ジョージはギョッとして、楽しむどころじゃなくてうしろで「ノォォォ！」っていってた。しがみついていたときのジョージの顔を覚えてる。怯《おび》えているみたいだったな。**

監督がハイオクタンの小型手押し車の犬ライドを行きすぎだと思ったとすれば、この倉庫で起きた他の活動のいくつかを目にしなくて、おそらくは幸いだった——とりわけ、週末の倉庫で。「おれたちはマジでひどかった。つまり、まあ、完全に暴れまくってたよ」と、大道具スーパーバイザーのデニス・スミスはいう。

「金曜の夜は、そりゃもう大騒ぎだった。テキーラとコークと覚醒剤《スピード》をやり放題だ。どうやって無事にすんだのかわからないね、正直いって。オーストラリア映画界最悪の年は、マジでくそひどかった。ドラッグをたくさんやった。パーティータイム全開だった」

グレース・ウォーカーは、ある酒浸りの金曜の夜をふり返る。ビール二ケースが持ちこまれ、浴びるように消費されるのが常だった。さらにもう二ケース。しこたま——数えきれないほど——飲んだあと、残っていた整備士が帰るといった。しかし、帰る前にドアを閉め、車両の一台に飛び乗ると、正面出口のそばでバーンアウト（発進前にあらかじめタイヤにブレーキをかけて空転させ、加熱する行為）を演じ、それからドアを開けて出ていった。ウォーカーはなかに残ったスタッフが「青い煙で死にかけた」のを覚えている。

だが、『サンダードーム』のプリプロダクション期間に美術監督が一番強く記憶に残っている夜は、アウンティ・エンティティ軍団のイカレたルックの車両ぜんぶにチームが乗りこんだジョイライドだ。車両《ビークル》は他のすべてのデザイン同様、すばらしく見栄えがした。ジョージ・ミラーははじめから、『マッドマックス2』とはうって変わったルックを追求しているといった。とりわけ、監督は「ホネホネした車」を所望した。そんなわけで、錆《さ》びついた、基本的にはむきだしの檻《おり》を巨大な四十四インチ（約一メートル）の農業用タイヤの上に被《かぶ》せただけの、アンダムーカ・バギーのようなビークルが誕生する。

そして、ウォーカーの個人的なお気に入りは、アウンティ・エンティティのビークルだ。シーンによっては、ティナ・ターナーじきじきに運転することになった。舶来のスター兼シンガー兼俳優は、ハンドルを自ら握ると固く決意したため、車のマニュアルトランスミッション（ターナーは操作できなかった）がオートマチックにとりかえられた。美術監督もまた、ビールが燃料の『サンダードーム』ナイトでお気に入りを運転した。へべれけに酔っ払い、整備士や大工、全スタッフ一丸となって道路を爆走した。ウォーカーが記憶をたぐる。

**いまこれを明かせるのは、ずいぶん時間が経ったからだ。全員が「車に乗って楽しもうぜ！」といいだした。みんなが「イエイ！」とはしゃいだ。わたしが「条件がひとつある。ティナ・ターナーの車に乗って先頭を走るのはわたしだ」というと、みんなは「ああ、いいとも、好きにしろよ」って。それで、車両をぜんぶ並べてスタートした。サリーヒルズをすっ飛ばしたよ。確か真夜中で、大騒ぎだった。想像できるかい？**

ウォーカーは車のノイズを真似てみせる。

**全車一斉に、産業地帯のサリーヒルズをブンブン飛ばした。三十分ほど走って、戻ってきた。警官ひとり見かけなかった。ひとっ子ひとり見なかったよ。**

美術監督はつづける。

**あれは、ワオ、なんてすごい夜だったろう。ティナの運転したやつに乗って連中の先頭を**

走ったんだ。うしろにジェットエンジンを載せ、ハンドルのとりつけはまだゆるゆるのまま。われわれのやったことはあらゆる面でデンジャラス《dangerous》だった、大文字のDつきでね。だけど楽しかった！　うしろをふり返ったら、大工たちがみんな車からぶらさがってた。いい夜だったなあ。

一瞬間《ま》があいて、ウォーカーはつけ加える。「なぜかきみにこれをいわなきゃよかった気がしている。でもいいや、本に載せていいよ。いい思い出だ」

ジョージ・ミラーがそれらの件を――酔っ払いのばか騒ぎからバータータウンの銃撃まで――少しでも知っていたのかと聞くと、ウォーカーはこう返事をした。「いやいや、まさか。もしバレたら全員クビになっていたよ、間違いなく」

『マッドマックス　サンダードーム』のバータータウン以外のシーンのうち、かなりの部分がサウスオーストラリア州の町、クーバーピディ内外で撮られた。町の名前はアボリジナルのことば kupa piti を英語風にしたもので、「穴のなかの白人」または「白人のもぐる穴」という意味だとされている。たとえこの地域上空を通過し、閑散とした火星のような表面を眺めても、数千人が住んでいるとは想像できないだろう。なぜなら、住人の大半が地下に住んでいるからだ。

夢想家、放浪者、狂人と新規やり直しを図る人々の寄せ集めが、一九一五年にこの地域でオパールが発見されて以来、世界じゅうからクーバーピディに引きよせられてきた。酷暑を避けるため、住人は地下の家に住んでいる。ブルドーザーで丘を掘削し、居住空間を設けたのだ。岩に囲まれて涼しく、防音効果もある。ラウンジルームでデスメタルバンドが演奏しても、となり近所に漏れる心配はほぼ無用。地下に住み、日光をあまり浴びることなく一日二十四時間の生活リズムを狂わせた人間は、おかしなことをやりはじめるとおおかたの者が信じている。クーバーピディに惹《ひ》きつけられる人間はだれであれ、最初から変人に決まっているという者もいる。

どちらの場合にしろ、ここに住むには無謀さがいる。それにかけては、伝説的なハリー・ブラメンタル――というより〝クロコダイル・ハリー〟として本人は覚えてもらいたがっている――は人後に落ちない。狂騒的なこのラトビア人は自称元SS隊員で、一九四〇年代にロシア戦線でドイツと戦い、捕虜収容所を脱走後オーストラリアへ逃げてきたと主張する。一九九六年に発行された〈エイジ〉紙の特集記事によれば、ハリーは「クーバーピディの第一回アンザックデー（第一次世界大戦のガリポリの戦いで戦ったオーストラリア・ニュージーランド軍団、ANZACの兵たちのための追悼の祝日）に、行列の末尾についてドイツ語で歌いながら上げ足歩調で行進してひんしゅくを買い、「パンツをおろしてテーブルの上で踊る性癖のため、町中のあらゆる場所で出入り禁止に」なった。

セットドレッサー&デコレーターのマーティン・オニールは、有名なクロコダイル・ハリーの地下の（しばしばそう形容されるように）〝巣穴〟に魅了された。巣穴はいま現在まで観光の呼びものでありつづけている。『マッドマックス　サンダードーム』チームはここを『マッドマックス2』のジャイロ・キャプテン同様、俳優のブルース・スペンス演じる予定のパイロット、ジェデダイアの家に改装しようと決めた。これは、セットをゼロから建てるよりも安くあがるが、独特の職業上の危険をともなった。

「クロコダイル・ハリーはちょっとした自称セレブで完全にアル中だ。深刻な酒飲みだが、すばらしい半地下の家を所有していた」と、ふり返るオニール。

ハリーはあらゆる旅回りのアーティストをそそのかして創作させたため、家じゅうが美しく飾りつけられている。まあ、美しくじゃないな——オーストラリアのアウトバックの、すばらしくナイーヴな美術スタイルのたぐいだ。家の真ん中には柱があって、それが支柱の一本だった。黒人女性の形状に彫られていて、破廉恥にもスカートが屋根になっている。

このとっぴな美術装飾は映画には採用されていない。《マッドマックス》映画が圧倒的にごくふつうの男、とりわけ高速・高馬力マシンの愛好家にアピールするのは疑問の余地がなくても、ジョージ・ミラーは——登場人物や設定の名前にさえ——公然と性差別的な映像やセリフを使うような監督ではない。彼の趣味ではないのだ。そのため、クロコダイル・ハリーの（いわば）型破りな支柱は、ファイナルカット向けの素材には決してならなかった。

にもかかわらず、この場所を撮影用に仕立てるのはマーティン・オニールと『サンダードーム』の背景画家ビリー・ケネディの仕事だった——そして、それはハリーと彼の……性癖と向きあうことを意味した。セットデコレーターはつづける。

あの家に行って、ハリーと彼が掘削用のオーガー、つまり空気ドリルを構えている姿を見たときのことを忘れられない。あいつは女性（の彫像）の「陰部」というのがぴったりの箇所を広げてた。ドリルで穴をあけてる。わたしは「いったい何をしてるんだ、ハリー」と声をかけ

**た。そうしたら、うちにワイン樽《だる》があって、樽口《たるぐち》を彼女のアソコにつくれば、そこから飲めると思いついたというんだ。**

クーパーピディのエキセントリックな地元住民による像の股間攻撃が繰り広げられる最中、〈ウィミンズ・ウィークリー〉誌のバスツアーが到着した。ハリーはドリルの手を休めず、異常な光景を観察した観光客は、奇妙なこの町ではこういうことが毎日起きているのかと、不思議がったに違いない。ハリーは酔っ払っていたため、樽口が出てくるべきところに穴の位置をうまくそろえられないでいる。手違いを正す最上の方法は、爆弾を使って穴をあけることだと、ハリーは決める。オニールとケネディは「それが名案だと本当に思うのかい？」と尋ねる。クロコダイル・ハリーがいい返す。「おれはここをずっと掘ってたんだ――爆弾の使いかたぐらい知ってらあ」。ふたりの《マッドマックス》スタッフは、互いに顔を見あわせて決断する。ことばは無用だった。「いますぐここからずらかれ」

クロコダイル・ハリーがすぐそばの地下でダイナマイトを探しているあいだ、地上に出たふたりは、ブルドーザーに乗って敷地外の地面で作業をしている地元の男に「グダーイ《g'day》」とあいさつをする。男がふたりに何かあったのか聞くと、オニールはハリーがなかにいて、小規模の爆発を起こすところだと説明した。男の顔がたちまち恐怖一色に塗りつぶされる。それ以上ことばをつぐことなく、男は車まで駆けていくと走り去る――ブルドーザーを置きっぱなしで。セットデコレーターと背景画家は、ことばもなく逃げていく男を見送る。一瞬後、ふたりが頭をめぐらせると、ハリーがふたりの方へ、地獄から飛びでてきた蝙蝠《こうもり》のように走ってくるのが見える。

するとドカーン！　巨大な爆発が起きる。爆発は地下で起きたため、三人にはダメージのほどがわからなかった。ただ、足元の地面が揺れるのを感じた。オニールとケネディはなかに入って様子を見に行く。すると「完璧にめちゃくちゃになっていた」と、オニールがふり返る。「ハリーは二日後にわれわれが撮影する予定の部屋をぜんぶ破壊した。瓦礫《がれき》になっていた、基本的に。あいつは女性像と部屋の半分をふっ飛ばしたんだ」

ビリー・ケネディは才能ある彫刻家で、部分的に吹き飛ばされた壁に美しい女性の彫刻を施し、窮地を救った。彼は自称元ＳＳ隊員のクリエイティヴ・ヴィジョンを満たしさえし、きちんと用をなすワインの樽口を、女性の足のあいだから出てくるように仕込んでやった。一日か二日後の夕方、ケネディとオニールはそこから自分たちでワインを注ぎ、仕事がうまくいったことを祝った。数杯飲んだその晩、セットデコレーターの運転する４ＷＤで宿に引き返した。

ふたりは長いあいだ寝ておらず、クロコダイルの地下の巣穴で、例の場所から出てくる強いワインをきこしめしていた。ふらふらのオニールはその効果を感じていた。突然、彼が叫ぶ。「これを見ろよビル！」そして、当時もいまもわからない理由で、ハンドブレーキをかけた。「４ＷＤはハンドブレーキが好きじゃない」と、オニールはいう。

それで、車はひっくり返った。しばらくその場に静止したままで、そのあとまたもとに戻ったから、運転しつづけた。ふたりともくそペンキまみれだ。車は壊れた。ビルがわたしにこういった、「もしあんな芸当をまたやったら殺してやるからな」。保険を請求するときは、地震のせいだって書いておいたよ。

Chapter17 : CARNAGE AND CHAOS IN COOBER PEDY

# 第十七章　クーバーピディの大虐殺とカオス

「ただのチンケな、二十二口径のくそ五連発リボルバーだが、それで殴りつけたらメルの鼻のかたちが変わっちまう。クーバーピディじゃそれが日常茶飯事だった」

ジョージ・ミラーはクーバーピディの『サンダードーム』セット内アルコール類禁止令を発布した。紅茶かコーヒーより強いのはなんであれ――少なくとも建前として――御法度とする。とはいえ《マッドマックス》のスタッフ・キャストは、いつどこでまたは何を飲むかを指図されるような人々ではなかった。メル・ギブソンはのちに、本作とほかに何本かの撮影中にアルコール依存症に苦しみ、ロケ地に出向く前に朝食とともに六本入りパックのビールをあおったと明かした。二〇〇四年の回想録『Mel Gibson: Man on a Mission』〔未邦訳〕によれば、「一千万ドルの映画を撮っているべき最中に、主役が田舎町の監獄にぶちこまれないようにドライヴァーとお目付役が」あてがわれた。

いうまでもなく、『サンダードーム』に吹き荒れた修羅場、スクリーンの内と外でのアルコールと薬物づけの狂想曲はメル・ギブソンの責任ではない。それどころか、悶着《もんちゃく》の一部は、ギブソンのプロフェッショナリズムに多少起因していたかもしれない。だれに聞いても主演俳優はセットでは品行方正、仕事熱心だった——驚くほどに、たぶん、彼が摂取していたとんでもない量のエタノールと照らしあわせれば。

バイロン・ケネディの死が頭上にのしかかっていた『サンダードーム』は、暗雲の下に生まれたプロダクションだ。つまずきうるすべてにつまずいたかに見えた。その能力にオリジナル『マッドマックス』の成否がかかっていた伝説的スタントマン、グラント・ペイジがスタント・コーディネーターに返り咲く。「何かが足りないみたいだった」と、ペイジはケネディの不在を述懐する。

**はっきりと違いがわかるってわけじゃない。ただ、前にはあった何かが欠けていると感じるだけだ。何かが、もはや存在しない。ジョージがそれをいちばん感じた人間だった。**

『サンダードーム』の製作費はずっと秘密にされてきた。ミラーが公表を拒んだからだが、千二百万豪ドル（だいたい千四百万ドル）あたりと信じられている。これは、当時製作されたオーストラリア映画で最も金のかかった映画だ。大勢の人間が働いた。大勢の人間がパーティーをした。オーストラリア音楽界のアイコンで、ジョージ・ミラーの長年の友人ゲイリー・〝アングリー〟・アンダーソンがアイアンバー役に抜擢《ばってき》された。「砂漠に出たとたん、老いも若きもハイになっていた」と、アンダーソンが述懐する。「ヤクがたくさん出回っていたね。コカインがたくさん。スピードがたくさん」

そしてもちろん、アルコールがたくさん。アンダーソンはある晩、地元のギリシャ料理レストラン、トム＆メアリーズであったできごとを、当時のぼーっとした頭で覚えている。店の料理はいつもうまく、経営者はうわさのウェイストランドから客がふらりとやってくる『サンダードーム』景気に、上機嫌でもてなした（いまだにメル・ギブソンとティナ・ターナーに料理を提供したことを自慢している）。その晩、メル・ギブソンと、自分の恋人が彼と浮気をしていると信じこんだ怒った地元住民とのあいだで諍《いさか》いが起きた。アンダーソンが記憶をたぐる。

メルと用を足しにトイレに行ったんだよ。そのころにはもちろんどっちもかなり酔っていた。レストランに行って、ディナーを食べ、レツィーナワインやくそビールやなんかを飲んでた。そしたら男が入ってきて、くそな銃をとりだしてメルを狙った。そいつは「おれの女と寝やがったな！」って叫んでる。ユーゴスラビア人のイカレ野郎だ。「殺してやる、この野郎！」ってさ。（友人で仕事仲間の）ラニーがそいつとメルのあいだに割って入った。「おいメイト、誤解だ」ってラニーがいう。「いっちゃ悪いが」――とかなんとか――「女はつくり話をしているだけだ。メルは奥さん連れで来てるんだぜ」――連れてきていなかった――「毎晩奥さんのもとへ帰っているよ」って諭した。

アンダーソンがつづける。

そのイカレ男がいう。「本当か、本当なのか？」おれたちがいう。「ああ、本当だ、間違いない」。ただのチンケな、二十二口径のくそ五連発リボルバーだが、それで殴りつけたらメルの鼻のかたちが変わっちまう。クーバーピディじゃそれが日常茶飯事だった」

僻地《へきち》の採鉱の町において、ナイトライフはぱっとしなかった。いくつかのレストランをのぞき、ほかの娯楽といえばドライヴインシアターと地元のバー、ポーキーズだけだ。バーの壁にかかった看板に、こう書いてある。「銃と爆発物はバーに預けること」。常連の客層が知れようというものだ。客のひとりに――銃も爆発物も所持していないのは確かだが――メル・ギブソンがいた。クーバーピディみたいな場所で、大物映画スターが地元住民と交わるなどそうそうありはしない。ギブソンと《マッドマックス》ご一行が来たとのうわさで町はもちきりになった。

国立演劇学院《NIDA》を卒業したての俳優だった駆けだし当初から、ギブソンはセレブリティの立場を居ごこち悪く思っている様子だった。スノッブでひとりよがりな、エリート主義のハリウッドタイプのイメージから、ギブソンほど遠い者はいなかった。以前は――おそらくはいまもまだ――根っからの無頼漢で、野卑なユーモアに目がなかった。『サンダードーム』の撮影レポートに来ている〈ローリングストーン〉誌のジャーナリストとの会話で、ギブソンは夜おそく、ホテルの部屋に帰る途中にギリシャレストランからテイクアウトしたジャイロ（ピタパンにチキンや羊肉や野菜、スパイシーソースをはさんだもの）をぱくつきながら、自分のことを「テーブルの上で踊り、ランプシェードを頭に載せて、ちんぽこを群衆に突きだしている男さ」と表現した。

『サンダードーム』公開後、〈ピープル〉誌の「最もセクシーな男性」第一号の栄誉を授かった俳優はある意味、ドサ巡りの人間観光名所だった。女たちは彼に会おうと何マイルもかけてやってくる。ある夜、セットドレッサー&デコレーターのマーティン・オニールは女性の群から隠れていたギブソンと、パブのフロアで同席した。（ひどく酔っぱらっていた）ふたりは、オニールの記憶するところ、

**すごくばからしい会話をはじめた。ふたりは実際物理的にテーブルの下にいて、本音をぶっちゃけあっていた。メルは自分がまったくのまがい物で、いい役者なんかじゃないのをみんなが気がつくのを待っているんだっていってた。あるときわれわれみんなが真実の彼に気がつき、そしてぜんぶが終わるといっていた。そういった考えかたは、俳優のあいだでは珍しくはないと思うよ。**

別の晩、ギブソンは現場つき小道具コーディネーターのカラン・モンクハウスと、ポーキーズで飲んでいた。砂漠での撮影の長い一日、泥とほこりとすすに覆われ（それとおそらくはサルのウンチのにおいをさせて）、とモンクハウスはいう――後述）、モンクハウスはスターをひと目見ようと望む女性の一団の気を逸《そ》らした。「女たちが『その人、メル・ギブソンじゃない？』というから、こういった。『ばかいわないで、メル・ギブソンがここに座ってわたしと飲んでると思う？　彼のダブルだよ』」。モンクハウスは笑いながら記憶をたぐる。

**メルはただ座って自分のグラスを見つめてた。ああいう注目のされかたが好きじゃなかった**

**の。女たちはほかの映画スタッフが来るか聞いた。わたしは来るよ、いまはラッシュを見てるけどあとから合流する。メルを見たいならここにいればって**いった。

並はずれた量のアルコールだけが『サンダードーム』撮影中に消費されたのではなかった。モンクハウスがいうように、「八〇年代は湯水のごとく、ドラッグが消費された」。撮影中、スタントチームのひとりの投宿先に警察の手入れがあった。スタッフのなかには嫉妬《しっと》した仲間がチクったと信じる者もいた。共同脚本兼共同プロデューサーのテリー・ヘイズか、プロデューサーのダグ・ミッチェルが緊急のスタッフ会議を開いたのをモンクハウスは覚えている。「ひとりが立ちあがった」と、モンクハウス。

**そしていったの。「だれが何をしたかに興味はない、だれが何を持っていようが知ったことではない。ただし、処分しろ。ドラッグを持っているところを押さえたらその場で解雇する。処分の時間を与える」。それでみんな、突然砂漠に行ってブツを埋めてた。**

手入れのあった数日後、うさんくさい外見のよそ者数名が、ブロンコ4WDに乗ってどこからともなくロケ現場に現れた。アイアンバー役のアングリー・アンダーソンはふたりが車から降りてスタッフに話しかけ、残りのふたりがボンネットに座って遠くから眺めているのを目にした。ミュージシャン兼俳優は彼らを覆面警察官だとにらむ。

「スタッフの男たちのなかに、元軍人みたいのが何人かいた」と、アンダーソン。「しばらく歩きまわり、戻ってきていった。「ああ、サツで間違いない。ぷんぷんにおうぜ」。アンダーソンは見物人たちにカマをかけてくると声に出した。パフォーマーは水ボトルを手にし、ボンネットに座るペアのそばへ行って叫んだ。「よお、警察はおまえらに水も持たせねぇのかよ?」

ひとりがアンダーソンを見ていった。「なんでおれたちが警官だと思うんだ?」。アンダーソンがやり返す。「よせよ! バレバレだってぇの! 百キロ先でもにおうぜ! おまえらがサツだってことはお見通しだ。ドラッグのとり締まりに来たくせに」。謎の男たちは「ただ見物しているだけだ」と主張した。十五分ほどしてほかのふたりが車に戻ると四人は走り去り、『サンダードーム』のキャストとスタッフは二度と彼らを見かけなかった。

ジョージ・ミラーは過度のアルコールからもドラッグからも距離を置いていたかもしれないが、リスクを何ひとつ冒さなかったというわけではない。ある日、撮影監督のディーン・セムラーとロケハン中、あたり一帯に時速四十ノット（約七十五キロ）の南風が吹き、ひどい砂塵《さじん》嵐を起こした。ロケーション・マネージャーのジョージ・マニックスは人々が右往左往し、目を砂でいっぱいにして、必死に顔から払い落とそうとしていたのを覚えている。状況は、マニックスいわく「耐えがたいほど不快で不健康で不穏で、信じられないほど危険だった」。ミラーとセムラーは小山に立って目の前の光景を見渡していた。どんなショットになるかふたりが想像していると、マニックスが駆けあがってきてとっとと避難しろと急《せ》かした。

「ふたりはその場に立って、にこにこしながら『これを見てくれよ』とか『あれを見ろ!』とかいっていた」と、マニックスはふり返る。

ジョージに見えたのはただ、それがどれだけスクリーンで映えるかだけだった。彼は無情なわけじゃない。情にあふれた男だ。スタッフの健康について気にかけていた。医者だからね、なんといっても。けれどジョージに見えたのは、ショットと、それをどうやって撮るかだけだ。それがジョージの偏執的な、視野狭窄《きょうさく》のゆえんなんだ。彼はゴーグルをかけていて、フレームを通して周りを見ており、ほかはぜんぶ視界から追いだす。

ロケーション・マネージャーはつづける。

**同情心あふれるテディベアのイメージに反し、ジョージのなかにはどこか冷徹な面があると気がついた。頑固一徹な部分がフィルムメーカーとしてのジョージの核にはある。**

ジョージ・ミラーが『サンダードーム』のセットでアルコール禁止令を出したのは、単に酔っ払いの悪ふざけをよしとしなかっただけではない。健康上の理由もあった。飲酒をすると脱水しやすくなり、キャストとスタッフが酷暑の環境で働いていることを思えば、とりわけ警戒すべきだった。取材に訪れた〈ローリングストーン〉誌の記者は、撮影中の気温を「殺人的」と形容した。スタッフは霧吹きを持ち歩き、キャストに冷水とコロンの霧を吹きかけていた。ある日、記者が数えてみたら、八人のスタッフが日射病と脱水症状で気を失った。前日の晩にはラクダが一頭死に、死んだラクダの総計が（雑誌によれば）三頭になった。

ユニット・ナースがビタミンと薬用ドロップで乾ききったのどを潤すために待機していた。「心配しないで」と、看護師は〈ローリングストーン〉誌の記者にいった。「みんなそうなるの。つばに血が混じりはじめる」。死ぬほど暑いある日の朝、クーバーピディから三十二キロ北にあるブレイカウェイズ自然保護区で、キッチンにいた人物が心臓発作に見舞われて病院に緊急搬送された。映画のメイキング映像を撮っていたフィルムメーカーのマーク・ランプレルがふり返る。

**暑さのあまり、熱中症で倒れる者が続出した。助監督たちが水を持って延々回っていたよ。三十分ごとに一リットル飲めとかなんとか注意しながら。でも、外に出ているあいだ、だれも小便をしなかった。蒸発しちゃうんだよ。**

キャストが着用しなければならない重たく大仰な衣裳はクールダウンの働きをしたとはいえず、ティナ・ターナーは痛いほどそれを実感していた。スターの衣裳は、デザイナーのノーマ・モリソーの斬新なスタイルからいっても特異だった。鎖かたびらのドレス（頭の飾りとセット）はコートハンガー、金網、犬の口輪を半田付けしたものだ。「衣裳は七十ポンド、だいたい三十一キロしたと、のちにターナーはいった。

**衣裳あわせのときはそんなに重いなんて気がつかなかった。あのドレスを着たまま長いあい**

**だ立ってはいなかったから。でも、あれのせいで死ぬところだった。**

ターナーは死なかったものの、少々やけどを負う。ある日、〝アウンティーズ・ビークル〟を運転していたターナーが（俳優は自分でできるだけ運転すると決意していた）現場つき小道具のスタッフに向き直っていった。「ドレスでやけどする」。カラン・モンクハウスが思い返す。

**ドレスの金属部分がすごく熱を持ってしまい、脱いだときは小さな赤いやけど跡が体じゅうにできてた。ティナはすばらしく我慢強い人よ。撮影を終えるまで文句をいわなかった。**

もう一件、より重篤なやけど事故が起き、負傷したアングリー・アンダーソンはすぐさま病院に担ぎこまれてペチジン（鎮痛剤）をたっぷり打たれた。『サンダードーム』の最後の山場となるチェイスシーンは、美術監督のグレース・ウォーカーの奇抜な車両軍団のなかでも派手さにおいてはピカ一といえる、列車と機関車のハイブリットを中心に起きる。これは、基本的にＭａｃｋトラックに列車の車輪をつけたもので、線路の上を走った。無惨に衝突されたあと、アンダーソン扮するアイアンバーが正面の排障器《カウキャッチャー》に拾いあげられる。アイアンバーはそれから猫が乗り移ったかのように車体の脇によじ登り、長いパイプをつかむ。パイプは右にスウィングし、地面と水平になる。列車でありトラックでもあるフランケンシュタインの怪物が線路を突き進むあいだ、アイアンバーは死に物狂いでパイプにしがみつく。ジョージ・ミラーはパイプから蒸気を吹きださせ、エンジンにつながるべきはずの場所から漏れでているような演出にしたかった。問題は、クーバーピディの苛烈な暑さのなかでは、蒸気がたちまち蒸発してしまうことだ。これに対抗するため、特殊効果部門はドライアイスを入れたガーデンホースをパイプの内側に走らせた。ドライアイスは数ヶ所の接管からパイプの先へ向かって出ていくはずだ。チームは何度かゆっくりしたペースでリハーサルし、それからスピードを上げた。カメラが回りはじめたときには時速六十キロほどで移動する車両にアンダーソンは実際にしがみついていた。彼にとって不幸なことに、リハーサルのあいだにガーデンホースがドライアイスで凍り、もろくなっていた。ホースはワンテイクのなかばではじけ、金属パイプのなかにこぼれ出したドライアイスが、アンダーソンの手首から手のひら全体を焼いた。

「手が野球のグローブみたいになった。手のひらと指に水ぶくれができた。液体のたまった半インチ（約一センチ）の水ぶくれだ」と、アンダーソンが思い返す。

**おれは揺れながら、鎧《よろい》の下に装着したボディハーネスでぶら下がり、ギャーギャー叫んだ。カメラカーにジョージ（・ミラー）と同乗していたグラント（・ペイジ）が、何かがまずいことになったと気づいておれのところへ走ってきた。おれは手を彼のほうへ差しだして見せた。彼はあとでおれがただ「切りおとせ、切りおとせ！」って叫んでたといってたよ。**

グラント・ペイジ同様、フィル・ブロック（オリジナルの『マッドマックス』でメル・ギブソンのスタントドライヴァーを担当）がロード・ウォリアーのユニバースに戻ってきて『サンダードーム』に参加した。経験豊富なスタントにして正確無比を誇るドライヴァーのブロックは、予算が大幅に増えた以上、安全基準が引きあげられたのではとの考えを笑い飛ばす。

「問題点のひとつは、車両はすべて、自動車整備知識は皆無の美術部門で組み立てられたことだ。見栄え優先でね」と、ブロックはふり返る。「見栄えさえよければ、彼らは何も気にしなかった。よくいわれたよ、「おいおい、これはおまえの車だぞ。大丈夫さ」って。

車を組み立てたチームの責任者、美術監督のグレース・ウォーカーがつけ加える。

**車両はどれもぜんぶ気に入ってる。でも、確かにあれは、死の落とし穴《デストラップ》だった。そのことで、スタントドライヴァーには相当憎まれた。こういわれたよ、「よくもあんな車を運転させたな」って。車両はこれっぽっちも安全面に考慮してつくられてはいなかった。車が発進できない日もあった。走るには走ったが、たいして走らない日もあった。くそ箱だ。エンジンはいまにもポロリととれそうだった。運転したやつはカッカきてた。でも、もしだれかが仕事に文句をつけたら、わたしはこういうね。「おいおい、おまえはスタンドドライヴァーだろ、黙って運転しろよ」**

奇天烈《きてれつ》なＭａｃｋトラックと列車のハイブリッドは、ほかの車両よりも運転しやすかった。前かうしろ、二方向にしか進まない線路を走るという単純な理由からだ。Ｍａｃｋトラックにつきギアシステムが複雑で、そのため《マッドマックス》ユニバースのレジェンドが操縦のために連れ戻された。デニス・ウィリアムズ、『マッドマックス2』の終幕でスペクタクルなタンカー横転を演じたトラックドライヴァーだ。今回は横転させる必要がないだけでなく、ハンドルを切る必要さえなかった（したくてもできない）。ウィリアムズがふり返る。

**道路を走っていたときを覚えてる――いや、道路じゃないな、線路か――ハンドルを切って、トラックを前方の橋に乗せようとした。そのとき思った。「このマヌケ、線路の上にいるんだぞ。勝手に乗るわ」**

これらのチェイスシーンが撮影された鉄道は、〝ザ・ガン〟として知られる。もともとはアフガン・エクスプレスと呼ばれ、十九世紀末にオーストラリアに入植して探検したパイオニア、アフガニスタン人のラクダ乗りたちの功績を認めて名づけられた。ガン第一号は一九二九年にアデレード鉄道駅を出発し、百人以上の乗客を乗せ、アリス・スプリングスへ向かう。この厳しい土地を渡るあいだ、列車は火事、洪水、害虫被害、酷暑と闘った。伝説によれば、ガンは二週間同じ地点で立ち往生し、機関士が野生のヤギを撃って乗客を養ったという。

鉄道は何もない僻地を走ったかもしれないが、とりわけ交通の激しい地点が『サンダードーム』に使われた。「オーストラリア中枢に接続する単線だったから、もちろん莫大な数の列車が運行していた」と、ジョージ・ミラーがのちに語った。

望みの日射しを待ち、望みの天候と正しい環境を待って待機することがしばしばあった。そうしたら、突然ショットを放棄するよりほかなくなった。いきなり列車のやってくる音がしたからだ。そのため車両を進めて分岐点まで退避させ、それから方向転換して戻らないといけなかった。そのときにはスタントを撮影する時間がなくなり、戻って翌日やるよりほかなかった。

もし、スタントと車両が『サンダードーム』撮影中に多少の不都合をもたらしたとしても、動物たちのきまぐれに比べれば何ほどのこともなかった。アンダーワールドのワラにほだされた愛嬌《あいきょう》ある豚たちは、彼らの襲来が相当ストレスのかかる裁判沙汰を引き起こしたにせよ、お行儀はよかった。同じことを、ラクダのロドニーに対してはいえない。ロドニーは映画冒頭のショットに映っている。マックスが運転する車輪つきの錆《さ》びたバケツを引く、六頭のラクダの先頭にいるのがロドニーだ。

ラクダのロドニーは、だれに聞いても根性曲がりで理不尽な職業倫理観を持っていた。『サンダードーム』をジョージ・ミラーと共同監督したジョージ・オギルヴィーは、穏やかで温厚な、禅の態度で知られる。ところがそのオギルヴィーでさえ、ロドニーには腹を据えかねた。「地球上の生きものを憎むことがあるとは思いもしなかったが、ロドニーは違う。ロドニーは憎らしかった」と、オギルヴィーはのちにふり返る。

ロドニーはいちばん身体が大きなラクダのリーダー格で、ものすごくわがままだった。こりごりだよ。ラクダとは二度と再び、金輪際仕事をしない。もし世界一すばらしいラクダの散歩

**をオファーされたとしても、お断りだ。**

背中にコブのついたプリマドンナが登場するオープニング・シーンの撮影のため、トレーナーたちは必死にロドニーを列に並ばせようとした。彼は一直線に並んで砂漠を渡る隊列を率いる必要があった。眉間に絶えずしわを寄せた激した顔つきで、口をぱっくり開けて叫び、輪を描いてドスドス歩きまわり、動きを抑えようとして首につないだロープが気にくわずに必死に引っ張るロドニーは、最悪のパフォーマーだった。メイキング映像のフッテージが、当時数マイル四方にいる者全員に知れわたっていたショッキングなロドニーの本性を暴いている。ツバを吐き、人々に向かって突進し、おそろしい叫び声を上げる。

それよりはほんのちょっぴりだけましなマナーだが、やはりむら気なキャストが、カニクイザルのサリー・アンだ。マックスが砂漠をさまよい、「大地の裂け目」のこどもたちと出会う直前に登場する。サリー・アンの問題点は、彼女が映画撮影の進めかたに無知なことではなく、その反対にあった。何が起きているのかを理解すると、その後は意図的、作為的に撮影手順に逆らった。

「サリーはごく早いうちに映画撮影の段どりをぜんぶ覚え、すごく賢明にふるまった」と、共同脚本のテリー・ヘイズはのちに語った。「第一助監督が『回しまーす』――カメラを回し、音声を録りはじめる合図――という前はね」

**助監督が「回しまーす」というが早いが、サリーは要求された演技をすることを拒んだ。サ**

**リー・アン版の演技は、その場で跳びはねることだった。永遠に。同じ場所で上下に跳びはねる。**

即席のモンキー撮影班が結成され、「立ちっぱなしでサリーを撮影しないといけなかった。偶然映画に使える動きをするまで」。メル・ギブソンとサルのあいだのぎくしゃくした関係によって、状況は複雑になった。このスターを積極的に嫌うキャストがもしいるとしたら、サリー・アンは数少ないひとりだ。動物たち（ロドニーとブタをふくむ）とたくさんの時間を過ごしたカラン・モンクハウスは、ふたりの初対面の様子を覚えている。

**小ザルはメルを初日から嫌った。メルはサングラス――ミラーサングラスをかけていて、それでサルがメルと会ったときに見えたのは、自分だけだったの。サリー・アンはそこに別のサルがいると思った。サリーは小さなおサルの両手を出してメルのジャケットをつかみ、思いきり強く彼を噛《か》んだ。それが、すごく不幸な関係のはじまり。**

『マッドマックス　サンダードーム』の撮影現場を見舞ったカオス――銃、ドラッグ、やけど、爆発、警察沙汰、肌を焼く衣裳、安定性に欠ける車両、わがままな動物、砂塵嵐等々――には、二種類の航空関係の問題もあった。ひとつ目は、スタント・コーディネーターのグラント・ペイジが軽量飛行機を飛ばすのが好きなことに起因する。ペイジの新たな趣味だった。先ごろ小型飛行機を買ったペイジは、「どこにでも行け、なんでもできる」ところを気に入っていた。彼の小さな飛行機を「ブッシュに分けいるトライアルバイク」か「空飛ぶボート」扱いした。

空港か、少なくとも正式な滑走路相当がこの種の乗り物にはつきものだと考える人もなかにはいるかもしれないが、ベテランのスタントマンはいつも自分なりのやりかたでものごとに対処していた。撮影のあいだじゅう、ペイジはセットからホテルまで、一般道路上に離着陸した。地元のクーバーピディ議会がプロダクション・オフィスに送った彼宛ての手紙を、ペイジはまだ持っている。それには「ミスター・ペイジに、目抜き通りに着陸するのをやめるようにお伝え願えないでしょうか。観光バスの運行の妨げになっています」とあった。（ペイジの超軽量飛行機愛は十年後に暗転し、墜落事故を起こして彼と息子が意識不明の重症を負う。息子のジェレミーは背骨を折り、腹壁を負傷した。ペイジは両足を折り、やはり腹壁と背中と頭部を負傷する）。

別の飛行機事件は、大道具スーパーバイザーのデニス・スミスが組み立てたセットのひとつが絡んでいた。こどもたちの住む「大地の裂け目」のそばにはボーイング７４７があり、より広い世界が存在する証拠としてこどもらが執着していた。あるシーンではこどもたちが機体の上に立ち、砂が舞い、サウンドトラックで風がヒューヒュー音を立てるなか、数人が槍《やり》を握りしめ、全員が背後の夕焼けに照らされている。一部が埋もれた７４７の実物の代わりに、スミスと彼のチームはシドニーのＣＢＤから二十一キロメートル南に位置する郊外、ニューサウスウェールズ州カーネルにまがいものを組み立てた。カーネルはシドニー空港国際線の航路上にあった。ジョージ・ミラーのにせの７４７は真に迫っていたため、空港の管制塔にパイロットからの墜落機発見の報が殺到する原因になる。

ジョージ・ミラーにとって、愛するクリエイティヴ・パートナーのバイロン・ケネディ抜きにはじめて映画を撮る経験は、全方位的な狂気だと感じたに違いない。最終的な結果が、大成功だったといえたらすばらしいだろう。マックス・ロカタンスキーのファンと再会し、ミラーは故プロデューサーなしでみごとな映画をつくれると世界に証明するのは。

そうであったなら、ハリウッドスタイルのハッピー・エンドとなったはずだ。《マッドマックス》がハリウッドの流儀に染まることは、決してない。

# Chapter18 : A MIXED RECEPTION

# 第十八章　賛否両論

「あとから気づいたが、ストーリーをどうやら盛りこみすぎたらしい。三つ……ふたつか三つの異なる世界を物語り、苦労して――ひねって――ひとつにまとめようとした」

アクション満載の前二作のように、『マッドマックス　サンダードーム』は世界じゅうですばらしい興行成績をあげた。製作費約千二百万ドルの映画は北アメリカ（千四百七十四館で上映）だけで三千八百万ドルを売りあげ、ヨーロッパじゅうで熱い歓迎を受けた。『サンダードーム』は――当然のごとく――日本でプレミア公開されて上々の成績を収め、フランスでは三百二十館で上映、公開後二十四時間で二十六万九千三百九人の観客を惹《ひ》きつけた。その数は当日の国内観客動員数の半数近くを占め、外国映画では（『E.T.』〔一九八二〕や『レイダース』等の大ヒット作を破り）フランス史上最大のオープニング成績をあげた。

とはいえ、観客疲れが起きているらしき兆候があった――とりわけ、本国において。『サンダードーム』の興収はオーストラリア国内において四百二十万豪ドルに終わる。シリーズ三作中最低の成績であり、その優に倍、千八十万豪ドル以上をあげた『マッドマックス2』からの、急激な減収となった。オーストラリア公開後最初の四日間は地元の観客が映画館に押しよせ、法外な七十万七千三百四十九豪ドル分のチケットを買い、《スター・ウォーズ》第一作のオープニングを上まわった。その後のスローダウンは、今回は口コミがそれほど強くなかったことを示す。

批評家からの反応はおおむね好評だったが、但し書きつきだった。一様に、映画の最も弱い部分は、『ピーター・パン』めいた青々とした森の舞台設定（「大地の裂け目」）にマックスを放りこむくだりだと指摘する。その森ではこどもたちの一族がぶつ切りの英語をしゃべり、マックスの出現がキリストの再臨であるかどうかの議論が交わされる。この部分はジョージ・ミラーとテリー・ヘイズによる脚本の神話的要素が過度に目につき、マックス・ロカタンスキーとジョーゼフ・キャンベルの説とを結びつけようと、今回はことさら意識したようだった。右に振れるいっぽうの速度計とノンストップの爆音に目がない《マッドマックス》信者が、こどもだましに当惑したとの風評が流れはじめる。似ている部分はたくさんあるものの、オリジナル作の持つ問答無用の追撃シーンも、二作目の持つ吐き気をもよおす内臓破裂感も『サンダードーム』にはないことを、批評家はおおむね受けとめた。

〈ボルチモア・サン〉紙に執筆している批評家スティーヴン・ハンターは「前二作に熱狂したコアな自動車ぶっ壊しファンたちの遠吠《ぼ》えが起き、映画はたちまちにして期待を裏切る失敗作との烙印《らくいん》を押されるだろう」と、正確にいい当てた。〈シカゴ・トリビューン〉紙のジーン・シスケルは、そのほかの部分は賞賛したものの、「映画の中盤で危険なほど説教くさくなる」と評した。〈ニューヨーク・タイムズ〉紙のジャネット・マスリンは、この部分で『サンダードーム』が勢いを失うと主張した。「奇妙なオーストラリアの隠語を用いた聞き語り嗜好が、本作のいちばん弱い要素だ」。〈デモクラット・アンド・クロニクル〉紙のジャック・ガーデンは「大地の裂け目」シーンを『スター・ウォーズ　ジェダイの帰還』（一九八三年の初公開時の「サブタイトルは『ジェダイの復讐』）におけるかわいらしいテディベアのフィナーレ」になぞらえている。有名映評家ピーター・トラヴァースは、ロカタンスキーは鋼の意志を失ったと告発する。「ミラーはニヒルなヒーローとしてアクション中毒者の心を勝ちとったマックスに、わんぱくたちのお守りをさせて感傷に浸らせた」。

ジョージ・ミラーはのちに、『サンダードーム』の企画は野心的すぎたとうちあけている。

**あとから気づいたが、ストーリーをどうやら盛りこみすぎたらしい。三つ……ふたつか三つの異なる世界を物語り、苦労して――ひねって――ひとつにまとめようとした。**

監督はまた、この機会に《マッドマックス》ファンの大半からシリーズ中最弱とみなされるようになった映画を擁護した。「三作のうちでいちばん愛着がある作品だよ。たとえたいていの人々が同意しなくてもね」

映画批評家と《マッドマックス》ファンだけが、「大地の裂け目」のこどもたちとロード・ウォリアーの交流にもの申しているのではなかった。著名な小説家ラッセル・ホーバンのファンたちは、『サンダードーム』と一九八〇年にホーバンが上梓したベストセラー小説『Riddley Walker』（概してホーバンの傑作とみなされている）との偶然の一致以上の類似性を指摘する。長年のあいだに多くの人間が二作を比較した。比較の大半は、両方のストーリーが核戦争後、原始的なブロークンイングリッシュを話すこどもたちの一族が出てくる設定に集中するきらいがあった。「大地の裂け目」に住むこどもたちが、「明日の国《トゥモロー・ランド》」へ彼らを導くキリストかモーゼ的な主導者が予言のとおりに再臨したのだと信じてマックスに与えた名前に、ミラーとヘイズがホーバンの小説を知っていたヒントがみつかる。こどもたちはマックスを「キャプテン・ウォーカー《Captain Walker》」と呼ぶのだ。

本書ですでに示唆したように、ポップカルチャーのルーツとインスピレーションを探り当てようとしても、一筋縄ではいかない。映画の系譜は一直線ではなく、フィードバックのループになっているからだ（無意識的、または意識的にあっちこっちから少しずつ吸収する）。《マッドマックス》映画の最初の二作は、あからさまな焼き直し作（たとえば一九九五年の『ウォーターワールド』は基本的に非公式な『マッドマックス2』のリメイクだ）から、より微妙なトリビュート作まで、それ自身が無数の傍系を生みだした。

しばらくは、ホーバンとミラーと共同脚本のヘイズとのあいだに直接的なつながりは何もないかに思われた。それが変わったのは、一九九〇年十月、小説家がサンディエゴ州立大学の講演で学生にぶちまけたときだ。長く、多岐にわたる質疑応答セッションの終わりに向けて、ホーバンは『サンダードーム』は『Riddley Walker』の剽窃《ひょうせつ》と思うかとの質問をとりあげた。質問に答え、ホーバンは『サンダードーム』製作に先立って、ミラーはヘイズとのディナーに彼を招いたと説明した。その席でホーバンは小説を手渡し、ミラーが映画化してくれるのを期待した——なぜなら監督は「実景のなかに置かれた人間たちの演出にすばらしい手腕を見せるように思えた」からだ。ミラーからは二度と連絡がなく、人々から『マッドマックス　サンダードーム』を見たかと問う手紙を受けとりはじめたとき、ホーバンは驚いたという。

それでも、《マッドマックス》ファンへの最も的を射た質問は、ロード・ウォリアーがラッセル・ホーバンに何かしら借りがあるかどうかではなく、スクリーンに戻ってくるかどうかだ。元ハイウェイパトロールへのカーテンコールともとれる、不吉な前兆がある。ジョージ・ミラーにもともと続編をつくる意図はなかった。まして、二本も三本もの続編は。ところが、『サンダードーム』の公開後まもなく、監督はロカタンスキーが戻ってくるかもしれないという気をもませる示唆をした——ただし、悪役として。ミラーはいった。

**もし彼（マックス）が、たとえば、物語の終わりにこどもたちといっしょにいたいと望み、新たな社会を都市部に再建してその後強権的な指導者の地位に就くとすれば、暴君になるはずだ。必然的にね。ヒエラルキーを確立する必要があるんだ。**

独裁的な、残虐非道なロード・ウォリアーとなる兆しをにおわせる幕切れではなかったものの、観客はこの因習破壊キャラクターの最期を見とどけてはいない。彼のつぎなる冒険の軌跡を追うため、われわれは未来へジャンプしなくてはならない。大きくジャンプ——三十年——し、猛スピードで走る車の後部座席に座る。ずいぶん老いたジョージ・ミラーが、太陽に焼かれた風景のなかを突き進んでいる。

そして、故郷からははるか遠くにいる。

# Chapter19 : MR MILLER GOES TO HOLLYWOOD

# 第十九章　ミラー　ハリウッドへ行く

**「思い出してほしいが、われわれは十年間、くそったれな踊るペンギンの映画にかかりきりだった。その間室内に座ってレーザーポインターを握りしめ、『あの雲をこっちへ動かせ』なんてやってたんだ」**

「なんてこった、ビデオゲームのなかにいるみたいだ！」。これは――ののしりのことばをひとつふたつつけ足すか削れば――オーバーブーストV8オフロードレーストラックに座り、現実にアクションを追いかけて砂漠を突っ走っていたときにジョージ・ミラーの頭のなかを瞬時によぎったことばだ。ミラーの周囲では、ガソリン食いのモーターじかけの奇怪な野獣どもがギャンギャンわめき、土ぼこりを屠《ほふ》りながら風景をなめるように疾走している。車両の多くは殲滅《せんめつ》される運命にあり――天国のだだっ広いスクラップ場への片道切符――そして、監督はこの土地で彼らに追いすがりながら、破壊のページェントを縫って進んでいる。

ミラーが乗っている車はごくふつうに見えるが、人目を引く特徴がひとつある。屋根から水平に、ジャイロスタビライザーを備えたクレーンが六メートル以上のびているのだ。クレーンの先には三百六十度回転する全方位フルモーションのカメラがついており、助手席に乗った人物がトグルスイッチで操作していた。後部座席の端に座るミラーの目の前にはモニターが置かれ、アクションのライヴストリーム映像が送りこまれる。〝エッジアーム〟という手のこんだこの装置には、地上で展開するアクションを追いかけて撮影する並はずれた能力があった。機材のビデオゲームに似た性質について、監督は何度か言及している。エッジアームの操作がどれほどずば抜け、かつ危険なのかを。

結局、ミラーはもう一本《マッドマックス》映画をつくることになった――『マッドマックス　怒りのデス・ロード』と題して。もし映画製作が戦場へ赴くようなものなら――監督が使って久しいたとえ――今回の撮影には、若いころの自分が感激でむせび泣くようなテクノロジーを配備した。いつの日か自分が推定一億五千万ドルという莫大な製作費の作品の指揮をとることになるなど、一九七〇年代のジョージ・ミラーは決して信じなかっただろう。

上述したシーンが起きた場所は、メルボルンでもブロークンヒルでもクーバーピディ近郊のどこでもない――オーストラリアでさえない。アフリカ南部のナミブ砂漠だ。この地にて、マックス・ロカタンスキーの四つ目の冒険が撮影された。二〇一二年の後半、『サンダードーム』の公開後じつに二十七年が経《た》っていた。『怒りのデス・ロード』が二〇一五年なかばに映画館にお目見えするころには、アンダーワールドでブタの糞《ふん》をよけ、「大地の裂け目」のこどもたちと友愛を結んだロード・ウォリアーの姿を最後に目にしてから、三十年間の禁酒期間を経てきた勘定になる。ジョージ・ミラーは最初の三作を三十代で撮った。『怒りのデス・ロード』の本撮影をはじめたときは六十七歳、あのころの日々は、いまはるか昔だ。メルボルンで一作目を撮影した当時を、別の人生のできごとのように感じる。

アフリカでカメラが回りはじめる二ヶ月前、健康上の不安を覚えたミラーは、親しい友人のグレッグ・ヴァン・ボーサムにつき添われて病院に赴き、心臓手術を受けた。『怒りのデス・ロード』の本撮影で技斗《ぎとう》と武器アドバイザーをつとめ、ミラーの仕事仲間でもあるヴァン・ボーサムは、踊るペンギンにまつわるCG製のファミリー映画二作、『ハッピー フィート』（二〇〇六）と『ハッピー フィート2 踊るペンギンレスキュー隊』（二〇一一）でミラーと緊密に働いた。

「（病院の）一室に座っていたら、ジョージから選択肢について相談された」と、ヴァン・ボーサムが記憶をたぐる。

> ジョージがわたしを見ていった。「どうしても、これ（『怒りのデス・ロード』の撮影）をしなくちゃいけない。みんなを失望させるわけにはいかないんだ」。処置について、いくつか検討した。ジョージはステントを入れ、経過を見て、映画を撮った。みんなはジョージがどこへ行っていたのか、気づいてないよ。

ヴァン・ボーサムがつづける。

> 思い出してほしいが、われわれは十年間、くそったれな踊るペンギンの映画にかかりきりだった。その間室内に座ってレーザーポインターを握りしめ、「あの雲をこっちへ動かせ」な

**んてやってたんだ。**

ステントというのはプラスチックか金属製のちっぽけなチューブで、カテーテルから冠状動脈（もしくはほかの動脈）に挿入できる。冠動脈疾患をふくめたさまざまな用途に用いられ、心臓発作のリスクを減らす。ヴァン・ボーサムがつづける。

**ガイ（・ノリス、ミラー作品の長年のスタント・コーディネーター）とわたしで、ジョージにこういったのを覚えている。「準備は万全だと確実にいえるようにしてほしい。今度の撮影は気の抜けない、とんでもない戦争に行くようなことになるから」。きつかったよ。毎日いまいましい砂嵐や砂塵《さじん》嵐やあれやこれやがあった。環境自体、ものすごく健康じゃなければ太刀《たち》打ちできないものだった。加えて何かを指揮するのはそれでなくても荷が重い。すべてがきつかった。問題つづきの映画だったから、ジョージは消耗した。**

映画産業――とりわけハリウッド――はエゴのぶつかりあいと権力闘争に満ちた、大変なプレッシャーのかかる一触即発の環境になりうる。順応するか死ぬか、立ちあがるか押しつぶされるかの問題に、ときにはなる。『サンダードーム』を完成した直後のジョージ・ミラーには、当面このシステムに押しつぶされる予定はなかった。

『マッドマックス　サンダードーム』の記者会見中、ミラーのとなりに座り――監督はツイードのジャケット、白いボタンアップのシャツにピンクの蝶ネクタイという服装――メル・ギブソンは穏やかに話すアーティストのミラーと、爆音・爆速の映画を撮る監督のミラーの二面性について問われた。
「ジョージはタフなんだ」と、ギブソン。

**この映画やほかの多くの作品で、何度かひどく敵対的な状況になったことがある。ある日、ジョージをひどく残酷な人間だと思った。「どうしたらこんなに冷淡になれるんだ？」って。冷淡なんじゃない。自分のしていることに気持ちが向くあまり、たとえ足に釘《くぎ》を打ちこまれても気がつかないんだ――まじめな話――ジョージは感じやしないよ。**

ジョージ・ミラーほどの才能と野心を備えたアーティストからすれば――とりわけスタントとスケールの大きなスペクタクルを好む作風を思えば――ハリウッドにドアをノックされてから契約書のサインへと行きつくのは、単に時間の問題だったのかもしれない。ミラーは虚飾の町《ティンセルタウン》（ハリウッドのこと）に来ると一九八〇年代から九〇年代にかけて二本の映画を手がけ、苦い思いをしたのち、二度と映画を撮りに戻ることはなかった（三本目を打ちあげようとはしたが）。オーストラリア映画界において、ミラーは小さな池のなかの大きな魚だった。ハリウッドでの彼は大海に放たれた何匹もの大きな魚の一匹となり、ちっぽけで飢えた無数の有象無象が彼らの時間を永遠に噛《か》みちぎり、食いつくす隙をうかがっていた。
一九八七年の『イーストウィックの魔女たち』を製作中、ミラーの当時の妻サンディ・ゴアが夫婦の初子にしてひとりっ子のオーガスタを出産した。オーガスタは人生のはじまりで苦難に遭う――人工呼吸装置につながれ、呼吸困難な状態だった。ミラーがフィルムメーカーだと知ったオーガスタの担当医が読んでほしいと脚本を手渡したとき、監督は激怒した。

『イーストウィックの魔女たち』はジョン・アップダイクの小説を映画化した作品で、カリスマ的な女たらし、その正体は悪魔という役どころをジャック・ニコルソンが演じる。ミシェル・ファイファー、スーザン・サランドンとシェールは、ニコルソンが誘惑する（そして最終的に彼を誘惑するともとれる）トリオを演じる。初期の製作会議で、予算節約のためにスタッフは何ができるかとのプロデューサーの質問に答え、ミラーはトレーラーを自分にあてがう必要はないと申し出た。「わたしは決してトレーラーを使わない」と、ミラーはいった。「俳優たちといるか、セットにはいないかのどちらかだ」

その申し出を弱腰のサインと受けとめられたのを知り、監督は愕然《がくぜん》とする。「ハリウッドでそれは『この男にはなんでも値切れるぞ』という符帳なんだ」と、彼はのちにふり返った。「それで突然、もしわたしがとあるシーンに三百人のエキストラを求めたら、それは百五十人になった。カメラを三台必要としたら二台になった」。監督は対抗策として多めに見積もった。たとえば、必要なエキストラの二倍の人数を要求し、半分がその日に到着すると当たりをつける。

そして、ハリウッドの別のホットショット（〝大物〟と〝麻薬〟のふたつの意味がある）のことも嫌っているのを思い出させる場面があった。ときおり、地元の特産物を餌にミラーを釣ろうと試みる輩《やから》が現れた。あるときひとりの男がミラーに近づき、どちらを好むか聞いた。「コカイン、それとも女の子《プッシー》？」監督は冗談交じりに答えた。「ダブバー（チョコレート）とチョコレートがけのアイスクリーム」

ミラーはプロデューサーたちとぶつかり、そのなかの何人かを機能不全でモラルに欠ける人間とみなした。彼は二度映画を降板し、そしてひとりのプロデューサーがセットでかんしゃくを起こしたとき、監督は翌日現場入りを拒否する。ミラーはまた、スターのひとり、シェールとも険悪になった。ミュージシャン兼俳優のシェールによれば、彼女が役をもらったのは監督の希望ではなくスタジオの要請であり、そして、ミラーは彼女の名前を口にするときは空中にクエスチョンマークを浮かべた。二〇一六年に出版された書籍『Powerhouse: The Untold Story of Hollywood's Creative Artists Agency』〔未邦訳〕で、シェールは手加減しなかった。「ジョージ・ミラーはわたしに口出しされるのを嫌い、わたしの首を切りたがった」

彼らはわたしに電話してては「きみがこの映画に出てくれてジョージはすごく興奮している」とかなんとかいうけど、わたしがジョージに電話すると「きみなんかおよびじゃないのにごり押しされたんだ」というから、いってやった。「あらそう。何よ、ファックユー。わたしは逃げも隠れもしないわ、アカデミー賞にノミネートされたのよ」

一九九二年発行の〈ロサンゼルス・タイムズ〉紙に語ったミラーのいいぶんでは、

シェールは映画スターみたいにふるまった。こどもっぽかったよ、実際。ごね得ってやつだね。そのうちわたしもひどい態度をとりはじめ、かんしゃくを起こして姑息になった。それが、いいぶんを通すのにいちばん効果的な方法だった。ハリウッドは良識ある態度をとると罰

**するんだよ。札つきだと評判の監督や俳優に実際会ってみると、すごく分別のあるまともな人たちだってわかる。**

『イーストウィックの魔女たち』でミラーが味わった経験では、少なくともひとつ、大きな収穫があった。監督はジャック・ニコルソンとは馬が合い、よき友人かつ助言者《メンター》を得る。スーパースターの俳優は、ジョージを「ギグ」と呼び、新たなオーストラリア人の友人に、「連中には自分をちょっとクレイジーだと思わせろ」と、入れ知恵した。

ミラーは一九八九年に『デッド・カーム　戦慄の航海』を製作する。ニコール・キッドマンとサム・ニール演じる夫婦が洋上のヨットでバケーションを過ごしていると、怪しげな見知らぬ男（ビリー・ゼイン）に脅される。クイーンズランド州のハミルトン島での撮影中、美術監督のグレース・ウォーカー――《マッドマックス》シリーズで大きな役割を演じ、『マッドマックス2』と『マッドマックス　サンダードーム』の車両とセットのデザインを担当した――はケネディ・ミラー社と仲違いする。ウォーカーによれば、自分の落ち度ではない一連のできごとを非難されたという。ある晩プロダクション・オフィスの土台が不思議なことに崩落した件や、オートバイでドライヴに出かけた何者かがハミルトン島の空港滑走路を乗りまわした件などの濡《ぬ》れ衣《ぎぬ》を着せられた。

「われわれはハミルトン島にずいぶん長いことといて、たぶんほんのちょっと度を超したかもしれない」と、ウォーカーは認める。

**けれどかなり大きなできごとで非難され、それはわたしがやったのではなかった。だれの仕業か知っていたが、告げ口をする気はなかったから、罪を被《かぶ》った。**

一瞬考えたのち、ウォーカーはこうつけ加えて、大笑いした。

**でも、F100で庭園を走り抜けて、ゴルフカートの保安要員に追いかけられたのはわたしだったと思う。椰子《やし》の木があっちこっちに植わってて。傑作だったな。**

『イーストウィックの魔女たち』のつぎにジョージ・ミラーが監督した映画は、やはりハリウッドで製作され、彼の医学と映画づくりへの興味を結合させた。一九九二年に公開された——同じ年にミラーと最初の妻サンディ・ゴアが離婚する——『ロレンツォのオイル 命の詩』は、(ニック・ノルティとスーザン・サランドン演じる)アメリカ人夫妻が副腎白質ジストロフィーという不治の病を患う幼い息子のため、治療法を探し求めた実話を丁寧に描く。製作は『イーストウィックの魔女たち』よりもスムーズにいき、ふたつのアカデミー賞にノミネートされた(脚本賞と主演女優賞)が、万事順調とはいかなかった。撮影中、監督は主役のひとりにキャスティングされた少年俳優ザック・オマリー・グリーンバーグの両親に悩まされ、彼らのセットでの行動をのちに「グロテスクな注目集め」となじった。ザックの母スザンヌ・オマリーはやり返し、彼女は半年分の収入を投じて息子に演技コーチをつけたのに、クレジット表記も保証もされなかったと主張した。

この年までに、《マッドマックス》一作目の偉大なスターのひとり――ロカタンスキーの愛するブラック・オン・ブラック・インターセプター――が二度の瀕死の経験を生きのびたあと、引退の花道を飾った。『マッドマックス2』でスタント用の車は破壊されたが、本物は生き残る――内装を剝がされ、燃料タンクを収めるためにボンネットとトランクが切りとられてはいたが。三年以上スクラップ場の外に放置され、錆《さ》びついて風雨にさらされ――それでも通行人の注意を引き――やがて、《マッドマックス》ファンのボブ・ファーセンコが目にとめて買いとる。ファーセンコは車をかつての磨きあげた姿にレストアし、続編で追加されたタンクを保存した。

ファーセンコは甦《よみがえ》らせたマッスルカーでオーストラリアじゅうをツアーして回り、さまざまなショーや展示会に参加して、スターに会って感激したファンに記念写真を撮らせた。その後、ファーセンコはイギリスのカーズ・オブ・ザ・スターズ自動車博物館に車を売却し、その博物館もさらに転売する――名高いマイアミ・オート・ミュージアムへ。ここの、完璧に空調の効いた環境（オーストラリアのアウトバックの過酷な気候とは大違い）のもと、ブラック・オン・ブラックは展示されている千台以上の車両と親交を温める。その多くがやはりいずれ劣らぬ人気者ぞろいで、（テレビ番組「ナイトライダー」〔一九八二～八六〕の）ＫＩＴＴ、バットモービル、一九六四年の映画『００７　ゴールドフィンガー』でジェームズ・ボンドが運転したアストンマーチンなど、錚々《そうそう》たる面子《メンツ》だった。ロカタンスキーの複数の名前を持つ車（インターセプター、ブラック・オン・ブラック、パーシュート・スペシャル）はまた、ファン――おそらくフォロワーと呼んでもいいだろう――から「最後のＶ８」と尊《たっと》ばれた。

一九九〇年代にケネディ・ミラー社が引き受けた最大の作品はまた、ジョージ・ミラーが監督ではない最大のジョージ・ミラー映画だった。フィルムメーカーは『ベイブ』〔一九九五〕を共同製作・共同脚本する。牧羊犬チャンピオンを目指す心優しいしゃべるブタのおはなしだ。ケネディ・ミラー社とはテレビミニシリーズ「Vietnam」〔一九八七〕と「カウラ大脱走」〔一九八四〕で組んだことのあるクリス・ヌーナンが監督した。シェールのときと同様、ベテランのアメリカ人俳優ジェームズ・クロムウェルは、アーサー・ホゲット（ベイブが暮らすホゲット農場の主《あるじ》）役に彼が抜擢《ばってき》されたのはミラーの意向ではなく、監督はオーストラリア人俳優を望んだという。クロムウェルによれば、ヌーナンが彼を紹介したとき、ミラーは「もみあげを切れ」と難癖をつけた（クロムウェルは残した）。

動物福祉やネイティヴ・アメリカン居留地の環境改善など、社会運動を長くつづけて一目置かれるベテラン俳優クロムウェルは、アメリカの人気ウェブサイト〈The A.V. Club〉が二〇〇八年におこなったインタビューでさまざまな話題に答えながら、セットでのミラーの存在について、剣呑《けんのん》な発言をしている。

彼（ジョージ・ミラー）は実際、二作目の『ベイブ　都会へ行く』では気持ちよく接してくれた。けれど一作目はそうじゃなかった。撮影が進むうち、彼はクリス（・ヌーナン）に最悪な仕打ちをした。それはひどいもので、クリスをセットから追いだしたんだ。野原で撮影していたら、彼とその手下たちがクリスを野原の真ん中まで連れだして――がみがみなじってるのが見えた。第一助監督が見張りに立ってだれも近づけないようにしていたが、わたしは「知ったことか」といって割って入り、クリスの脇に立ちジョージが手だしできないようにした。

クロムウェルはつづけた。

それまで『マッドマックス2』などの映画を何本も撮ってきた彼は、こう考えた。「ふん、もしこれが大コケしても責めを負うのはごめんだ。ひとつクリス・ヌーナンにやらせるか」。ところがそのあとラッシュを見たら、いかにすばらしい作品かがわかって、ジョージはとり返したくなったんだと思う。主導権を握りたかった。クリスの力を弱め——編集室であきらかにクリスをずたぼろにした。とにかくミラーとは二度と仕事をしないから、気にしない。けれどわたしはジョージを好きだよ。本当に才能があると思う。とはいってもほら、彼らはときどきやるんだよ、当たり散らしたりなんなり。

だれも『ベイブ』の成功を予期しなかった。少なくとも、小さなブタさんが市場に出まわったときに実際に起きたほどの成功ぶりは。

世界じゅうの映画館からの興収二億五千万ドルに加え、映画は作品賞、監督賞、編集賞、そしてクロムウェルの助演男優賞ほか、七つのアカデミー賞にノミネートされた。

「ひとつやふたつならすばらしいが、七つなんて罰当たりだ」。その知らせがきた日、オーストラリアでそうジョークを飛ばしたミラーは、〈シドニー・モーニング・ヘラルド〉紙向けに写真のポーズをとり、ヌーナン、ミラーの弟ビル（共同プロデューサー）、ダグ・ミッチェル（やはり共同プロデューサー）と並んで立った。一九九五年、『ベイブ』が公開された年、ミラーはマーガレット・シクセルと再婚する。シクセルが手がけた多数の映像作品のひとつに、ケネディ・ミラー社が一九八四年に製作したオーストラリア放送局のミニシリーズ「最後の要塞　ポートモレスビーへの道」があり、シクセルは編集助手をつとめた。

ミラーが『ベイブ』を監督しなかった理由のひとつは、エネルギーを別のプロジェクト、SF映画『コンタクト』に注いだからだ。一九九三年、ワーナー・ブラザースはミラーと契約し、カール・セーガンが一九八五年に著した同名小説をもとに、ジョディ・フォスター主演で映画化するSF作品の監督を任せる。当初はベテランのアメリカ人監督ロバート・ゼメキスに振られていたが、ゼメキスは企画を断った。伝えられるところでは、脚本の結末に不満があった。ミラーは仕事を引き受け、ともに科学者として長い経歴を持つセーガンと妻のアン・ドルーヤンに何度か会った。監督はフォスターの相手役にレイフ・ファインズを所望したが、最終的にマシュー・マコノヒーに決まる。ミラーもやはり、脚本に問題を認め――練りこみ不足だと確信した――リライトを要求し、オーストラリア人マーク・ランプレルをアシストにリクルートする。一九九六年のクリスマスシーズン公開を予定したスタジオの思惑が、どんどん砂上の楼閣と化してきた。最終的にはその翌年の七月十一日にアメリカで公開される。

一九九四年、『フォレスト・ガンプ　一期一会』が六つのオスカー（作品賞をふくめ）を獲得し、六億七千七百万ドルものべらぼうな額の世界興収をあげた直後、ロバート・ゼメキスが呼び戻された。ミラーは降板させられ、監督としての職務をろくに果たす前にその地位を失う。降板の条件として、和解案が話しあわれた。ミラーはもはや『コンタクト』を監督しない――大きな打撃だ、この企画に注いだ労力を考えれば——しかし、思わぬ棚ぼたがあった。ミラーは《マッドマックス》の権利をとり戻す。一時期、《マッドマックス》テレビドラマ化の話が持ちあがった。一話一時間の番組をミラーが監督し、おもちゃ、Tシャツ、帽子、バックパックやランチボックスなど、さまざまなマーチャンダイズを展開すれば大きな収益を見こめる。

『ベイブ』の続編を監督する機会が巡ってきたとき——映画のとてつもない成功からすれば事実上の既成事実——ミラーは飛びついてヌーナンにとって代わった。ランプレルが共同脚本し、マーガレット・シクセルが編集した『ベイブ　都会へ行く』〔一九九八〕は、ブヒブヒ鳴くちび助を街なかに送りだし、道路の代わりにヴェネチアのような運河が走り、有名な名所（シドニーオペラハウス、自由の女神像、エッフェル塔をふくむ）が混じりあう空想上の合成都市を、とことこ駆けまわらせる。豪華なセットがシドニーのムーアパークに建てこまれ、動物を泳がせるための温水の運河がつくられた。配給元のユニバーサル・ピクチャーズには、チャーミングで幅広い層にアピールするオリジナルの再現を信じるあらゆる理由があった。ミラーが別の方向へ、どれほど大きくハンドルを切るつもりなのか彼らは気づいていなかった。

《マッドマックス》創始者《ヴィジョナリー》による子ブタの物語の続編には、ハラハラするシークエンス描写があり、ロープで逆さづりになったブルテリアが水面に落ち、危うく溺れ死にしかける。また、元セックスワーカーだったことがあからさまに示唆されるブランシュ・デュボア（『欲望という名の電車』の女性主人公）風のピンクのプードル、身重のチンパンジーとその横柄な夫、さらには入院した動物たちが酸素マスクからシガレットを吸うシーン（ファイナルカットからは削除）さえあった。ニュースサイト〈Crikey〉の著者による二〇一三年のインタビューで、ジェームズ・クロムウェルは『ベイブ　都会へ行く』の裏にある原理を「一作目にはこどもを連れていき、二作目には置いていけってことだ」と表現した。ジョージ・ミラーは〈ガーディアン〉紙で二〇一五年に著者がおこなったインタビューで、こう答えている。

**確かにその要素はあるが、こどもはすべからく家に置いてこい、なんていうつもりはなかった。そんな論理で進めたりはしない。物語に引っ張られただけだ。ディズニーの傑作を見れば、ストーリーはこどものなかのおとなのためと、おとなのなかのこどものためにつくられているよね。わたしのお気に入りのディズニー映画で、映画全般ひっくるめてもお気に入りの『ピノキオ』〔一九四〇〕を見てみたらいい。ひどく苛酷な話であり、ものすごくパワフルだ。確実に、こどものなかのおとな向けなんだ。**

『ベイブ　都会へ行く』の評価は賛否両論、完全な否定から諸手をあげての肯定までに分かれる。とある界隈《かいわい》では、「しゃべる動物映画の『市民ケーン』〔一九四二〕」とみなされ、小さいが熱心な讃美者の輪が生まれたいっぽうで、スタジオは幻滅した。彼らの目には、ミラーは言語道断なことをしでかした。万人受けする金のなる木を、ごく限られた者にしかアピールしない高尚なアートフィルムに変えてしまった。およそ九千万ドルの製作費で、『ベイブ　都会へ行く』はアメリカではたった千八百三十万ドル、海外では五千八十万ドルの興収に終わる。壮大な大コケだった。「映画は暗いという評判がたってしまった」と、のちにミラーはふり返った。「何か新しいことをしようとしたのだが、うまくいかなかった」

ふたりのこども、ブッダとティジが生まれ、ミラーはますます家族向けの映画製作に気持ちが傾いていく。彼と妻のマーガレット・シクセルは、二〇〇六年の『ハッピー フィート』で再びタッグを組んだ。マンブルという名の踊るペンギン（イライジャ・ウッドが声を担当）の映画はたいへんな成功を博し、世界興収は三億八千万ドルにのぼった。そして監督も驚いたことに、アカデミー賞の長編アニメーション映画賞を獲る快挙を成し遂げる。『ハッピー フィート』はまた別の、商業的な失敗をきたすミラー監督による続編を生んだ。『ハッピー フィート2 踊るペンギンレスキュー隊』（二〇一一）は製作費推定約一億三千五百万ドルに対し、海外興行収入は一億五千万ドルどまり。カオスな話運びと終始安っぽいトップ40の歌の羅列で、映画は批評家から毛嫌いされた。

「事実上、CG製の鳥数羽が一時間半、深淵を見つめている」と、〈テレグラフ〉紙のロビー・コリンが切り捨てた。「彼らの気持ちはよくわかる」

二本の《ハッピー フィート》映画のあい間に、ジョージ・ミラーは別の企画に手を染めるも、またもやはじまる前に終わる。大作だ。ワーナー・ブラザース製作によるDCコミックス《ジャスティス・リーグ》ユニバースの映画化で、スーパーマン、バットマン、ワンダーウーマン、フラッシュ、グリーン・ランタンらアイコン的なキャラクターが集結して入り乱れる。まるごとオーストラリアで撮影されるため、予算は驚異の二億二千万ドルが見積もられ――これまでで最も製作費のかかる作品として名を連ねた。ミラーのキャストには、マーシャン・マンハンター役に地元オーストラリア人のヒュー・キース＝バーン（別名『マッドマックス』のトーカッター）、ワンダー・ウーマン役にメーガン・ゲイルがふくまれた。本作のようにメジャー作品が海外で撮影される場合、有利な為替レートおよび／または政府の税額控除が当てこまれる。この規模のプロジェクトは通常、地元産業にかなりの利益をもたらすからだ。

ミラーの《ジャスティス・リーグ》映画はオーストラリア連邦政府の寛大なプロデューサー・オフセットを手に入れるのに失敗した。これは、長編映画の製作費を四十パーセントを上限に補助するという制度で、この場合は八千八百万ドル前後に相当する。二〇一五年に著者がおこなった〈ガーディアン〉紙のインタビューにおいて、監督は当時選挙に勝利したばかりで、発足後まもないケヴィン・ラッド首相（二〇〇七年に就任）の新政権に非難の矛先を向けた。「発足当初のラッド政権はあまりにも優柔不断だった」

**当時の諮問《しもん》委員会はひどく自信に欠け、映画産業の知識については話にならないほどナイーヴでね。少人数による投票で決まり、われわれの持ち時間は尽きてしまった。**

オフセットの適用はケースバイケースで検討され、主要な基準のひとつが「大々的なオーストラリア成分（映画の主題やキャストとスタッフの国籍など）」だった。アメリカのスーパーヒーローが多数登場するハリウッド製映画がその基準を満たしているか、諮問委員会には疑問だった可能性がある。

同じ疑問が、《マッドマックス》に対して向けられる心配はない。ロード・ウォリアーはさまざまな文化におけるさまざまな英雄になりはしても、生粋のオーストラリア人だ。ジョージ・ミラーのキャリアが年月を重ね、企画が女たらしの悪魔から医療ドラマからしゃべる動物へと推移しても、ひとりのキャラクターは決して彼の頭を去らなかった。監督がどこへ向かおうとロード・ウォリアーは常にそこにいて、ミラーの頭のなかに敷かれた死屍累々《ししるいるい》の高速道路を突き進んでいた。

ロカタンスキーの爆発的な四度目の冒険の製作に青信号を灯《とも》らせるには、楽な道のりとはならないだろう。だがその前に、ジョージ・ミラーは物語を必要とした。ロートルの元ハイウェイパトロールが、彼のブラック・オン・ブラック・インターセプターのほこりを払い、いま一度走りはじめる正当な理由が。

# Chapter20 : ROAD WARRIOR REINCARNATED

# 第二十章　ロード・ウォリアー再生

「ジョージ、すごくおもしろそうだし喜んで演《や》りたい。だけどいますぐかからないと。体力的にこの手の役ができるかはいまでさえ怪しいのに、五年後にはなおさらだ」

『マッドマックス　怒りのデス・ロード』の中核を成すアイデアは、道路を爆走する車ではなく、道路を渡るジョージ・ミラーのもとへやってくる。一九九七年、ロサンゼルスにいた監督が通りを横断していると、マックス・ロカタンスキーの新たなるアドベンチャーが閃《ひらめ》いた。少しのち、再び横断中――今回はロサンゼルスからシドニーへのフライト、大西洋上空――それが戻ってきて固まった。

やがては映画となる、もやのかかったヴィジョンはミラーいうところの「寝入りばなの夢想」のなかで展開した。飛行機から降りたミラーは、物語のマクガフィン（プロットの引き金となる物または人）を人間の積み荷にしようと決めた。今度の獲物はガソリンにあらず、人間だ。監督はまた、もうひとつ決めた。物語は全編、走りながら展開する。

《マッドマックス》映画を一本書くだけでも想像がつかない難事業だ。ミラーはいつもチームを組んで脚本を書いてきた。フィルムメーカーは今回、コミックブック出身のイギリス人アーティストでライターのブレンダン・マッカーシーとパートナーを組む。オリジナルで組んだジェームズ・マッカウスランドや『マッドマックス2』のテリー・ヘイズ同様、マッカーシーは脚本を書いたことがなかった。コンビは仕事にかかる。今回はミラーのイラストレーション愛が、改めて成層圏の高さまで達する。ケネディ・ミラー・ミッチェル社（現在の社名。長年のプロデューサー、ダグ・ミッチェルが二〇〇九年ビジネスパートナーに就任した）の本社に設けられた『怒りのデス・ロード』部屋は、アクションのほぼすべてのパートを描き起こした三千五百枚のストーリーボードだらけになる。

そのために、コンビは人手を必要とした。車両デザインと描画を専門とするイラストレーター、ピーター・パウンドが仲間に迎えられた。さらにストーリーボード・アーティストとしてもうひとり、ケネディ・ミラー・ミッチェル社とはつきあいの長いマーク・セクストンを引き入れる。ミラーとマッカーシーがヴィジュアル面のアイデアを中心になって出し、パウンドとセクストンが大型の電子ホワイトボードに向かいあわせに立って絵に落としこむ。監督の仕事のはじめかたは毎日同じだ。部屋の片隅の椅子に腰かけ、目を閉じる。

「知らない人が見たら、ジョージは居眠りしていると思うだろうね」と、回想するマーク・セクストン。

**ピーター、ブレンダンとわたしは部屋の真ん中に置かれた大きな丸長のテーブルに座って話しあった。ホワイトボードも用意してある。ジョージが隅に座って、目を閉じる。突然顔を上**

げて、こういう。「よし、行けそうだぞ」

ピーター・パウンドがつけ加える。

椅子に座って目を閉じているとき、ジョージは前回われわれが進めたところを反芻《はんすう》して、彼の考えたプロットラインにはまるかどうか検討している。彼が何を考えていたのかはだれにもわからない。頭のなかで映画が流れているのだろうって思うのがぼくは好きだ。

マックス・ロカタンスキーがつぎに生きるユニバースは、よりステップアップ——それともダウンというべきか——した、地上の地獄だ。物資、とりわけ水が『怒りのデス・ロード』の世界ではより貴重となり、極端な階層社会が存在する。食物連鎖の頂点に君臨するイモータン・ジョー将軍が、快適な要塞シタデルから無力な下層民を支配していた。帯水層の上に岩山の塔がそびえ立ち、頂上では庭園と草地が手入れされている。イモータン・ジョーは当初、禿《は》げ頭で青い肌だった。はじめの設定では、将軍は塔のてっぺんから飢えに打ちひしがれた地上の群衆にジャガイモを投げ与える。特別な印のついた青いじゃがいもがウィリー・ウォンカ（『チャーリーとチョコレート工場』の登場人物）の黄金のチケットのごとく機能し、拾った者はシタデルへのアクセス権を得る。のちにじゃがいもは水に変更され、「おみくじチケット」アイデアは捨てられた。

イモータン・ジョーの最も貴重な所有物は、閉じこめられた「五人の妻」であり、自分の子を産ませるための「種畜」に使う。女たちはもともと、ほぼ全編をとおして裸だったが、映画では服というよりはただの綿の布きれを身につけた。独裁者の高官（「大隊長」と呼ばれる）のひとり、フュリオサ――グリースで顔を汚し、機械じかけの義手を左の前腕に装着している――が「五人の妻たち」を解放しようと企てるとき、プロットが動きだす。フュリオサは女たちをごついトラック、ウォー・タンクのなかに隠し、こどものころの記憶にある（「緑の地」と呼ばれた）場所へ向かう。マックス・ロカタンスキーなる人物が旅のはじまり早々に加わり、ライドに同道する。

「緑の地」が居住不可能な土地になり果てたと知って心が砕けたフュリオサは、仲間たちと行き先を変える。イモータン・ジョー不在のシタデルが無防備な状態であることに気づき、一行は乗っとるべくとって返し――基本的に、この映画をものすごく大がかりなUターンストーリーにする。謀反人たちはシタデルを制するものの、数名が大乱戦中に落命する。

物語をどうやって締めるか、あれこれ案を出しあう過程で、ミラーとマッカーシーはよりスペクタクルな――そして『テルマ&ルイーズ』（一九九一）タッチの幕切れを、しばらく検討した。この（捨てられた）ヴァージョンでは、イモータン・ジョーの車両軍団がウォー・タンクを絶崖に追いつめる。最後の瞬間、フュリオサが突然、雲間に隠れた脇道に降りる。ジョーの車両数台が崖から飛びだして落下する。将軍のギガホースをふくめたほかの車両はぎりぎりで止まる。突如、雲間からジェットパックをつけた空飛び族の女性たちが現れる。

「しばらくのあいだ、われわれはそれをエンディングにするつもりだった」と、マッカーシーがのちにふり返った。「男対女のバトルがくり広げられる、それが正確なところだ。ずばり、そのヴァージョンのね」
ほかにとりやめられたのは、単に胸くそが悪すぎたからだ。コミックブックのヴァイオレンスと映画のヴァイオレンス、あるいはビデオゲームのヴァイオレンスでさえ、勝手が違う。過激さが売りのコミックスでは、血まみれの首が飛んだり、はらわたが飛びだすようなコマが想像の余地を残さぬほど描きこまれるのは珍しくはない。つまり、エッジーなコミックスを好む、才能あふれるアーティスト三名（マッカーシー、パウンド、セクストン）がひとつところに集まれば、ひねったアイデアを思いついたことは想像に難《かた》くない。

『怒りのデス・ロード』ユニバースで〝人食い男爵〟の異名を持つ肥満の会計士は、はじめの設定では、絶えず勃起して歩きまわる。人食い男爵と呼ばれるのは、単純に人を食べるからだ。ピーター・パウンドがふり返る。

確かに、男爵が死体の山に囲まれている絵を起こした。死体の頭頂が切りとられ、男爵が脳みそを食べている、よだれをたらしながら。男爵ら一部の登場人物にはもはやどんな良心も残っていない。空想とフェティッシュ――おそろしい渡世で自分たちを幸せにする方法――がそれにとってかわった。ブレンダン・マッカーシーはある時点で実際、人食い男爵が銃身の長い銃を手にしているシーンを脚本に入れた。男爵が人を撃つ。殺す。それから歩いていって、弾痕に銃を突き入れ、再び撃つ。

力学はつぎのように働いた。イラストレーターたちが悪ノリしすぎると、ジョージ・ミラーが押し戻す。とはいえ、最も大それたアイデアは、監督その人から出たという。「ぼくらにとってさえすごく気色悪かった」と、パウンドはいう。

夢のなかのシークエンスで、マックス・ロカタンスキーが自分を出産する。ロード・ウォリアーは妊娠して出血し、股のあいだから自分の顔をした赤ん坊を生む夢を見る。「マックスが自分を生む夢のシークエンスを入れることで、大なり小なり彼が生まれ変わったことを絵づらで見せていた」と、ピーター・パウンドは説明する。

『怒りのデス・ロード』が発展していくこの時点で、メル・ギブソンがロード・ウォリアーとして戻ってこない事態など、考えられなかった。彼の顔はストーリーボードじゅうに現れ、俳優の年齢が、おそらく予想外の方法で脚本に折りこまれた。ロカタンスキーは憤激しているという意味で、常にマッドだった。いまや、別の意味でマッドになる。年をとったロード・ウォリアーは、荒野を長年さすらいすぎて精神的にかなり参っていた。ロカタンスキーはいまではちょっとばかり頭がおかしくなっている。もしくは、マーク・セクストンはこう表現する。

**メルの役は、完全に狂気に陥っている。映画冒頭で彼はぶつぶつつぶやき、たわごとを吐き、毒づくぽんこつと化している。幻覚を見ているんだ。基本的には、いつもひとりごとをいってるだけだ。**

　オリジナル脚本とストーリーボードが完成に近づいた世紀の変わり目、メル・ギブソンはケネディ・ミラー・ミッチェル社の本部――『怒りのデス・ロード』部屋で、ミラー、マッカーシー、パウンドとセクストンと打ちあわせの席に着いた。旧友に全場面とストーリーボードを案内して歩きながら、ミラーは神経質（「とんでもなく神経質だった――なぜかはわからない」とセクストン）になり、ブレンダン・マッカーシーが助け船を出してミラーが失念した細部を思い出させた。

　途中、ギブソンが遮っていった。「においってもいいかい？」なかのひとりがもちろんどうぞと返事した――トイレは廊下の先にある。俳優は笑っていった。「いや、タバコを吸ってもいいかっていう意味だよ」。ケネディ・ミラー・ミッチェル社のオフィス内は禁煙だったが、あなたの名前がメル・ギブソンであるならばその限りではない。ミラーは喫煙の許可を出した。フィルムメーカーの疲れる売りこみ《ピッチ》の終わりに向け、ギブソンは目に見えて電池が切れはじめる。まぶたが閉じかけ、眠気が襲ってきた。それでも俳優の返答は前向きだった。「メルはこういった。『ジョージ、すごくおもしろそうだし喜んで演りたい。だけどいますぐかからないと』」と、セクストンがふり返る。「体力的にこの手の役ができるかはいまでさえ怪しい（ギブソンは四十代なかばだった）のに、五年後にはなおさらだ』」

　ケネディ・ミラー・ミッチェル社は20世紀フォックス（現在は、二〇世紀スタジオ。二〇一九年三月にウォルト・ディズニー社によって買収された）と組み、メル・ギブソンがロカタンスキー役に復帰、二千五百万ドルの小切手を受けとったとされる。だが結局、映画の製作費を調達し損ねる。ミラーによれば、これは二〇〇一年の9・11テロ事件が米ドルの暴落を招き、製作費でできる内容が四分の一に目減りしたためだった。フィルムメーカーの親しい友人で仕事仲間のグレッグ・ヴァン・ボーサムがオフィスに同室していると、監督が電話を受け、『怒りのデス・ロード』

の契約がご破算になったことを知らされる。「なんの電話だった？」。ヴァン・ボーサムが尋ねた。監督が答えた。「《マッドマックス》をたったいま失ったよ」——そして、すぐに電話前にしていたことに戻った。
「水面下ではいろいろあっても、他人にはわからないものだ」とヴァン・ボーサムはふり返る。

**ジョージはそういう面についてはとても実際的なんだ。現在われわれはこれをしている、だからつづけよう、みたいにね。長年映画をつくってきて、それがお手玉みたいなものだと彼は理解している。何かが落ちて何かが上がりつづける。それで、《マッドマックス》が落ちたとき、ジョージはまあ、まだ別の企画があるしっていった。それからわれわれがはじめた小さなペンギンの映画の先行きに、わたしも注意を向けたほうがいいかもしれないとジョージは決めた。それで、彼は20世紀フォックスから引きあげて『ハッピー フィート』を監督しはじめた。**

二〇〇六年に『ハッピー フィート』が公開されるまでミラーは踊るペンギンにかかりきり、《マッドマックス》は脇に押しやらなければならなかった。ロード・ウォリアー復帰の企画を再訪するときがやってくると、ミラーは掟破りの決断をした。メル・ギブソン以外の俳優にマックス・ロカタンスキー役を演じさせる。脚本に折りこみずみだったとはいえ、ギブソンの年齢が理由のひとつだった。「あの役には少しばかり老けすぎたんだ」と、二〇〇六年十月に俳優は発言した。そのときギブソンは五十歳だ。しかし、ひるがえってハリソン・フォードが四作目の《インディアナ・ジョーンズ》映画『インディ・ジョーンズ　クリスタルスカルの王国』〔二〇〇八〕にとりかかったのは六十代なかばだった。そして『スター・ウォーズ　フォースの覚醒』〔二〇一五〕でハン・ソロ役を再演したときは七十の声を聞いていた。

つまり、他の要素があったということだ。ひとつには、二〇〇六年七月二十八日の早朝に表沙汰になった一連の事件がかかわっていた。それは、メル・ギブソンの人生の方向性をガラリと変えた夜だった。おそらく、何よりも彼がやり直したいと願う一夜。ハリウッドきってのドル箱スターを業界の腫れものに転落させた一連の出来事が動きだす。

午前二時半ごろ、カリフォルニア州マリブにいたギブソンは、パシフィックコースト・ハイウェイを東に向かい、二〇〇六年式レクサスで走っていた。酒が入り、速度違反もしていた。飲酒運転の疑いで、ロサンゼルス郡保安官代理のジェームズ・ミーは俳優を停車させる。のちにメディアに漏れた警察の報告書によれば、ギブソンははじめは協力的だったものの、飲酒運転で連行すると保安官代理が告げるなり態度を豹変《ひょうへん》させた。怒ったギブソンは「すべて台なしだ」とうなった。また、「人生をしくじった」といって、メディアにこの件が報道されないか不安を口にした。ミーがパトカーの後部座席へ導くと、ギブソンは逮捕を逃れようとして自分の車へ走った。ミーは彼を捕らえ、手錠をかける。保安官補の報告書はパトカー内の細部に描写を進め、けんか腰のギブソンが繰り返し彼をののしり、脅し、保安官補を「マザーファッカー」と呼んだ。俳優は自分は「マリブを所有」しており、金を使って「報復」してやると主張した。つぎにギブソンは反ユダヤ主義の発言をしはじめた。「ユダヤのくそ野郎！」「世界じゅうの戦争の責任はユダヤ人にある」と彼は叫んだ。それからギブソンはミーを向いて、「おまえはユダ公か？」と聞いた。

このあたりでミーは署に連絡し、駐車場についたとき巡査部長に立ちあってほしいと要請した。巡査部長はビデオカメラを持っていくと車から出るギブソンを撮影した。それに気づいた俳優は「何してやがる？」と叫んだという。そして、巡査部長が女性だとみると、「何見てんだ、おっぱいねぇちゃん」と吠《ほ》えた。ギブソンの予想どおり、この件をメディアがとりあげ、またたく間に広まる。

俳優のこの暴言はほぼどこであろうと侮辱的とみなされるだろうが、ロサンゼルスは反ユダヤ主義にはとりわけセンシティブな場所だ。ハリウッドはユダヤ人の移民によって築かれたという単純な理由によって。アドルフ・ズーカー（パラマウント・ピクチャーズを設立）、カール・レムリ（ユニバーサルを設立）、ルイス・B・メイヤー（MGM）、ウィリアム・フォックス（20世紀フォックス）、ハリー・コーン（コロンビア・ピクチャーズ）らユダヤ人の大物《モグル》たちは映画をおそらく二十世紀で最も影響力のある芸術形式に変えた立役者た。こんにちまでユダヤ人はティンセルタウンのエンジンルームを動かす重要な役割の多くを担っている。俳優は謝罪し、アルコール依存症と闘っていると認めた。

ギブソンの不祥事を伝える報道に、《マッドマックス》映画最初の三作でともに働いたキャストとスタッフは衝撃を受けた。彼らにとってギブソンは人畜無害な存在だった。いたずら者のエンターテナーだ。ちんぴらな面もあり、おそらくは酔っ払い、けれどおもに遊び好きでとぼけた魅力が特徴の――撮影現場にいてほしくなる男だ。本書を書く過程でギブソンと仕事をした何十人もの人々にインタビューするなかで、話題は避けがたく彼におよんだ。ギブソンを悪くいう者はひとりもいなかった。

二〇〇六年のあの夜の細部が報道されたあとで評判をすっかり回復するのは、衆目にさらされている者ならだれにとっても難しいだろう。悲しくもメル・ギブソンご乱心ショーははじまったばかりであり、最悪な一件が控えていた。

四年後の二〇一〇年、ギブソンと以前の交際相手、ロシア人のシンガーソングライター、オクサナ・グリゴリエヴァ（ふたりにはひとり娘がいる）の電話での会話を密《ひそ》かに録音した音声ファイルに、世界じゅうの耳目が集まった。グリゴリエヴァはとっくみあいの最中にギブソンが彼女の顔を殴り、歯を二本折ったと主張して接近禁止命令をとりつける。長く熾烈《しれつ》な訴訟がはじまった。二〇〇六年のギブソンの交通違反ニュースをすっぱ抜き、ジェームズ・ミーが書いた警察の報告書を入手して世に出したウェブサイト〈ＴＭＺ〉によれば、グリゴリエヴァは千五百万ドルの和解金を提示され、本件の証拠物件――つまり音声ファイル――を公開しないことが条件とされた。

どちらにせよ音声はメディアに漏れ、怒濤《どとう》のようなゴシップニュースの洪水が起きる。ギブソンが叫び、息を荒らげ、グリゴリエヴァに「さかりのついた雌犬め」とか「ニガーの群れにレイプされても自業自得だ」というのを聞いて人々はおそれをなした。メル・ギブソンのスキャンダルに反応し、ジョージ・ミラーはいった。「メルのことはすごく好きだ。あんな彼を見て本当に心が痛んだよ」

二〇〇六年、ギブソンが飲酒運転をして反ユダヤ主義の悪態をついたのと同じ年、ジョージ・ミラーはオーストラリア人俳優ヒース・レジャーに求愛しはじめる。ミラーはとりわけ、二〇〇五年の『ブロークバック・マウンテン』の背中で感情を伝える、格子縞《こうしじま》シャツを着た寡黙なゲイのカウボーイに扮してオスカーにノミネートされたレジャーの演技に感心し、メル・ギブソンの後継者と目した。「ヒースがシドニーに来るたび立ちよってもらい、マックスについて話した」と、ミラーはのちに述懐し、「男らしさ、カリスマと不断のエネルギー」を、レジャーが満たした鍵となる基準として挙げた。

レジャー起用の線は二〇〇八年一月二十二日の午後に終わりを告げる。レジャーのマッサージ師がマンハッタンのソーホーに借りた彼のアパートメントを訪れたとき、うつ伏せの状態で気を失った俳優を発見する。ほどなくしてレジャーの現場での死亡が報じられた。彼の死は六種類の鎮痛剤、睡眠薬、抗不安薬の致命的なとりあわせを服用した「急性中毒」による事故死と断定される。夭折《ようせつ》したとき、この俳優の偉大さがあきらかになったばかりという感覚があった（レジャーは結果的に二〇〇八年の『ダークナイト』のジョーカー役で没後にアカデミー賞助演男優賞を受賞する）。メル・ギブソンは彼の死にコメントを寄せた最初のセレブのひとりだった。「彼にはたいへん望みを抱いていた。これからというときだった」と、ギブソンは語っている。

ミラーは課題を突きつけられた。だれがマックスを演じるのか？　二〇〇八年の映画『ブロンソン』で悪名高い犯罪者、マイケル・ゴードン・ピーターソン（別名チャールズ・ブロンソン）役を演じてトム・ハーディが画面をさらうのを見たジョージ・ミラーは、ロンドン生まれの俳優にギブソンとレジャーにかつて認めたものを見た。特別な、火山のような資質だ。マックス役にサインしたとき、ハーディは革ジャンの前任者メル・ギブソンとの会合をお膳立てしてくれるようミラーに頼んだ。「別に、バトンを手渡される瞬間だとか祝福されたいとかそんなことではなかった」と、ハーディはのちに語っている。「ぼくにとってそれはレガシーを継ぐってことだった」

ふたりはビバリーヒルズのカフェで会う手はずを整えた。二時間ばかり、ハーディはギブソンを待った。ギブソンは「盛大に遅れ」、次世代ロード・ウォリアーに選ばれし者が、ステーキとカプチーノを

（ギブソン持ちで）たいらげたのち席を立とうとしたちょうどそのとき、メルがドアを開けて入ってきた。ハーディはギブソンのために自分で手づくりしたパラコードのブレスレットをプレゼントして気まずさを破った。そして、ふたりは二時間ほど「マッドマックスにはまったく関係のない雑多なことについて」会話を交わした。ふたりの顔合わせをふり返り、ギブソンがのちにいうには、ハーディが彼の承認を求めたとき、彼はこう返答した。「もちろんいいとも。好きにやってくれ。おれにはほかにやることがある」

ハーディは役をものにしてワクワクしたものの、ロカタンスキーをオリジナルの俳優以外の者が演じるなど想像できないファンがいるのは意識した。

**メル・ギブソンと同義のマッドマックスのような役を引き継ぐと――そしてそこにあいまいさはない。白か黒かだ――たくさんの人が、しごく当然だが、その、メル・ギブソンがマッドマックスを演じるんじゃなきゃマッドマックスじゃない、おれは興味ないねって思う。**

と、ハーディはのちに語った。

**それが役を得ることのお祭り気分と対を成す部分だ。演じられるのがうれしくてワクワクする。だけどそれから気がつく、即座に失敗するお膳立てをしてしまったって。**

その心配は映画の撮影時にもこぼれだす。しかし、ロカタンスキーは今回違うキャラクターとして構築されるとミラーがハーディに強調する——それまでのロード・ウォリアーの足跡を追うというより、リセットボタンを押すようなものだと。

強い白人男性が常に《マッドマックス》の中核を担ったが、そのユニバースにはまた、強靱《きょうじん》な女性キャラクターも存在する。オリジナル映画ではロカタンスキーの妻ジェシーが、流し目を送る暴走族のリーダー、トーカッターに立ち向かう。『マッドマックス2』では女戦士が手強《てごわ》い人物、ことを構えたくないたぐいの相手だった。『サンダードーム』ではアウンティ・エンティティがカオスから秩序をつくりだす専制君主としてバラックの町を支配した。とはいえ、それらの登場人物はいずれも物語中最小限の空間を占めたに過ぎない。彼女たちは確かに物語を引っ張る存在でもなければ、名高い車のハンドルを握ることもない。しかし、『怒りのデス・ロード』のフュリオサ大隊長は——もしくはそこで語られるのは、おそらく——違う話となる。

二〇〇三年の著書『The Modern Library Writer's Workshop』〔未邦訳〕において、スティーヴン・コッチは主人公を「その運命が最もストーリーにかかわる人物」と定義した。映画、テレビ、演劇、小説その他ストーリーテリング媒体の批評家やコメンテーターの大半が、似たような定義づけを提唱している。それなら、コッチのことばを念頭に置けば、『怒りのデス・ロード』の主人公はマックス・ロカタンスキーだろうか？　それとも、同様に百戦練磨のヒーローで、イモータン・ジョーの五人の妻と逃走し、かくしてその運命が疑いなく物語に最もかかわるフュリオサ大隊長が、最重要の登場人物としてマックスを超えるのか？《マッドマックス》のファンのあいだでこの点が議論されるのは間違いない。

うことだ。

だが、異論の余地がないのは、フュリオサのキャスティングが、映画の根幹を成す重要性を帯びるとい
マックスには好敵手が必要だった。そのため、マックスの女性版を演じる俳優も火山級の厳粛さを持っている必要があった。フュリオサの初期のイラストレーションは、アメリカ人女優ユマ・サーマンの容貌をモデルにしていた。フュリオサ役の候補者のひとりが、オーストラリア人女優兼モデルのメーガン・ゲイルだ。ミラーは没になったＤＣコミックスの《ジャスティス・リーグ》映画化企画にて、ワンダーウーマンのキャストにゲイルを希望していた。二〇〇九年、ゲイルはエージェントを通じ、ミラーが彼女に『怒りのデス・ロード』の脚本を読んでほしがっていると知らされた。
「脚本にぶちのめされた。それに、ジョージが実際にわたしの起用を考えてくれたことに」と、ゲイルはふり返る。

**ロスに呼び寄せられて、ジョージがマックス役に検討している俳優たちと、数シーンをワークショップした。おしまいにジョージがこういったの。「これで終わりだ、すばらしかった。あとで連絡するよ」。たぶん九ヶ月かそれぐらいが過ぎたころ、ジョージが電話してきて、「聞いてくれ、スタジオは他の俳優でいく必要があるみたいで、わたしはシャーリーズ・セロンを考えている」って知らされた。わたしはこう答えた。「ジョージ、もしそれがわたしか彼女かってことなら、正しい選択だったわ。彼女はすばらしいもの」**

二〇〇四年に犯罪ドラマ『モンスター』〔二〇一三〕で実在の連続殺人犯アイリーン・ウォーノス役に扮し、事実上彼女とは見わけのつかない演技でアカデミー賞主演女優賞を受賞したセロンが、フュリオサ大隊長役にサインした。

ハーディとセロンの二大スターが固まり、ストーリーボードが詳細に磨きあげられ、とうとう発進準備が完了する。『マッドマックス　怒りのデス・ロード』は二〇一一年、『マッドマックス2』の撮影地ブロークンヒルにて撮影開始の予定が組まれた。

ところが、母なる自然が邪魔をした。長雨がつづき、通常は乾いて荒涼とした砂漠のロケ地を、花咲くアウトバックの庭園に変えてしまう――ミラーが想定する土ぼこりで息の詰まるディストピアのヴィジョンとは、どうみても相容《い》れない風景だ。プロダクションは遅れ、スタッフは代替ロケ地のハントに繰りだす。

最終的にナミビアがマックスとウェイストランドに場所を提供することが決まり、本撮影が二〇一二年なかばに確定する。「アクション！」の声がかかるころには、『マッドマックス　怒りのデス・ロード』はほぼ十年半を開発地獄に費やしていた。結局、映画づくりは戦争のようなものだ。そして、いつもどおりジョージ・ミラーは戦《いくさ》の準備を整えていた。

Chapter21 : THE WARRIORS OF FURY ROAD

# 第二十一章　『怒りのデス・ロード』の戦士たち

「一日十時間、週六日間、ウォー・タンクのなかで死んでるの。死ぬのがあんなに疲れるなんて、知ってた？」

いつものように強烈な日射しのナミビアの広大な砂漠で、マックスとフュリオサがはじめて出会うシーンが撮影に入ろうとしている。この最初の出会いにおいて、ハードボイルドなヒーローたちは互いに知りあえて大喜びとは正確にはいかず、バレエのような殴りあいを演じる。決闘場面は『怒りのデス・ロード』の技斗主任グレッグ・ヴァン・ボーサムがリハーサルをし、周到に用意された。ヴァン・ボーサムはジョージ・ミラーと以前密接に仕事をし（二本の《ハッピー　フィート》映画）、そのため、監督が撮影をはじめる直前ににじり寄って、「グレッグ、昨日の夜見た夢のことを話したかな？」と耳打ちするとき、何を予期すべきかわかっている。

ヴァン・ボーサムはうめきたいのをこらえながら、聞いていないと答える。自分の立てた最善のプランが、ジョージ・ミラーの無意識に浮かんだ思いつきに従って変更を余儀なくされるところなのを彼は理解している。

問題のシーンは、映画がはじまって三十分あたりで起きる。手錠をかけられたマックスはガーデンフォーク製の口枷《くちかせ》をはめられ、（肩に担いだ）ニュークスというウォーボーイと鎖でつながっている。ウォー・タンクを駐めて五人の妻がホースで身体を洗っているところに、マックスは偶然出くわす。太陽に焼かれた砂漠を背景に、フュリオサとマックスはセルジオ・レオーネの西部劇の一場面といってもも通じそうな、敵意に満ちたにらみあいをする。フュリオサが一瞬でロード・ウォリアーのガードを下げさせ、地面に組み敷く。これを端緒に、こぶし、ボルトカッター、身体への一連の殴打、武器の解除、うわ手のとりあいによる息つく間もないペースの格闘シーンの幕が、切って落とされる。

ジョージ・ミラーはグレッグ・ヴァン・ボーサムに二点の注文をつけた。ラヴストーリーに仕立てることと、登場人物たちの周囲にあるものをすべて利用すること。彼らはハーディの片手に手錠をかけて椅子につなぎ、格闘の振りつけを練習した。なぜならフュリオサは片腕で、そのためそうすることでフェアな闘いになると、ミラーはヴァン・ボーサムにいったのだ。「昨晩マックスの両手が使える夢を見たんだ。そうしたら闘いが変わるかな？」

ヴァン・ボーサムはそっけなく返した。「ええジョージ、変わりますね」マックスが両手を使えるなら、彼女の首を絞められると教えた。

「すると、ジョージの目が光った」と、ヴァン・ボーサムはふり返る。

**彼に「ノー」といったことは、映画づくりに関しては一度もない。わたしにその権利がある**

**とは思わないからだ。これは彼の物語であり、わたしのつとめは能力の最善をつくしてそれを語ることに尽きる。それでいった、「問題ないです、ジョージ」。シャリーズがわたしを見て、口を動かした。「どういうこと？」**

セロンとヴァン・ボーサムは撮影のはじめに絆《きずな》を築いた。ハリウッドのこのスーパースターが銃をふくむ武器を自信をもって扱えることが、映画のリアリズムには欠かせない。『怒りのデス・ロード』で使用される武器は軽量の、こどものおもちゃスタイルのにせものではない。大きくてずっしりし、本物らしいルック&フィールでデザインされた。これがセロンには問題となり、トラウマとなった過去の経験を呼び覚ました。

セロンは南アフリカ育ちで、ヨハネスブルグ近郊ベノニの農園で両親に育てられた。母ゲルダと父チャールズの結婚生活は、チャールズがアル中の暴力亭主だったため苦難に満ちていた。一九九一年六月二十一日の夜、セロンが十五歳のとき、チャールズと彼の兄弟が泥酔状態で帰宅する。帰宅するなり彼は銃を撃ちはじめた――最初は外の鍵のかかったゲートに、それからキッチンのドアに。その後に開かれた裁判で、ゲルダの証言によればチャールズがセロンの寝室のドアを怒ってバンバン叩《たた》き、ショットガンでふたりとも撃ち殺してやると叫んだ。

最悪の状況を迎えたのは、ゲルダが自分のハンドガンをとりだしてふたりの男を撃ち、夫を殺し義理の兄弟に傷を負わせたときだ。法廷はゲルダの正当防衛を認めた。「何が起きたか理解している」とセロンはのちに、アメリカのテレビ局のジャーナリスト、ダイアン・ソイヤーに語った。「もしわたしの娘が同じ目に遭ったら、わたしも同じことをする」

『マッドマックス　怒りのデス・ロード』のセットで、グレッグ・ヴァン・ボーサムはいまや世界的に有名なスターが銃の扱いに手こずっているらしいのがわかった。技斗および武器アドバイザーはセロンが撮影にのぞめる状態だとは思わなかった。撮影開始が迫るなか、ショットガンを撃たせてみると、「まずかった。ただもうまずかった」。銃が耳もとで鳴るたび、セロンは飛びあがって過呼吸になる。ヴァン・ボーサムはミラーに近づいて耳打ちした。「解決は可能です。でもセロンとふたりきりになる必要があります」「ふたりきり」というのは射程距離分「プロダクションの喧騒《けんそう》ぜんぶから離れる」ことを意味した。

何百万ドルもの価値を持つＡ級のハリウッド俳優を、ナミビアのような国の僻地《へきち》の射撃場に連れだすという行為は、いうは易し行うは難しだ。ヴァン・ボーサムの見たてでは製作会社とスタジオのあいだでひと晩「四十通の電子メールと四百件の電話」をやりとりしたすえ、さまざまな保険の条件に応じたカバーをふくめ、許可をとる。最終的に技斗主任の意志が通り、元特殊部隊のスタッフとアフリカ軍あがりの小グループとともに、セロンを遠方の射撃場に連れだした。

ヴァン・ボーサムが編みだした方法は、マーシャルアーツ映画の賢い先生が弟子に命じる修行──『ベスト・キッド』の有名な「ワックスをかける、とる」のシーンで、主人公が当惑しながら同じ車を何時間も休みなく洗う──みたいなものだ。シャーリーズ・セロンが標的に面して立ち、周囲では男たちが実弾を撃って銃撃の環境音に慣れさせるとともに、ヴァン・ボーサムは俳優につぎの動作を繰り返させた。ホルスターから銃を抜く。しっかり構える。トリガーを引く。銃を捨てる。繰り返す。それからもう一度繰り返す。そしてもう一度。セロンはこれを五時間ばかりやり、やがて銃撃音に反応しなくなった。「彼女はとてもがまん強かった」とヴァン・ボーサムはふり返る。

> **もし何かがうまくいかなければ、彼女はこういう。「いいえ、もう一度やりたい。正しくやりたいのよ」。シャーリーズのそういうところを評価している。ものすごく打ちこんでいた。**

　トム・ハーディもまた打ちこみ、テイクの合間も役になりきっていたのはだれもが認めるところだ。ただ、スタッフが撮影していないときにも役のままでいたら――そしてその役がたまたま、無愛想で気難しいので有名なロード・ウォリアーだとしたら――蛇口をひねるように演技をオン・オフしていたメル・ギブソンほど、ハーディが仕事仲間の受けがよくなかっただろうことは想像に難《かた》くないだろう。

「シャーリーズは撮影の合間に彼（ハーディ）に話しかけようとしたけど、彼はキャストの残りから自分を切り離していた」と、スタッフのひとりがイギリスの新聞に話した。ハーディは定期的にシャーリーズ・セロンやジョージ・ミラーとぶつかっていた。

「そう、それは激しくけんかした」と、セロンはのちに語った。「別の日にはトムはジョージといい争ってた」

　ミラーのキャリアのはじめから、俳優たちがずっと共有してきた監督への不満を、ハーディは感じた。指示をあまり受けられず、フィルムメーカーに考察を求めたり、脚本の要素に異を唱えたりしても、無関心だとの印象を受けた。要するに、フィルムメーカーの注意は俳優を演出するのでなくアクションを演出するほうへ向けられていた。「もしアニマトロニクスで用が足りるなら、もっと楽なのに、という男だよ」と、トム・ハーディはのちにいった。

**もし彼がぼくたちの絵を描けて、ぼくたちに自分の意見を持つ必要がなかったら、気の毒なあの人にはもっとずっと楽だっただろう。彼は見える男だから。そしてぼくらはそれを体現しないといけなかった。けれどジョージには自分が望むものを伝える必要があった。監督のなかでは映像ができていた。俳優は探りまくる人間の集まりだ。ぼくらはしじゅう質問をした。どうすれば気に入るか、どうすればもっとよく話を伝えられるか知りたい。ほら、「このセリフにはどんな意味があるんだ？」って。動機が知りたい。それは天才には苛立《いらだ》たしいことだった。**

撮影現場で俳優にあまり指示を与えない性向（そして一九九八年の『ベイブ　都会へ行く』以来、十年半生身の人間を演出してこなかった事実）をおそらくは踏まえ、ミラーはカメラを回す前に、登場人物のワークショップをやってキャストを教育する新しい方法を採用した。二〇一二年二月、オーストラリア放送協会のラジオ放送をつけていた監督は、著名なフェミニストで劇作家であるイヴ・エンスラーのインタビューを聞いた。挿話的な戯曲『ヴァギナ・モノローグス』で知られるエンスラーは、職業人生の多くを女性への暴力反対運動に捧《ささ》げてきた。ある日エンスラーのもとに、監督から電話が突然かかってくる。

ミラーはエンスラーに『怒りのデス・ロード』の骨子を説明し、両者は性奴隷として捕らわれている女性たちについて話しあった。監督は脚本の各要素を詳しく説明し、イモータン・ジョーの五人の妻を演じる俳優たち（ロージー・ハンティントン＝ホワイトリー、ゾーイ・クラヴィッツ、ライリー・キーオ、アビー・リー・カーショウ、コートニー・イートン）が心理的・政治的に役をより深く掘り下げることで利益を得ると信じるといった。脚本に思うところがあるかどうか、読んでみてほしいと監督は提案する。著名なフェミニストは確かに感じ入った。「性奴隷についてだれかがとりあげるのを見て、ゾクゾクした」と、エンスラーはふり返る。

**女性の身体の商品化。搾乳機として、性の対象として、子産みマシンとして使われる女性たち。わたしの仕事と彼の作品にすごく大きなつながりを感じた。**

エンスラーはナミビアに渡り俳優のためにワークショップを開くことに同意する。『怒りのデス・ロード』のキャストとスタッフ数名に送ったのと同様、ミラーはエンスラーに長い音声ファイルを送った（彼はそれを「語り」と呼ぶ）。そこでは映画のテーマについて、作品世界の特性とその登場人物について、ミラーが深い考えを述べている。ファイルを聞いたエンスラーは、まるでミラーが部屋にいるかのように感じた。「彼がすぐそこにいて、自分と深い対話をしている」ように。エンスラーは一週間ナミビアに滞在する。その地でエンスラーはキャストと腰をおろし、ボスニア、コソボ、アフガニスタン、コンゴなどさまざまな国の抑圧された女性たち相手の活動をふくむ、さまざまな問題を議論した。「長いあいだ性奴隷にされた経験について、俳優たちと話しあった」と、エンスラーはいう。

**自分を捕らえた者たちにどういった愛着を感じるのか、ずっと虐げられ、解放された直後はいかに眠ることが難しいか。世界じゅうの女性たちはどんな経験をしたのか？　そしてまた、より広範なレベルでの性奴隷の話――政治との関係や性暴力とのつながりは？　レイプキャンプから避難キャンプに逃れてきた女性たちの経験を語った。われわれ女性たちがパワーを手に入れたときに何が起きるか、抵抗するときに何が起きるかを話した。それから、彼女たちの服装や動きかたという点で、どう見えるかもね。**

猟奇的なイモータン・ジョーを演じる俳優については、「歴史は繰り返す」の例となった。ジョージ・ミラーから電話があり、《マッドマックス》四作目の独裁的な将軍役をオファーされたとき、ヒュー・キース＝バーンの頭に浮かんだ最初の考えは、「トーカッターはトラックと正面衝突して死んだんじゃなかったっけ？」だった。『怒りのデス・ロード』より三十五年前、俳優は《マッドマックス》の敵役、トーカッターとしてあまりに鮮やかに場をさらった。将軍はどっしりして、青白く、としふりた男で、青い目は眼光鋭く、長い白髪と腫れものに覆われている。見かけのぞっとしない馬の歯の呼吸器を（空気中の毒素を濾過《ろか》するため）装着し、でかい図体を防弾プレキシガラスの鎧《よろい》でできたイカレた半透明のコスチュームに押しこんでいる。

キース＝バーンは『怒りのデス・ロード』規模のセットにはなじみがなかった。ミラーの長編デビュー作のみすぼらしいメルボルンのロケ地とは段違いだ。新作映画のキャストとスタッフ――最初の

《マッドマックス》がつくられたときはまだ生まれていなかった者多数――はわたしがまだ生きているのが信じられないんだ、と俳優はジョークをいった。不吉な見かけの人工呼吸器をつけたイモータン・ジョーの手のこんだディストピアな正装のため、キース＝バーンはポストプロダクションでセリフを録音しなければならなかった。撮影中、ミラーはイヤホンで指示を与えた。「ジョージはときどき話しかけてきた。勇気づけられたよ」と、キース＝バーンはのちに語った。

オリジナル映画同様、この俳優の『怒りのデス・ロード』への影響は、単に役を演じる以上にずっと大きく、映画のエッセンスそのものとエネルギーとを持ちこんだ。キース＝バーンがセットを歩くたび、キャストは彼の役名を唱えた――とりわけ、リーダーを熱狂的にあおぐ手下を演じるウォー・ボーイズは。彼らは列をつくり、ときには何十人も、映画でやっているように両手を頭の上であわせ、腕を三角のかたちに突きだして彼におじぎをした。演技のことは何も知らない駆けだしだった一九七〇年代のジョージ・ミラーがヒュー・キース＝バーンに備わる能力に偶然出くわしたとすれば、二度目は違う。より賢くなりより経験を積んだミラーは、昔の仕事仲間に何を求めればいいか正確に知っていた。ただ単にすばらしいパフォーマーというだけでなく、他者の士気を高め――そして、困難な状況を少しだけ耐えやすくしてくれる人物だ。

イモータン・ジョーに完全になりきるため、キース＝バーン――役を演じていないときはやはり優しい性分だ――は古い手を焼き直した。『マッドマックス』ではトーカッターと彼の一味は善玉であるとの考えを押し通して映画に多大な影響を与えたように、ジョーに対しても同様の見方をした。のちにキース＝バーンはこう語っている。

**イモータンは真っ当なやつだよ。社会を再建しようとしているんだ。再びもとどおりにしようとね。だから彼は自分をルネッサンスマンそのものだとみている。新たなチャンス、新たな希望だ。トーカッターがすごく似たような考えを抱いていた。**

その昔、ルーキーのメル・ギブソンに暴力的な脅しと血文字のメモでショックを与えた過激なメソッド演技についても、もう少々穏やかながら復活した。スプレンディド・アングラード（ジョーのお気に入りの妻）を演じるロージー・ハンティントン＝ホワイトリーはのちにキース＝バーンのセット外でのふるまいを思い返し、「彼のそばにいるのは興味深かった。まだ役に入ってたからね」と発言している。五人の妻にとって、「限られた演技経験のわたしたちが警戒したのは確か。ランチの列に並ぼうと彼のそばを歩きまわるのって、なんか変でしょ」

ある日、ウォー・タンクで撮影を待っていたダグ（五人の妻のひとり）役のアビー・リー・カーショウは、気がつくと、メイクと衣裳をしっかりすませたキース＝バーンとにらめっこをはじめていた。悪手だった。「完全に度を失って、ひどいパニックアタックに見舞われちゃった」と、のちにリー・カーショウはいった。「息ができなくて、心臓が口から飛びだしそうだった。撮影を中断して、紙袋に息をしないといけなかった」

『怒りのデス・ロード』のロケ地は非常に限られていた（道さえあまり通らない、たいていが乾ききった砂漠）ものの、限られた出番ながら強烈なインパクトを与える印象的な脇役にはこと欠かない。映画が費やした長い「開発地獄」には、利点があった。ジョージ・ミラーと共同脚本家たち（ブレンダン・マッカーシーとニコ・ラソウリス）は、できるだけ打ちあわせを重ね、映画のあらゆる場所と登場人物を緻密に設計した。たとえ一秒であれ、画面に登場するウェイストランドの住人ならばひとり残らず長々と来歴を説明でき、脚本家たちの知識は百科事典なみだった。『怒りのデス・ロード』の支配的なトーンとエネルギーはテーマパークのライド――もしくは走るお化け屋敷――とどっこいだが、それでも人間たちの要素には共鳴する。それはたぶんに、彼らの造形に多くの時間が費やされたからだ。

ミラーは武器将軍をみごとな端役に仕立てあげ、画面に登場するたびに強烈な印象を与えた。俳優のリチャード・カーターは奇妙で強烈な、極上の演技を見せている――ちょうどいい配分で、常軌を逸していた。映画のなかば、ある忘れがたい場面で、武器将軍は皮肉な名前の彼の車両《ビークル》、ピースメーカー（ヴァリアント・チャージャーの車体と一体化した軽量戦車）に乗りこむ。イモータン・ジョーの車列をうしろに残し（ジョーはお気に入りの瀕死の妻に気をとられている）、武器将軍はフュリオサとマックスのあとを追って出発、美しく、シュールな暗青色の空の下、砂漠を越えて猛進し、ウォー・タンクめがけてでたらめにぶっ放す。フュリオサが一マイル（約一・六キロ）先から放った弾丸が面前で炸裂し、武器将軍を一時的に盲目にする。

よこしまな怒りをまき散らしながら、武器将軍は止まらない。ピースメーカーに棒立ちとなって突き進み、両手に一丁ずつ構えたＡＫ‐47を振りまわす。オペラ調の強烈な音楽の伴奏に乗せてワイルドな歌をわめきはじめ、「われこそは正義の番人！　地獄の聖歌隊の指揮者だ！」と宣言する。「**歌え、友よ、歌え！　歌え！**」と仲間を鼓舞しながら、そこらじゅうに弾丸を放つ。リチャード・カーターの驚異的なこれ見よがしの演技のメーターが振り切れる、息を飲む瞬間だ。長年のうち、カーターはミラー監督作品に四本（『怒りのデス・ロード』『ベイブ　都会へ行く』《ハッピー　フィート》両作）、一九八〇年代にケネディ・ミラー・ミッチェル社が制作したミニシリーズ三作（『Bodyline』〔一九八四・日本未放映〕『Vietnam』『囚われた女』〔一九八九〕）に出演した。

武器将軍役に、ミラーははじめからリチャード・カーターを起用するつもりでいた。ケネディ・ミラー・ミッチェル社の本社でミラーが『怒りのデス・ロード』のストーリーボードを見せたとき、カーターは武器将軍のイラストのすべてが自分の顔をしているのに気づかずにはいられなかった。「この絵は新しく描き起こしたのかい？」。俳優が聞いた。

「いいや」。監督が返事した。「十二年前のものだよ。それだけの年月あなたがわたしの頭のなかにいたんだ」。ミラーに役柄の感想を聞かれ、カーターは答えた。武器将軍の目隠し（フュリオサに撃たれたあとに巻く）が、目隠しをした正義の天秤《てんびん》を持つ古典的な女性像を思い起こさせ、天秤の代わりに「おれはピストルを両手に持ち、世界の正義の天秤になる」と答えた。

武器将軍のワイルドな方針についてはそれ以上語られず、ふたりは（カーターが契約したのち）ナミビアで再会する。ミラーは俳優を散歩のお供に誘った。

**わたしたちはナミビアの平坦《へいたん》な砂地を歩き、五十万羽ほどのフラミンゴに囲まれていた。生涯で最も畏怖を感じた瞬間だと思うね、妻と結婚してこどもが産まれたときを別にすれば。**

カーターが記憶をたぐる。

**ジョージがわたしを見ていった、「キングスクロスのわたしのオフィスで、正義の天秤と地獄の聖歌隊の指揮者になるっていったのを覚えているかい?」わたしは「ああ、覚えていると も」といった。彼は両手をわたしの両肩、腕の関節があるあたりにかけた。わたしを見すえる。「あれを気に入ってね。完全に気に入った。そして、あれが今日、われわれが撮るシーンだ、サー」。歩いて戻りながらジョージはわたしの手をとり、われわれは手をつないで歩いた。王様気分だった。**

シーンの撮影準備がすべて完了し、位置についたカーターがはしごを使ってピースメーカーにのぼる。旧友のブレット・マクダウェルがはしごを押さえてやり、下から励ました。「一発かましたれ、チャンプ!」。カーターはスタッフを見まわす。多くが何年もいっしょに仕事をした者たちだ。なじみのある顔がうなずき、微笑んでいる。カーターはマクダウェルを見返した。「みんなここにいるぞ、ブラザー」友がいった。カーターとミラーの目が合う。ミラーが尋ねる、「行けるかい?」。俳優がうなずく。

監督が「アクション」といったとき、カーターは全力疾走した。『マッドマックス』で〝オイルも滴《したた》る〟路上の悪魔に扮したヴィンス・ギルの、おそろしくハイオクタンの演技よろしく、狂気の武器将軍を捉えたこのシーンは短いが忘れがたい。ミラーが「カット」と叫んだとき、スタッフは息をついた――なんという場面、なんという演技――そして、大喝采が起きた。ミラーがカーターのもとへ来て、三語（正確には二語、一語は繰り返しだ）いった。「イエス、オー、イエス」

気色の悪い、肥満したガスタウン（イモータン・ジョーのシタデルの南に位置する見捨てられた製油所）の市長、人食い男爵役に、ジョージ・ミラーはもうひとりのベテランオーストラリア人俳優ジョン・ハワード（同名のオーストラリア首相と混同しないように）を起用した。この登場人物は、もともとの設定では実際に人間を食べ、絶えず勃起しながら歩きまわった。監督が男爵役に当初想定した人物は、らしくない選択だった。クイズ番組「Family Feud」〔二〇一〇〜〕と長寿トーク番組のホスト役で知られるオーストラリアのテレビ司会者バート・ニュートンだ（トレードマークのカツラなしで弔辞を読むニュートンを見たミラーは、その禿《は》げ頭にケネディ・ミラー・ミッチェル本社の壁にピン留めした人食い男爵のストーリーボード・イラストを連想した）。しかし、映画のロケ地としてブロークンヒルが破棄されて代替地が発表されると、ニュートンは役を辞退する。

監督はハワードに、役柄のモデルとして奇妙な人物を挙げた。アルフレッド・ヒッチコックだ。「ジョージはヒッチコックと彼の下唇の下げかたに興味しんしんだった」と、俳優はふり返る。「でも、それが受けた指示のすべてだ。わたしはただそれのみで役づくりをした」

人食い男爵のよりグロテスクな要素は抑えられたものの、それでもじゅうぶんマトモじゃない。スリーピースのスーツを着て、ベストに空《あ》いた穴から乳首をのぞかせ、ミニチュアの手錠を鎖でつなげている。彼はまた、こどものガスマスクを股袋《コッドピース》よろしく股につけ、欠けた鼻や、生々しい赤いほお（悪夢めいた道化を思わせる）をし、そして象皮病による巨大にふくれた右足などの無数の奇形がある。あるショットで、腐った、ぶよぶよの、重なりあって垂れさがる巨大な肉塊を、ジグザクに結わえた布きれのロープのすき間に押しこんだ足がまるごとみえる。人工装具の足がつくられ、俳優が大きな足の指を動かす余地を与えた。

「スーツを着たヒキガエルをつくりあげた。わたしは足を膿疱《のうほう》にして、つついたら爆発するみたいにできるか、スタッフに聞いた」と、ハワードがふり返る。

**それから準備に入った。彼らはわたしの頭を剃《そ》り、わたし自身の頭のへこみを使ってもっとグロテスクなかたちにした。ジョージが見たいとせっついたが、すっかりできるまで断った。そのあと砂漠のまんなかでビデオを撮らせ、頭からゆっくりと膿疱の足までカメラが降りていき、それから足指をのたくらせた。その映像をジョージに送った。監督は喜んで、しまいにはわたしよりも足指と足ばっかり撮っていたよ」**

輝いてみせる間もあらばこそ、人食い男爵は天空のだだっ広いいかしたセックスショップに送りこまれる。マックスに人間の盾にされ、イモータン・ジョーの銃弾によって（その後炎に包まれた運転席にとり残される）。上映時間の似たような箇所で、命を落とすもうひとりの登場人物は、〝鉄馬の女たち〟と呼ばれる砂漠のアマゾネスの一員にして高齢の、賢い〝種を持つ老婆〟だ。演じるメリッサ・ジャファーは、やはり舞台と映画のベテランオーストラリア人俳優。〝種を持つ老婆〟は最後の見せ場となるチェイスシーンで重要な役割を担い、フュリオサの横でウォー・タンクの助手席に座る。

ある時点で、弓なりにしなる長いポールの先につかまり、それぞれ脅すように揺れる男たちを乗せ、四台の車両が背後から猛然と迫ってくる。一本のポールがスウィングしてウォー・タンクに近づき、男がフュリオサの首に犬用捕獲棒の輪縄をひっかけると、種を持つ老婆が立ちあがり、キャビンのサンルーフから上体と頭を突きだす。老婆が銃尻で略奪者の顔面をぶちのめす。チェーンソー状の武器を右腕にとりつけた男が仲間の敵《かたき》をうち、老婆の首もとに切りつける。このときから――上映時間残り二十五分ほど――種を持つ老婆はゆっくり死にはじめる。顔が白くなっていく。目が遠くを見る。最後の瞬間をウォー・タンクの座席で過ごし、身体を横に倒して顔を窓にあずける。

メリッサ・ジャファーにとって、これはずっと座りつづけ、ずっと死につづけなければならないことを意味した。「簡単に聞こえるけど、全然簡単じゃなかった」と、ジャファーはふり返る。「一日十時間、週六日間、ウォー・タンクのなかで死んでるの。死ぬのがあんなに疲れるなんて、知ってた？」セットで指揮をとるジョージ・ミラーを見ていると、ジャファーはオズの魔法使いを連想する。「画面やボタンに囲まれたばかでかいトレーラーに入っていくのよ」と、ジャファーはいう。

**ジョージは詩人の心を持っていると思う。道路の真ん中の白い線を見ると、だだっ広い空っぽの空間について何かを表現したいと思う――それは詩人の心だよ。ジョージは隅っこに座ってささやかな詩を書きはしない。ハリウッドに持っていって「これをやろうよ」っていうの。**

いったいどれだけの（架空の）死者を、《マッドマックス》映画は出しているのか？　少なくとも数十人、おそらくはもっと――ストーリーラインの埒外《らちがい》（たとえば映画と映画の幕間に起きた核爆発など）で落命した悲運な者をのぞいても。イモータン・ジョーの息子のひとり、コーパス・コロッサスがそのうちのひとりになり、『怒りのデス・ロード』の終幕で死を迎えるはずだった。女たちの一団がシタデルにまんまと侵入したのち、のどをかき切られて。

コロッサス役に、ミラーは小柄な俳優クウェンティン・ケニハンをキャスティングした。骨形成不全症をわずらい、車椅子に乗ったオーストラリア人のケニハンは、これまでに五百七十回以上の骨折歴がある。約一時間をかけて彼の死のシーンを撮影した（ナミビアでの本撮影のあと、シドニーで撮影）が、監督にとって、正しいヴァイヴスではなかった。突然ミラーは「クウェンティンは殺せない！　こんな結末は好きじゃない。できないよ」と叫ぶ。ミラーはケニハンを向いてこう宣言した。「クウェンティン、きみは生き残る」

俳優にとって、それは奇妙な瞬間だった。そもそも『怒りのデス・ロード』での経験は、最初から面妖《ビザール》だった——オーディションで『恋人たちの予感』のロマンチックな独白を読むようにいわれてからずっと。ウォー・タンクを運転するフュリオサが進路を外れたのに気づき、コロッサスが警告音を立てるシーンで、ハーネスで固定されたケニハンは革張りの椅子に座り、そのとなりには大きな三脚に乗った奇妙な見た目の望遠鏡がある。すぐ脇の三脚がこのもろい俳優の上に倒れかかったとき、スタントマンが間一髪で押さえ、危ういところで危機を免れた。ケニハンは安堵《あんど》し——ジョージ・ミラーは激怒した。

「ジョージが度を失う場面は滅多にないが、心底色をなしていた」と、ケニハンはいう。

**彼は「頼むよみんな！　クウェンティンがどれだけもろいか説明しただろう！　もしケガしたらどうなるかわかっているのか？　このくそったれオーストラリア人の――」彼は本当にかっとなった。安全確認を怠ったことをものすごく怒った。**

『マッドマックス　怒りのデス・ロード』の結末で、ロカタンスキーがシタデルに集まる群衆にイモータン・ジョーの血まみれの死体を見せる。いまではボロボロになった死んだ将軍のビークル、ギガホースのボンネットに、死体はくくりつけられている。年少のウォー・ボーイズの一団に囲まれたコーパス・コロッサスが、上からその場面を見守る。ボーイズがふり向いて彼の反応をうかがう。コロッサスはうるんだ目で見返し、いまにも泣きそうだ。このシーンが撮られたとき（最終的にはごくわずかしか使われなかったが）脚本はケニハンに涙ぐむだけでなく、号泣するよう要求していた。

経験豊富な俳優でさえ自在に泣くのは難しく、ケニハンは経験豊富とはほど遠い。彼がいうには、「アクション」のかけ声の直前にミラーが耳打ちし、泣くのを助けた。「父を亡くしたのを彼は知っていて、わたしの耳に、こうささやいた。「クウェンティン、あれはきみの父親だぞ」と、ケニハンはふり返る。

**もちろん、それは父のいまわのきわにわたしをどっぷり引き戻した。「アクション」と叫び、ジョージがいった、「よし、きみはたったいま、父親が死ぬのを見た。行け！」。そのあと一時間ほどぼくは号泣した。あれは本物の涙だよ。**

# Chapter22 : STUNTS AND SPECTACLE IN NAMIBIA

# 第二十二章　ナミビアのスタントとスペクタクル

「手放した宝の偉大だった記憶が、常にまといついている。五十九年式キャデラックのテールフィンの金属《クローム》と真っ赤なブレーキライト以上に、かつての栄華を偲《しの》ぶものはまず存在しない」

ジョージ・ミラーはもともと、『マッドマックス　怒りのデス・ロード』の全ショットにひとつ残らず立ちあうつもりでいた。撮影監督という重要な役に、彼は同郷のオーストラリア人ジョン・シールを選ぶ。シールはディーン・セムラー（『マッドマックス2』および『サンダードーム』の撮影監督）が降りたあと、企画に参加した。一九九七年の『イングリッシュ・ペイシェント』の撮影でアカデミー賞を獲《と》ったシールと打ちあわせをはじめてまもなく、ミラーは鋭い目を持つベテラン撮影監督に、カメラが回っているあいだ、どこにいたいか尋ねた。シールが「指定オペレーターになって、アクション真っ只中《ただなか》のフライングブリッジにいたい」と返事をすると、「そこはわたしがいるところだ」と意固地になった。

三十年近い端境期《はざかい》ののちに製作される最初の《マッドマックス》映画のため、ミラーは最前線にずっと身を置きたかった。しかし、プロダクションの規模を思えばありえぬ夢だとすぐに悟る。百三十八日間にわたる撮影では、複雑なスタントがほぼ毎日あるからだ。最新のテクノロジーが仕事を楽にした――または、少なくともコミュニケーションを改善した。アクションを追いかけるカメラカーの車内をふくめ、複数箇所に高解像度《ハイデフィニション》のビデオ映像が配信される。これは「激怒テレビ《フューリー》」と呼ばれていた。

十五メートルの空圧アンテナマスト（「フューリーテレビ」の放送用）が空に向かってのびるトレーラーを、白いトラックが牽引《けんいん》する光景は、日常的に目にするたぐいのものではない。しかし、退屈なほどありふれて見えただろう、『怒りのデス・ロード』のほかの車両に紛れたら。美術監督のコリン・ギブソンは『マッドマックス2』と『サンダードーム』でグレース・ウォーカーが担っていた大役を引き継いだ。それまでならば、ウォーカーと整備士たちがビールをひっかけるあい間にでたらめなガラクタを車体にとりつけていたいっぽう、四回目ともなると多少は手順が洗練された。ひとつには、車両専用《ビークル》のデザイナーがいる。イラストレーターのピーター・パウンドだ。パウンドはまた、三千五百点のストーリーボードも手がけた。

コリン・ギブソンは、映画が頓挫した最初期から長いあいだ『怒りのデス・ロード』にかかわっていた。まず優先すべきは、とミラーが美術監督に注文をつけた。車は「クールに見え」、「これまでに見たことのないもの」である必要がある。骨組みだけのバギーっぽいビークルにでっかいトゲトゲのついたプリマス・ロック――『キラーカーズ　パリを食べた車』のアイコン的な、邪悪な車に酷似――の例外をのぞき、美術監督と彼のチームは多かれ少なかれミラーの意向に沿った。攻略法のひとつは、《マッドマックス》以来の年季の入った手口だ。ひとつの車両を持ってきて、別の意外な車両と組みあわせる――たとえば、『マッドマックス2』でグレース・ウォーカーと整備士《グリース・モンキー》たちが組み立てた、コンバーチブルとボートのハイブリッドみたいな乗り物だ。

かくして『怒りのデス・ロード』には、ピースメーカー（下は戦車、上はヴァリアント・チャージャー）、ビッグフット（一九四〇年代のトラックとスーパータンカーの組みあわせ）、ドラム・ワゴン（スピーカーの山と、空調ダクトのついたどでかい和太鼓を縛りつけた、動くステージつきの十五トン四軸トラック）などが登場する。スクリーンの登場時間を争う燃料食いの異形たちは、ほかにある意味共食い車の、イモータン・ジョーの愛車《チャリオット》がある。一九五九年式キャデラック・クーペ・ドゥビルが重なり、上が下を屠《ほふ》っている。

「アポカリプスは文明を自由落下させたかもしれないが」と、コリン・ギブソンはのちにいった。

**「手放した宝の偉大だった記憶が、常にまといついている。五九年式キャデラックのテールフィンの金属《クローム》と真っ赤なブレーキライト以上に、かつての栄華を偲ぶものはまず存在しない」**

『怒りのデス・ロード』のビークルは、映画製作の異なる時代に属する。第一に、安全基準が実際に存在し、忠実に守られた。グレース・ウォーカーがとっぴで不安定な彼の車両を「デストラップ」だと悪びれずに認めるいっぽう、コリン・ギブソン作品は優れた乗り物だ。ハンドルを握る人間が、生きて戻れぬ確率の高さを心配する必要はもはやない。

『怒りのデス・ロード』のスタントドライヴァーのひとり、ジョン・ウォルトンは、イモータン・ジョーの司令官のひとりとして小さな役も演じている。ウォルトンは一九七〇年式ホールデンHZ小型トラックのフロントにサンダースティック（四本の槍《やり》状ポール）、後部に火炎放射器を装着したファイヤーカー#4をとりわけ気に入っている。映画の宣伝素材が表現しているように〝暴虐とBBQ〟用に組み立てられた追跡車両だ。ナミビアで五十歳を迎えたウォルトンは、事実上似たような車――火炎放射器はともかくとして――のハンドルを握って育ったため、いわく「おかしな意味で」、

**あいつを運転するのは、こども時代に戻ったみたいだった。典型的なホールデンで、でかくて分厚いタイヤは砂漠の運転向きだ。転がせるし、どう反応するかも正確にわかっている。ガキのころに乗りまわしていた車に戻って、ガキがやることをやっているみたいに感じた。未来からやってきた戦士のごっこ遊びさ。**

前シリーズの錆《さ》びたビークルより技術的に優れ、デザインプロセスがより様式化されるいっぽう、車体にとりつけるパーツをみつくろって集めるのに使った方法は、少なくともちょっぴり、昔ながらのやりかたを踏襲している。「アレクサンドリアのガラス工場を空《から》にして、警備員にチップをはずみ、日に三、四台のトラックを搬入してはずせるものをはずした」と、コリン・ギブソンは著者が二〇一五年におこなった〈ガーディアン〉紙のインタビューで語った。

そうやってみごとな、美しく古びた工業製品の優れものをたくさん集めた。それらがハンドル、銃、武器やおもちゃになった。基本的に、車体に襲いかかってサルベージしていくんだが、戦闘に使えるか、見た目が栄えるかが基準だ。

ギブソンがつづける。

映画の終始ハチャメチャなペースが意味したのは、この未来世界でとっておくものと捨てるものをわれわれで決められるのが、ディテール、質感、色づかい――フェティッシュ――だけということだ。世界の終わりについて自分たちの意見を表明するチャンスがあるのは、ほんの一瞬にすぎない。V８に夢中の残虐な乱暴者の集まりに終わらせず、失われたものすべてへの深い哀惜の念も示唆しようとしている。

《マッドマックス》ユニバースには、ビザールなオートバイが欠かせない。もちろん『怒りのデス・ロード』でも必須だ。しかしそれらが正確には何なのかは別の、より難しい、ひょっとすれば答えようのない疑問だ。コリン・ギブソンと彼のチームは、フランケンシュタインでさえどっちが尻でどっちが頭なのかわからないような車両を組み立てた。ヤマハバイクが複数台購入され、解体されて砂まみれの特定のルックに組み立て直されたのち、乗り手に手渡したというにとどめておこう。「われわれにはすばらしいスタントライディングダブルがいた」と、ギブソン。「R１０００の後部にパドルタイヤをとりつけると、砂丘を乗り越えるのにとりたてて向いているとはいえなくなる」

『怒りのデス・ロード』のバイクコーディネーター、スティーヴン・ガルはそれを身をもって実証できた。とあるシーンでガル（オーストラリアのモトクロスで五回の優秀経験あり）がバイクに乗った盗賊集団、イワオニ族のひとりとして登場する。なめし革のパンツ、茶色のすり切れた布シャツ、汚い長髪をのばしてスキーバイザーを装着し、《スター・ウォーズ》のサンドピープルと、スキー旅行に来たラスタファリアン（一九三〇年代にジャマイカの労働者階級と農民を中心に発生した宗教思想運動の実践者）の中間みたいに見える集団だ。ビザールなバイク乗りのビートニクとフュリオサの交渉が決裂すると、イワオニ族は谷間を走り抜けるウォー・タンクを追いかける。急な崖をウォー・タンクに併走して下ったあと、谷底に降りてタンクの周りを走り、走行中の車両の頭上を——最高のスペクタクル——斜めに飛び越えるまでのアクションを、スピーディにこなせるスタントドライヴァーがミラーには必要だった。

あるショットで、煙を上げる爆弾を片手に持ったイワオニ族が斜面を下る。それがガルだ。ガルは大きくジャンプし、逆U字型に空中を跳びあがり、走行中のウォー・タンクから数フィート手前に着地する。片手でこなすため、楽なアクションではない。「でも、あれはクールだった」と、スタントライダーはふり返る。

**おれが空中に飛びだすところでショットが終わるからだ。それはつまり、そのあと手をハンドルバーにかけて両手で安全に着地できるってことだ。**

スタント本番のとき、ミラーとシールはバイカーの主観ショットを撮るため、カメラをバイクの後部にとりつけようと決めた。しかし、これがバイクのムーブに影響した。「カメラと固定用のアルミ製ブラケットの重さが加わり、バイクがウォー・タンクに近づいてしまった」と、ガルはいう。「左手が、ほとんどタイヤのひとつをこすりかけた。すばやく反応していなければ、ハンドルバーが巻きこまれてトラックの下敷きになっていたかもしれない」

『マッドマックス　怒りのデス・ロード』では、スタント満載のお宝ショットには不自由しない。映画はそんなショットが目いっぱい詰めこまれている。

棒飛び隊《ポールキャッツ》がその好例だ。イモータン・ジョー軍団の走行車両に積んだ高さ六メートルのしなるポールに乗って、ゆらゆら揺れる男たち。右に左に傾き、そよ風にしなう木の葉のように宙を舞う——ただし、木の葉が人間のかたちをとり、ひどく禍々《まがまが》しい。『怒りのデス・ロード』に注目したメディアは確実にポールキャッツをとりあげた。〈エンターテインメント《E》・ウィークリー《W》〉誌は、この年に公開された映画中、屈指のシークエンスだと書いた複数メディアのひとつだ。

「襲撃者は車から車へとしなり、美しい乙女を座席からさらい、フュリオサに輪縄をかけようとする」と、〈EW〉の批評家は書き、ポールキャッツを——映画そのもの同様——「優雅なアクロバットと原始的獰猛《どうもう》さの合体」だと評する。

ジョージ・ミラーは当初、ポールキャッツのスタントをやり遂げるには、あとでデジタル合成するしかないと考えた——つまり素材を個々に撮影し、編集トリックを使って映像をひとつのシーンにまとめ、移動しているイリュージョンを与える。「スタント・コーディネーターのガイ・ノリスに、『静止した車両の上で撮ろう……そのあとで（CGIを使って）映画に組みこもう』といった」と、ミラーがのちにふり返っている。「もし一歩間違えれば、ひどい事故になる。車両が倒れるか何かしたら、本当にひどいことになるからね」

ノリスはほかにうまいやりかたがないかリサーチをはじめ、当初はポールを曲げる装置と、油圧式機械を検討した。調べていくうち、アメリカのシルク・ドゥ・ソレイユのショー、および海外在住のオーストラリア人スティーヴ・ブランドの仕事に行きつく。さらには二〇〇〇年以上前の、秦王朝と漢王朝時代にまでさかのぼる中国雑技にも着目した。〝チャイニーズポール（爬竿《はかん》）〟として知られる演目だ。

ブランドがチャイニーズポールをはじめて見たのは、一九九〇年代初頭から二〇一二年にかけてシルク・ドゥ・ソレイユが演じたサーカスショー、「サルティンバンコ」の録画ビデオだった。垂直なポールに巻きついたパフォーマーたちが、空中で身体を曲げてさまざまな妙技を披露するのを見たブランドは、「こんなのは見たことないぞ」と思った。彼はシルク・ドゥ・ソレイユに入って注目されたいと願う。一九九七年、ブランドはめでたく多国籍シアター・カンパニーに入団する。『怒りのデス・ロード』同様、シルク・ドゥ・ソレイユのスタントは本物であり、生の観客の前で演じるというさらに厳しい条件があった。事故はしょっちゅうではないものの、皆無ではない。長年のうち、数名のパフォーマーが訓練中もしくは観客の前で転落死し、人々にショックを与えた。

ブランドはスウェイポール（左右に曲がるポール）とチャイニーズポール（直立したまま動かない）の専門家になった。後者の芸を、前者のルーティンにとり入れるやりかたを編みだす。「スウェイポールは揺らせても、それ以外の芸を生のショーで興味深く見せるのが難しいんだ」と、ブレンドが説明する。

**けれど映画でなら完璧にブレンドできる。スウェイポールで左右どちらにでも四十五度曲げられ、基本的にはそこにチャイニーズポールの技をいくつか組みこむ。**

ブランドはガイ・ノリスに、ハイブリッドの技を使うことは可能だと説明した。感心したノリスはブランドを『怒りのデス・ロード』のポールキャッツ専用トレーナーに雇い、スタントたちに広範囲なチャイニーズポールの技を教え、アクロバティックな能力をのばしてもらうよう一任した。ブレイクスルーは、チームが上下逆になったメトロノームのリグを発案したときに訪れる。鉛のウェイトをポールの支点となる基部につけて、釣り合いおもりにしたのだ。これが意味するのは、ポールを土台に固定して先だけが動くのではなく、でかいウェイトを基部につけたために全体が可動するようになったということだ。ポールを動かす正しいペースをみつけるには、基部のウェイトを足したり引いたりして調整する。ノリスはこれを、「昔流行《はや》った、アヒルがくちばしを水に突っこむ机の置物」になぞらえた。

ブランドの指導のもと、スタント・コーディネーターのノリスは（生身の人間が実際にポールでスウィングしている）デモ用シークエンスを演出し、撮影した。映像をアップロードしてミラーにリンクアドレスを送り、驚かせることがありますよ、と伝えた。監督はのちにそのときをふり返り、車両の周りに、美しいバレエの動きでやってくる六人のポールキャッツがいて、そしてガイ・ノリスがポールの一本に乗り、映像に収めていた。このフッテージを見たとき、涙が流れた。どんな方法を試そうが、実際にやるには危険すぎると思っていたのに、あの若者たちは完全に、安全に乗っていた。一日じゅうだって乗っていられた。すばらしかったよ。

スティーヴ・ブランドは「完全に安全」とは少しばかり違うことばを使う。彼がいうには走行車両に加え、戸外の砂漠の環境のため、

とんでもなく難易度が上がる。笑っちゃうほどね。舞台では確かに首を負傷したり、ほかの危険がある。けれど彼らが乗り物でやっていることは、はるかに危険だ。砂漠を運転しているとき、もしひとりが転落したら、転落による負傷に加え、ほかの車に轢《ひ》かれてしまう。

エッジアームというテクノロジーの使用が、リアルなビデオゲームのさなかにいるように感じさせたとすれば、走行車両に乗り、六メートル以上の高さで大胆な空中アクロバットを演じるポールキャッツの光景は、ジョージ・ミラーにそれとはまたひどく違う感覚を与えたに違いない——とち狂った演劇作品を見ているように。

映画公開後、オーストラリアの公共放送局スペシャル《S》・ブロードキャスティング《B》・サービス《S》から質問されたとき、監督は一瞬虚を突かれたように見えた——宣伝ツアーでパパラッチにポーズをとってみせ

るより、ずっと意味のあることだ。インタビュアーが聞いた。「もしバイロン・ケネディがまだ存命だったら、映画をどう思うでしょう?」。ミラーは一瞬間を置き、少しだけ顔に悩ましそうな表情を浮かべた――ケネディのことを話すのはまだ心が痛むというように。
「考えたことがなかった。きっと、テクノロジーに驚いただろうね」と、ミラーは答えた。

**バイロンがデジタル社会を見ることはなかった。いろんなことを見なかった。携帯電話を見ることはなかった。われわれが達成できたことに、彼は驚くだろうね。**

# Chapter23 : CRASHING THE WAR RIG

# 第二十三章　ウォー・タンクのクラッシュ

「両の親指を立ててもらい、それからひゃっほう、さあ行くぞ、しくじんなよ！　って調子だった」

ばかでかいトラックが、赤土の狭い道を猛然と進んでくる。速すぎて、日に焼けた砂漠の土ぼこりを鼻腔《びこう》いっぱいに感じられそうだ。黄土色をしたぎざぎざの山並みを左右に分け、それはロケットのように直進し、これほど重量のある奇妙なマシンには不可能と思えるスピードを出す。止まっていてさえこの燃料食いの怪物はやはり目をむく外観をしている——整備士《グリースモンキー》の最高の夢か、はたまた最悪の悪夢か、判断が難しい。

技術的なことをいえば、これはチェコのタトラ（極端なオフロード仕様のトラック）を土台に、一九四〇年代のシボレー・フリートマスター（よりスマートで都市型の車両。第二次大戦後に人気）をかけあわせた、七十八フット、六輪駆動、十八輪のトラックだ。巨大な円筒状の燃料タンクを牽引《けんいん》し、フロントにはカウキャッチャーがついている。背後にはデザイナーいうところの、うしろに開く「自殺ドア」を備える。いいかえれば、土曜日の朝に在庫品セールで買えるような乗り物ではない。

その正体は、フュリオサのウォー・タンクだ。『マッドマックス　怒りのデス・ロード』の大半がルーフと周囲で展開する、動く舞台。イモータン・ジョーと彼のとりまきに追われるクジラに似たウォー・タンクは、ある意味走る〝モビー・ディック〟といえる。本撮影に入ったとき六十七歳だったジョージ・ミラーは、ハーマン・メルヴィルの海洋小説の傑作『白鯨』との文学的比較を気に入るだろう。ジョーゼフ・キャンベルの『千の顔を持つ英雄』を長らく座右の書としてきたのだから。

とはいえ、文学上の先例が、ウォー・タンクを運転するリー・アダムソンの頭になかったのは確実だ。劇中、フュリオサは舞台――もしくはこの場合、運転台――を降りる。代わってハンドルを握るのはニュークス（演じるのはニコラス・ホルト）だ。剃《そ》りあげた頭、びっくり眼《まなこ》、ひどくひび割れた赤い唇をした、心を入れ替えた元ウォー・ボーイズ。だが現実には、アダムソンが運転している。《マッドマックス》の真の伝統では、〝運転している〟はすぐに〝クラッシュする〟の意味を呈す。この野獣《ビースト》は横転しなくてはならず――そして、アダムソンがそれを実行する男だった。

彼の前任者デニス・ウィリアムズ（『マッドマックス2』の終幕でタンカーをひっくり返した生粋のオーストラリア男）同様、リー・アダムソンはくろうとだ。はじめて就いた職業がトラックドライヴァーだっただけでなく、トラック場が遊び場だった。ティーンエイジャーのとき、アダムソンはミラーの映画に恋をした。やがてはミラーたちの映画づくりに一枚噛《か》むことになる日が来ようとは、夢にも思わずに。

ウォー・タンクのクラッシュ場面は、アクション満載で緊張の連続だったナミブ砂漠でのロケ撮影中に撮られたのではない。本撮影が終了して一年後、シドニーのペンリスで撮影された。撮影が遅れたのは、一部には大がかりなクライマックスシーンをどう仕組めばいいか、確信がなかったからだ。デニス・ウィリアムズがトラックをひっくり返したのち停止させるため、ムンディムンディの平野を駆けおりた一九八〇年代以降、映画の世界は長足の進歩を遂げた。

ミラーは『怒りのデス・ロード』のタンカー横転を、ミニチュアを使った撮影でしのげないか、検討した。おもちゃ大のウォー・タンクは、シドニーのケネディ・ミラー・ミッチェル本社の会議室で映画の企画と準備の打ちあわせ中、テーブルに置かれていたものとそう違わない。しかし、この案は複数の理由で難ありだと判明する。ミニチュアは夜間のシーンで最も実物らしく見えるが、ウォー・タンクのクラッシュは昼間に起きる必要があった。可能性のある別の方法は、車両をリモートコントロールする。実験では、リモコンで車両を走らせることはできたが、ひっくり返せなかった。ほかの論理的選択肢はＣＧＩで、しばらくはその線で固まりそうだった。だが、タンカーの横転をぜんぶコンピューターでつくりだしたとしたら、《マッドマックス》のほこりっぽいリアリズムにどんな影響が出るだろう？ファンはまがいものだとみなすかもしれない。『怒りのデス・ロード』で前三作の、とち狂ったやぶれかぶれ精神が再び見られるというファンの期待をへし折ることにならないだろうか。ミラーはのちにこういっている。「ほぼＣＧＩなしの映画の結末を、まるごとＣＧＩでいくのは手抜き《チート》になるのではと考えた」

そういうわけで、リー・アダムソンが頭のなかからその考えを振り払い、ウォー・タンクをクラッシュさせる望みをあきらめてからずいぶん経《た》ったころ、ガイ・ノリスから電話があった。決定が下された、とノリスはいった。タンクのクラッシュを実際にやり、アダムソンが運転する。トラックドライヴァーは有頂天になったものの、ジョージ・ミラーは心中穏やかではなかった。過去にたくさんの、あわや危機一髪という場面を見てきた。いくつかは『怒りのデス・ロード』撮影中に起きた。最後に来て、多かれ少なかれ無事故ですんだ安全記録が覆るようなリスクを冒すべきだろうか？　ウォー・タンクは人間が操るには重量がありすぎ、パワーがありすぎるとミラーは思った。チームがいくら太鼓判を押しても、練りに練ったプランに完全に頼りきることは決してできない。

アダムソンがいう。

**当日は正しくやらなくてはならないことがたくさんある。すべてが能力次第というわけではないんだ。自分は自分の仕事をやり、皆がそれぞれの仕事をやる、そこにかかっている。**

ショットを成功させるには、スクリーンではふたつの巨大な岩に見えるもの（実際にはハリボテ）のあいだを十八輪トラックが通り抜け、正確なタイミングで横転をはじめ、上下逆さまにひっくり返り、カメラの数フィート手前で止まるようにしなければならない。アダムソンが持っていてデニス・ウィリアムズが持っていなかったもの、それは車両の側面に仕込んだ筒《キャノン》で、ドライヴァーがボタンを押して発射し、車の横転を補助する（いっぽう、ウィリアムズは「自然な横転」を実行した）。約一・五メートルの長さで、電柱の一部のように見えるキャノンに窒素ガスを満たし、ウォー・タンクに下向きにとりつける。アダムソンがボタンを押すと、高圧のガスでキャノンが地面に向かって発射され、トラックを宙に浮かせる。

撮影前、一度目の予行演習のあいだスタッフが頼った哲学は――トラックドライヴァーによれば――かなりシンプルな、「なせばなる」だ。カラーコーンを地面の所定の位置に置いて、目印にする。ウィリアムズのケージより安定度が高く、コンパクトな回転ケージにベルトでしっかり固定されたアダムソンが、コーンの周りを回りこむ。つぎのコーンが近づくと、彼は反対方向にスウィングする。この二度目のターンの最中に両手をハンドルから離し、ボタンを押すと、ほどなくして彼自身がひっくり返っているという寸法だ。

一度目の走行の前に、もしウォー・タンクが転倒しなかったらどうなるのか、アダムソンが質問した。ガイ・ノリスともうひとりのスタッフは、絶対倒れると保証した。彼らはキャノンの先に安全弁が付いていて、パフォーマンスを制限することに気づいていなかった。「ボタンを押したとき、出るはずのガスがごく少量しか出なかった。それで、ほんのちょっと車体が持ちあがっただけだった」と、アダムソンは反芻《はんすう》する。トレーラーはふっ飛び、転がりざまアダムソンをケータリングの場所近くに吐きだした。トラックドライヴァーは思った。「くそ、何が『絶対倒れる！』だよ」

二度目の予行演習で、タンクはひっくり返った。ところが車両が遠くまで進みすぎ、また、左に寄りすぎてダミーの岩のひとつを突き破る。計算し直し、コーンを少し下げて調整した。アダムソンは、秘訣《ひけつ》は確実性と繰り返しにあると知っていた。速度を上げる（時速八十キロ）。完全にまっすぐ進む。ドンピシャのタイミングで折れる。折れたあと戻る。ボタンを押す。シンプルな手順だが、一瞬の正確なタイミングで実行する必要があった。三度目で成功した。ばかでかいトラックのモンスターはひっくり返り、必要な場所で岩のあいだを滑り抜け、完璧にキマッた。
約一ヶ月後、撮影のときがきた。リハーサルと本番のあいだの待ち時間は、アダムソンにとって永遠に思えた。その日がくると、スタッフが現場に到着し、持ち場につく。アダムソンは必要な確認作業が終わるのを待った。神経質になったジョージ・ミラーは、近くのテント状の構造物のなかに座り、モニターの壁を通じて様子を見守っている。無線封止が指示された。監督が叫ぶ、「アクション」。ドライヴァーへ合図が行く。リー・アダムソンがふり返る。

**「両の親指を立ててもらい、それからひゃっほう、さあ行くぞ、しくじんなよ！　って調子だった」。おれは可能な限りスピードを上げる。たぶん百か、百五十メートル。スピードを保ち、完璧にまっすぐ走る。それからここぞというところで折れ、ボタンを押す。ボタンを押すと、もの凄《すご》く早い。押した瞬間には基本的にひっくり返ってる。それほど速いんだ。**

はじめ、すべてが計画どおりにいったかに思われた。ミラーはモニターの壁を見つめ、車両が突進するのを観察する。アダムソンはぴったりの場所でキメたようだった。キャノンを発射し、ウォー・タンクが宙に浮かぶ。傾きはじめる。ひっくり返る。転がる。クラッシュ。けたたましい音を立てて止まる。車両は地面に据えられたメインカメラからわずか数フィートの、まさに望んだ地点に達する。
しかし、最後の瞬間、監督は何かおそろしい手違いが起きたのを目にする。椅子から立ちあがり、最悪の事態をおそれる。彼のために働く者たちが死を欺く場面に長年立ちあったあと、たったいま、悪夢のシナリオを見ているようだ。ミラーほど路上の殺戮《さつりく》をたくさん監督してきた者なら――《マッドマックス》の前三作はクラッシュと爆発と焼けたゴムと曲がった金属の、紛れもないデモリション・ダービーだ――何を探すべきか知っている。だが、フィルムメーカーが見たのは、だれにとっても警報ベルの鳴りひびく光景だ。アダムソンの首が、いまはひっくり返ったウォー・タンクのルーフにつながれ、身体がなぜかシートベルからはずれている。

「もしや彼は頭を……」。ミラーの声が先細る。手を腰に当て、土ぼこりが収まるのをモニターで見守る。男たちの一団がウォー・タンクのほうへ走っていく。黒い野球帽と長くのびる白髪のガイ・ノリスが最初に現場に着いた。NSW《ニューサウスウェールズ》消防隊と救助隊のスタッフ数名が待機している。ひとりが金属切断機《ジョーズ・オブ・ライフ》でキャビンをこじあける。土ぼこりが静まり、人影がトラックから出てくる。リー・アダムソンだ。満面の笑みをたたえている。拍手喝采がセットから起きる。土手のそばで、深く安堵《あんど》したジョージ・ミラーが両手を合わせる。

監督はすぐに悟る。彼が見た車両のルーフにつながっている人物は、実際には、人間ではまったくなかった――それはニュークスに見せかけたダミーだった。「モニターで見ていたとき、ニュークスがちらっと見えて、それをリーだと思ったんだ。彼の頭が削れたのかと思ったよ」と、ミラーはのちにふり返った。

**わたしが忘れていたのは、ニュークスはダミーだということ。(アダムソンは)反対側にいて、フルヘルメットを被《かぶ》り、ケージのなかにいるとかそういったことをすっかりね。ニューク**

**スのダミーを見たら、てっぺんのラテックスが削れていた。**

きみが死ななくてよかったよ、という表情を浮かべ、ミラーはアダムソンと両手で握手をし、それから抱擁した。

『マッドマックス　怒りのデス・ロード』の本撮影とピックアップ撮影の両方が、深刻な事故なしに完成した。たくさんの切り傷や擦り傷があり、少なからぬ危機一髪はあれど、一本も折れた骨はなく、このようなスタントが満載の撮影にしては、驚異的な成果だ。

『怒りのデス・ロード』の編集は、映画編集技師でミラーの妻マーガレット・シクセルにとって、非常に困難な任務になった。四百七十時間以上のフッテージと格闘した。六ヶ月間の撮影中、ナミビアの砂漠で虐殺が繰り広げられているころ、シクセルは一万二千キロメートル以上離れたシドニーでカットをつなぎあわせていた。撮影現場の編集チームは、ナミビアの限られたインターネット回線の容量に手こずりながら基本的な素材をシドニーに毎日アップロードし、フッテージの残りをオーストラリアに空輸した。輸送だと少なくとも三日かかった。ミラーの「最小限のＣＧＩ」ポリシーに従ういっぽう、シクセルは編集技師の虎の巻に載っているあらゆるトリックを招集した。足りない車両、炎、銃口の閃光《せんこう》、ウォー・ボーイズの頭数、さまざまな背景をつけ足し、ときにはマックスとフュリオサの（別々に撮られた）フッテージをひとつのショットにまとめあわせさえした。

映画のフレームレートもまた、大々的に操作された。撮影監督のジョン・シールは、『怒りのデス・ロード』の六十パーセントは標準的な一秒二十四コマのフレームレートではないと見積もる。こういった加工は、もちろんおしなべて時間がかかる。シクセルは数度の休暇を挟みながら、二〇一二年三月から二〇一五年四月までの三年間余をこれに費やした。数パターンのシーンをつくってミラーに見せ（「ジョージに選択肢を与えろ」が編集室のマントラだった）、彼女の好みに沿って並べた。「ジョージはおしゃべりで、アイデアをぽんぽん投げこむの」と、のちにシクセルはふり返った。

**いっしょに住んでいるから、わたしは映画のたいていの局面――ストーリーボードの作成、キャスティング、プロダクション、デザインに直接・間接的にかかわった。〝ジョージ・ミラーの映画学校〟に通えてすごく幸運だったわ。彼はアクション映画の言語を三十年以上考えてきた。だからそれだけ豊富な知識量の引き出しがある。**

彼女はつづけた。「わたしが正しいという絶対的な確信がない限り、何に対しても判断を下さないように気をつけてる。作品のヴィジョンを左右したくないから」

三人のキャラクター――スリット、ニュークス、マックス――が燃料を吹きこみあう場面（〝ニトロ・ダービー〟と名づけられた）が長すぎると、試写の観客が感じた。その結果、その部分は二十五回以上編集し直した。観客はまた、映画の結末にもの申した。彼らは登場人物がシタデルに帰還後、一大バトルのはじまりを期待させられたと受けとめ、ないとわかると失望した。ミラーとシクセルはセリフを微妙に変え、期待を持たせないよう工夫して対処した。

モニターは二種類の『怒りのデス・ロード』を見せられた。一本はもう一本よりも過激な描写が多めだ。ワーナー・ブラザースにとり、映画が受けるレイティングは、とりわけアメリカにおいては大問題だった。R指定を受けた映画は興行成績が下がるという一般論がある。

**スタジオをほめるべきは、もし過激度をゆるめて重要な映像をとりのぞいたら、基本的に映画の命を奪うことになると気づいたところだ。**

と、二〇一五年に著者がおこなった〈ガーディアン〉紙のインタビューで、ミラーが公言した。

「PG指定を受けるために映画が妥協したら、映画そのものがなくなってしまうといったのはスタジオだった」

とはいえ、彼らは映画を手にした。そこに行くつくまでにとほうもない時間を奪われたとしても。ミラーがロサンゼルスの通りを渡るあいだに最初のアイデアを思いついてから『怒りのデス・ロード』が映画館に爆音をあげてやってくるまで、ほぼ二十年間が経った。映画の最終版は二千七百カットあり、対する『マッドマックス2』は千五百カットで、それゆえに一気により速く、よりとち狂った経験になった。二〇一五年五月の映画公開に先立ち、予告編がインターネット上でヴァイラルヒットとなり、何千万回もシェアされた。ミラーの新たなるエピック作の初期ヴィジョンを、ウェブサイトは「『マッドマックス　怒りのデス・ロード』がインターネットを破壊」「『怒りのデス・ロード』が新たなティーザーを発表、インターネットは阿《あ》鼻《び》叫喚《きょうかん》」などの見出しで伝えた。つかみは上々だった。一般大衆はマックス・ロカタンスキーの帰還に熱狂していると思われた。

# Chapter24 : FURY ROAD: WAY, WAY BEYOND THUNDERDOME

# 第二十四章　『怒りのデス・ロード』は『サンダードーム』のはるか彼方へ

「親しい友人たちでさえ、ジョージの天才的な大虐殺をどれほど楽しんだかをわたしに語った」

『ベイブ』のアカデミー賞七部門ノミネートが、一九九〇年代にジョージ・ミラーが冗談で返したように「罰当たり」とすれば、『マッドマックス　怒りのデス・ロード』の十部門ノミネートはなんだというのか？　おそらく最も適当なことばは「不可解」だろう。ロカタンスキーは最初の三度の顔見せのうち、栄えあるアメリカの式典で勲章をもらったことは一度もなく、四度目では二桁を得点しようと競っている。そしてさらに、タキシードに白い蝶ネクタイを締めたミラーは、二〇一六年二月、ハリウッド・ブールバードのドルビー・シアターに座り、監督賞の候補者五名の名前が読みあげられるのを聞いている。映画は作品賞にさえもノミネートされ、ハードコアなアクション映画には事実上不可解な事態を迎えていた。

ミラーは作品賞も監督賞も受賞を逃したが、にもかかわらず『怒りのデス・ロード』は賞レースで怪気炎をあげた。ぜんぶで六種類の黄金像――その年の最多獲得数――をものにする。衣裳デザイン賞、美術賞、メイクアップ&ヘアスタイリング賞、音響編集賞、録音賞、編集賞。編集賞を受けとるため壇上に上がったミラーの妻マーガレット・シクセルは、スピーチのはじめに「『マッドマックス　怒りのデス・ロード』は二〇一五年最高のレビューを受けた」と表明した。いまやオスカー受賞者となった編集技師の発言は誇張ではない。批評家たちが《マッドマックス》の最初の二作を手放しで賞賛するまでにしばらく時間を要したとしたら、四作目を支持するのに実質間をおかなかった。

「『怒りのデス・ロード』は『サンダードーム』のはるか彼方に横たわる」と、〈ニューヨーカー〉誌のアンソニー・レーンは褒めそやす。「そして、新たな続編が前作を上まわるという数少ない例となった」。〈ガーディアン〉紙のピーター・ブラッドショーは「ヒエロニムス・ボッシュが改造した『グランド・セフト・オート』みたい」なアクション映画だと評した。〈ローリングストーン〉誌のピーター・トラヴァースは七十歳のジョージ・ミラーを「今日の映画界で最も重要なアクション監督だ」と評価するいっぽう、〈フィルム・コメント〉誌のヴァイオレット・ルッカは、ミラーは「このスケールの映画を撮るフィルムメーカーの大半を恥じいらせ」、「理想の世界では、すべてのアクション映画が『怒りのデス・ロード』ぐらい磨き抜かれているだろう」と述べた。〈ヴァラエティ〉誌のジャスティン・チャンは、映画は「ジャイアント級に過激」だが、また「驚くべきレベルのたしなみ」があると指摘した。ウェブサイトの〈Indiewire〉が最も持ちあげ、『怒りのデス・ロード』をこれまでで二十一世紀のベスト・アクションムービーだと断じた。

世界じゅうの批評家たちが、灼熱《しゃくねつ》の大地と毒気にやられた地獄郷たるミラーのスペクタクルに有頂天になったかに見えたが、少なくともひとり、祝賀パーティーに加わらなかった者がいる。オーストラリアの批評家、フィリップ・アダムスに対するミラー監督のいじりは、彼とバイロン・ケネディが放った一九七一年の短編「Violence in the Cinema Part 1」を最後に終わったかもしれないが、四十年以上経《た》ってもアダムスはいまだにパンチを浴びせていた。オリジナルの『マッドマックス』を評したおそらくは最も伝説的な、「危険な死のポルノグラフィ」と題したレビューの執筆者は、『怒りのデス・ロード』の公開後、「耳を聾《ろう》する最初の二十分で」映画館を出て、「わたしの完全かつ屈辱的な敗北だ。ヴァイオレンスが勝利した」と認めた。

彼の九作目の長編映画監督作の記者会見で、ミラーはロカタンスキーの二十一世紀への復帰を指揮することを「バンドを再結成するみたい」な感覚だとふり返った。ともに働いた古い仕事仲間が、彼の脳裏を去来したのは間違いない、プロデューサーのダグ・ミッチェル、エグゼクティヴ・プロデューサーのグレアム・バーク、スタント・コーディネーターのガイ・ノリス、俳優のヒュー・キース＝バーンら、腹心の友の名簿リストが。もしかしたら、奇妙なかたちで、リストにはまた、フィリップ・アダムスが入るかもしれない――外野のどこかから、古きよき日のように野次を浴びせる批評家。アダムスは『怒りのデス・ロード』は４Ｄ映画だと書いた。「Deafening（爆音）、Destructive（破壊的）、Diabolical（邪悪）、Demented（狂気の沙汰）の４Ｄ」と。それにつづけて、

**またしても衰弱した批評家は刺され、切り裂かれ、刻まれ、骨抜きにされた気分だ。口はい**

**まだむなしい音を発している。親しい友人たちでさえ、ジョージの天才的な大虐殺をどれほど楽しんだかをわたしに語った。まるで、どたばた喜劇を見てきたかのように。それともゴールドコーストにあるテーマパークのライドか――それ（『怒りのデス・ロード』のライド）がつくられるのはもはや必至だ」**

二〇一五年五月に映画が正式に怒《フューリー》りを劇場に解き放ったとき、主演がメル・ギブソンからすげかえられたことに腹をたてる者はそれほど多くなかった。しかし、そのひとりにクエンティン・タランティーノがいた。脚本家兼監督のスーパースターは、人気にかげりの出たベテラン俳優たちを起用することで知られ、『怒りのデス・ロード』を鼻で笑った。タランティーノは（二〇一六年の著者による〈ガーディアン〉紙のインタビューで）こう説明した。

**メル・ギブソンがいない。つまりだよ、メル・ギブソンが存在する世界で、どうしてマックスをメル・ギブソンで撮らないなんてできる？　もしこのウェイストランドが過去三十年間存続していることを語るなら、メル・ギブソンをおいて世界を救ってのけるやつがいるか？**

やがては耐えがたきを耐えて映画を見たタランティーノは「心底気に入った」と認めた。

世界じゅうの観客も気に入った。製作費一億五千万ドル（四十パーセントをオーストラリア政府が助成）の作品が北米だけで一億五千四百万ドル、オーストラリアで二千百六十万ドルの興収をあげ、豪映画史上九番目の好成績を収めた。また、韓国では並はずれた成績をあげ（二千七百五十万ドル）、さらにはイギリス（二千七百十万ドル）、フランス（千八百万ドル）、日本（千二百七十万ドル）、ロシア（千二百四十万ドル）、ブラジル（千四十万ドル）、ドイツ（九百五十万ドル）、メキシコ（七百九十万ドル）、スペイン（四百三十万ドル）、イタリア（三百十万ドル）に加え、やたらに長いそれ以外の国のリストからも強力なリターンがあった。『怒りのデス・ロード』は世界各地の映画館から合わせて三億七千八百万ドル以上の興行収入を最終的に計上した。

何がいちばんの驚きか、決めるのは難しい。あふれ出る絶賛レビューの数々か、事実上一夜にしてフェミニストのアクション映画の快挙として祭りあげられたことか。有名なアメリカの女性向けウェブサイト〈Bustle〉は、いち早くそう解釈し、五月十三日（アメリカ封切りの二日前）に投稿された記事の見出しを「『マッドマックス　怒りのデス・ロード』はフェミニストの傑作」と銘打った。執筆者のアナ・クラッセンは「チェイスと格闘シークエンスと爆発と悪党たちの影に賢く潜んでいるのは、フェミニストの賛歌だ」という。翌日、〈ニューヨーク・ポスト〉紙の「なぜ『マッドマックス　怒りのデス・ロード』は今年最高のフェミニスト映画なのか」と題された記事は、「解放された女性の自由と尊厳を保つ」物語だと主張した。〈ガーディアン〉紙のジェシカ・ヴァレンティは「世界的な監督・脚本家のジョージ・ミラーは、性差別の恐怖と家父長制からの解放の必要性を見せ物仕立てで提示した」と書いた。

二〇一五年に著者がおこなった〈ガーディアン〉紙のインタビューで、ジョージ・ミラーはフェミニストの要素は「ストーリーテリングと時代精神が起こした相互作用から」出てきたのであり、意識的に映画に落としこんだのではないという。「フュリオサのフェミニストうんぬんは、すべて単に、ストーリーの設定から生まれたことだ」と、彼は語った。

主人公たちがウェイストランドを横断して逃亡し、古典的なマクガフィンは人間になる。この場合、それは年老いたイモータンの囲う子産み女たちだ。彼らの擁護者を男にはできない。そうすれば違う話になるからだ。ひとりの男が別の男から戦利品を盗むという話にね。そのため女ロード・ウォリアーでなければならず、残りはそれについてきただけだ」

# Chapter25 : BACK TO CHINCHILLA

# 第二十五章　チンチラに戻って

「あいつはいまでもただのジョージだよ。ただのジョージ・ミラーだ。わたしは単なる古い友人だと思っている。だれかがわたしに最近こういった。『え、ジョージ・ミラーと話したのかい？』。わたしは返した。「話さない道理があるか？　いっしょに学校に通ってたんだぞ！」

『マッドマックス　怒りのデス・ロード』初のレッドカーペット上映会は、五月七日ロサンゼルスのTCLチャイニーズ・シアターにて、五月十四日にカンヌ映画祭で催されたワールドプレミアに先立っておこなわれた。主要キャストの多く（トム・ハーディ、シャリーズ・セロン、ニコラス・ホルト）がロスからフランスのリヴィエラへ素早く移動し、ふたつのタイムゾーンでカメラの前でポーズをとった。ハリウッドのプレミアで、ジョージ・ミラーは古い友人にして仕事仲間のとなりに座る。一九七〇年代、ミラーと親友兼プロデューサーのバイロン・ケネディが探し求めた男。青い目の、当時は新人俳優だったメル・ギブソンという名前の男だ。

ミラーとギブソンは久しく会っていなかった。席に着いた監督はいぶかしんだ。「メルはどう思うだろう?」。ロカタンスキー役の後継、トム・ハーディをそっけないやりかたで祝福したギブソンには、シュールな瞬間だったに違いない。この場に居あわせ、自分を有名にした役――鬱屈したレザー服のロード・ウォリアー――をほかの俳優が演じているのを見ながら「これがおれだったらどうだったろう?」と考えるのは。目の前で起きていることにギブソンが反応をとりつくろえないのを、ミラーは知っていた。俳優がクスクス笑いをはじめるのを見たとき、ミラーは思った。「おなじみのクスクス笑いだ」。それからギブソンは彼の脇腹をこづきはじめた。

上映のあと、ギブソンは彼以外の俳優が扮するはじめてのマックス・ロカタンスキーにどんな印象を抱いたか、ミラーに語った。内容はふたりにしかわからないが、ミラーは〈シドニー・モーニング・ヘラルド〉紙に、オリジナルのロード・ウォリアーは彼を「監督としてすごく尊敬」してくれたと語っている。ミラーはこうつけ加えた。「メルの身に起きたことには胸が痛んだ。ずっと、本当にいい男なのを知っているから」。ロスのTCLチャイニーズ・シアターでの晩は、フィルムメーカーと初代主演俳優のどちらにとっても忘れがたく感慨深いものだった。しかし、おそらくより意義深い上映会は、五月十三日、ハリウッド・ブールバードから一万二千キロ離れたシドニーで開催された。

『マッドマックス　怒りのデス・ロード』のオーストラリア・プレミアがはじまった。主要キャストの多く(とミラー)は外遊中だが、ヒュー・キース゠バーン、メーガン・ゲイル、クウェンティン・ケニハン、ジョン・ハワードらがオーストラリア最大の都市に姿を見せた。その日の早く、オーストラリアの人々は『怒りのデス・ロード』の真のスターによるスペクタクルな見本市でもてなされた。ナミビアの砂漠での修羅場をくぐりぬけ、無事に（そして完璧に動作する状態で）故国に戻ってきたガソリン吐きビークル十台から成る武器庫だ。イモータン・ジョーのギガホースが、手荒な洗礼を受けたキャデラック・オン・キャデラックの栄えある姿そのままで凱旋《がいせん》し、ウォー・タンク、ドラム・ワゴン、ニュークスカー（シボレー5ウィンドウ・クーペ）、レイザー・コーラ（フォードファルコンXB・クーペ）そのほかの車、さらにはイワオニ族のバイクたちもお目見えした。

　これら常軌を逸した奇妙なマシンたちは、ただ映画館の外に展示されて入場前の観客の目を楽しませるだけではなかった。主催者たちはもっと派手な宣伝方法を企画した。ケネディ・ミラー・ミッチェル社と映画のオーストラリア国内の配給元ヴィレッジ・ロードショー社は、ニューサウスウェールズ州政府と調整し、平日は日に約十六万台が水上を渡る絵のようなシドニー・ハーバーブリッジを、午前十時から午後一時まで閉鎖した。美しい秋の当日、黄色と白の太陽光線がアクアブルーの水面を快活に滑るなか、イモータン・ジョーの車両軍団が橋を渡り、オーストラリアの象徴たるシドニー・オペラハウスの正面庭園へパレードしてきた。

　登場人物を演じるために雇われたパフォーマーたちも、ウェイストランドから連れてこられた。十名以上のウォー・ボーイズがウォー・タンクのてっぺんに立ち、両手を頭の上に上げ、大声で指導者を讃えた。ポールキャッツがゆらゆら揺れた。イモータンのドラマーボーイ、盲目のエレキギター奏者のドゥーフ・ウォリアーもいた。トレードマークの赤いワンジー姿で、世界の果てのモッシュピット（ロックコンサートなどで見られる、観客が密集した状態でぶつかり合う場所のこと）の上から曲をかき鳴らしている。

　橋上とオペラハウス正面のスペクタクルは、その晩のオーストラリアテレビネットワークを席捲《せっけん》した。「最初の《マッドマックス》映画が公開されてから、三十五年が経《た》っていますす」と宣言したのは7NEWSのレポーターだ。その間ロカタンスキーのぼろぼろになったインターセプターのレプリカに片手を這《は》わせている。バイロン・ケネディならば確実にその見栄えに異議を唱えたはずだ。かつて彼が丹念に磨きあげたピカピカのブラック・オン・ブラックの見る影はなく、傷だらけで錆《さ》びつき、ウォッシュアウトグレイの塗装はまだらになっていた。

「マッドマックスが戻ってきたのは明白です、かつてなくマッドでバッドになって」と、9NEWSの興奮しやすい現場ジャーナリストがいった。彼の背後では、ドゥーフ・ウォリアーがせりあがったステージで演奏し、ボディの一部がおまるでつくられたギターから本物の炎を吹きだしている。

壮観だった。だが、シドニーでのこの日の重要性を理解するため、われわれは場所を移動し、別の地、別の時間へ、オーストラリアの田舎町チンチラの下見板の家へ、ゆっくりとディゾルブする。ふたりの少年、ジョージとヴィヴが紙と鉛筆の散らばるテーブルに座っている。ここはミラー家、ジムとアンジェラが自分たちとこどもたちのために築き、つつがなく新たな暮らしを送っている。このあたりで唯一の水洗式トイレを設置したのはほんの手はじめだ。家はこどもが想像力を奔放に広げられる、暖かくのびのびした場所だった。

今日この日まで、ヴィヴ・ブラウンは家の間取りを覚えている。ジョージの部屋が片側にあり、ダイニングルームは真ん中、彼と友だちがそこで絵を描いた。ヴィヴはまた、ふたりの描いた絵を覚えている。電話線の向こうで呼び出し音が鳴る書き文字入りの、遠近のついた絵があった。オーストラリアの地図は、茶色の砂漠や新緑の畑が描きこまれ、陸の周りの青色が海を表している。「シドニー・ハーバーブリッジの絵を描いたのをはっきり覚えてるよ」と、ヴィヴ・ブラウンが反芻《はんすう》する。

**田舎のこどもだったから、ハーバーブリッジを空想していた。うんと遠くにあるでっかい建築物だ。ジョージはすごく鮮やかな色づかいで描き、でもいつもわたしのほうが上手だといっていた。いまこうなってみると、それは疑問の余地があるといえるね。**

と、ヴィヴは笑う。

少年のときにテーブルに座って描いたあの絵との、時間を越えたつながりを、当時のジョージ・ミラーは知るよしもなかった。ある日、離れた場所で、うんと遠くにあるでっかい建築物が、具現化した彼の想像物で埋められるとは。聞こえ、触れ、煙を嗅げる物体となって。

チンチラの大きなスター・シアターでこどものときに見た映画をミラーはあまり覚えていない。床板の割れ目にジャッファオレンジを転がし、二重ガラスの保育室で両親が乳幼児の面倒を見たあの映画館で、彼の心に刺さった一本は、一九五一年のホラーSF映画『遊星よりの物体X』《The Thing from Another World》だ。宣伝用の仕掛け《ギミック》が考案され、劇場のロビーに鎖を巻いた（昔の海賊の宝箱みたいな）大きな黒箱をだれかが置いた。箱の表面にはしたたる白いペンキで、「THE THING」と書かれている。ジョージと友達は放課後、そこへ走っていき、あぜんとして箱を見つめた。「THE THING」ってなんだろう？

「町は二種類のこどもに分かれた」と、監督はのちに記憶をたぐった。「保護者に『ああ、見に行っていいよ』といわれるこどもと『だめだめ、こども向けじゃない』といわれるこどもに」

ジョージと双子の兄弟のジョンは、後者の部類に属した。ジムとアンジェラは、ふたりはまだ小さすぎると考えた。けれど、わんぱくな双子は奥の手を実行する。ふたりはスター・シアターにこっそり行き、映画館の外にあいた穴から忍びこむと、スクリーンの下の床板の下にしゃがんで頭上の映画を聞いた。理想的な鑑賞方法ではなかったものの、そのいっぽうで、法を犯しているみたいに感じた——ふたりのできる最もエキサイティングなことをしていると。

六十年以上が過ぎ、世界じゅうの狂喜した観客の前に披露して二週間後、ジョージ・ミラーの撮った最新作が、チンチラにやってきた——『マッドマックス　怒りのデス・ロード』だ。チンチラ家庭支援センターの非営利団体が運営するアウトリーチプログラム、ウエスタン・ダウンズ・ユースハブが、地元での初上映を主催した。売上金は全額、町に還元される。

イベントはチンチラの観客席百四十の小さな劇場、アイアンバーク・シアターで開かれた。巨大なスター・シアターはずいぶん昔にとり壊されていた。跡地にはウールワース・スーパーマーケットが建っている。ジョージの旧友のひとり、チャーリー・サマーズがブリスベンの家から約四時間の道のりを運転し、はるばる上映会に参加しに来た。ヴィヴ・ブラウンもいる。再会したふたりは、「未来はＭＡＤに染まる」というフレーズがでかでかと書かれた『怒りのデス・ロード』特大ポスターの前に立ち、記念写真を撮った。サマーズは友人の名声と成功を奇妙だとは思わない。なぜなら、

**あいつはいまでもただのジョージだよ。ただのジョージ・ミラーだ。わたしは単なる古い友人だと思っている。だれかがわたしに最近こういった。「え、ジョージ・ミラーと話したのか**

**い？」。わたしは返した。「話さない道理があるか？　いっしょに学校に通ってたんだぞ！**

と、サマーズは笑う。

アイアンバーク・シアターに入る前、観客は通りの電柱にテープどめされた、近所を飾るジョージ・ミラーの歴代映画ポスターの前を歩くか、車で通りすぎた。上映前、地元紙〈チンチラニュース〉の記者が、彼ら宛てに監督の書いた個人的メッセージを観客に向かって読みあげる。

メッセージは、以下のとおり。

**『マッドマックス　怒りのデス・ロード』が本日チンチラで上映されることを名誉に思います。こども時代をこのすばらしい地で過ごしました。テレビはなく、ビデオゲームもなく、インターネットもありませんでした。コミックスと土曜日のマチネがあるだけです。町と周囲のブッシュが大きな遊び場でした。色を塗ったゴミ箱のふたを盾にして、おおまかに振りつけたチャンバラごっこをしました。地下のトンネルはバットケイブ（『バットマン』の秘密基地）になり、家に戻るのは日が落ちたあと。いまにして思えば、あの恵まれた日々が映画製作の見えない実習になったのです。わたしはこどものときにやっていたことをいまでもつづけ、想像力を鍛えています。カメラと大きな予算はつきましたけれど。ですから、本当の意味で今日あなたが見ている映画の製作は、チンチラではじまったのです。過去二週間この映画は世界じゅうで上映されてきました。今日、故郷に戻ります」**

現時点で――チンチラにさえ――『マッドマックス　怒りのデス・ロード』はこども向けの映画ではないとの意見が広まっている。町のこどもは再び、ふたつのグループに分かれたかもしれない。『怒りのデス・ロード』を保護者が見せてくれる子と、そうじゃない子に。禁じられたこどものなかにはどうあってもこっそり見に来る子がいるかもしれない。そのうちの何人かは、劇場に潜りこみ、うしろの席から見ているかもしれない。

それとも、床下に隠れ、頭上でかかるサウンドトラックに耳を傾けながら、映像を想像しているだろうか。

# Acknowledgements

## 謝辞

パートナーのローズと母のブレンダは、いまにいたるまでずっと、たいへんな支えになってくれました。ことばにならないほど感謝しています。

本書を信じてくれるハーディ・グラント社の人々がいなければ、あなたはこの本を手にしていません。そのなかにはフラン・ベリー、アリソン・ヒェウ（すべての物書きが夢見る編集者）、ミーリー・スーアキアがいます。

〈ガーディアン〉紙の新旧の編集者たちにも感謝します。ステフ・ハーモン、ステファニー・コンヴェリー、ナンシー・グローヴス、モニカ・タン。ウェブサイトの〈Daily Review〉の友人と同僚にもお礼を――インスパイアしてくれるレイ・ギルと、すばらしいベン・ニューツェに。

この本は、腰をおろしてわたしに話をしてくれた大勢の人々なしには書けませんでした。そうすることで彼らが得たものは何もありません。

名前を挙げるのは避けます。大部分が本書に登場するのを、あなたはたったいま読まれたのですから。少数のインタビューが、なんらかの理由により活字にはなりませんでした。それらの方々にも等しく感謝いたします。どなたかはご存じでしょう。

# 訳者あとがき——千の顔を持つミラー

二〇一五年に『マッドマックス　怒りのデス・ロード』でシリーズがまさかの復活を遂げ、世界中にV8旋風を巻き起こしてからはや九年、やつらが帰ってきた！　といっても、スクリーンのほうは、『デス・ロード』でマックスとタメを張っていた（&ちょっと若返った）フュリオサに一任し、マックスは荒野のウォークアバウトを継続中のもよう。次回の出番に向けて、ゆっくり鋭気を養ってほしいです。

われらがロード・ウォリアーが再びスーパーチャージするその日まで、マックスの過去四度にわたるヒーローズ・ジャーニーをふり返るのに、本書『ジョージ・ミラーとマッドマックス シリーズ誕生から伝説までのデス・ロード』ほどぴったりのものはありません。うそだと思うなら、まずは「プロローグ」のページを開いてみてください——。

——どうです、断末魔のトーカッターなみに、目の玉がまんまるになりませんでしたか？　二年前、『マッドマックス　怒りのデスロード　口述記録集』を訳したとき、参考にと思い本書のオーディオブック版を聞いてみた訳者は、あまりのMADな内容に何かものすごい聞き間違いをしたのではと、途中で何度も聞き返してしまいました。『口述記録集』が『デス・ロード』に的を絞り、スタッフや出演者たちにオンライン・インタビューをしたのに対し、本書はシリーズの一作目から四作目までを等分（厳密にいえば分量・密度ともに一作目の比重が大きいですが）に扱っています。その中心にいるのは、書名が示すとおり、もちろんジョージ・ミラー監督。ミラー監督は著者がイントロでいっているように、じつにパラドキシカルな存在です。『口述記録集』との違いはそれだけでなく、著者のルーク・バックマスターがオーストラリア人である利点を生かし、シリーズの撮影ロケ地やミラー監督ゆかりの地へ実際に足を運び、七十九名の取材相手を直接訪ね、食事やビール、ときにはマリファナ入りのお茶をともにしながらじっくり話しこんだそうです。クーバーピディの地下の町やウーメラ試験場、カタ・ジュタなどの、不思議で奇怪なオーストラリアの風景描写を読んでいると、顔面に土ぼこりが吹きつけてくるような錯覚を覚えます。さらにまた、インタビュー相手がクセの強い人物ばかりで、《マッドマックス》撮影時の信じがたいエピソードがごろごろ出てきます。果たして彼らをヒーローとみなすべきか、ヴィランとみなすべきか、判断に迷うこと必至。やはり地元の強みとして、三作目『サンダードーム』の撮影時にシドニー市が四百頭（！）のブタの搬送に待ったをかけたり、一作目の『マッドマックス』公開時に全豪で映画の暴力性について一大論争が起きたりなどの、お国事情も余さずつづっています。『フュリオサ』公開の暁には、《マッドマックス》を目の敵にしているオーストラリアの著名文化人フィリップ・アダムスに、ぜひ感想を聞いてみたいですね。そして、信じられないようなエピソードという点ではミラーについても例外ではなく……（そのせいかどうか、何名かにインタビューを断られたり撤回されたりしたそうです）。武器将軍との砂漠の手つなぎ散歩のくだりは、訳していて鼻血が出そうになりました。ああ見えて凄腕の人たらしです、ジョージ・ミラー。

著者のルーク・バックマスターは、イギリスの老舗新聞〈ガーディアン〉紙のオーストラリア版ウェブサイトを中心に、映画評を発表している映画評論家。ツイッター（現X）のプロフィールページのバナーに『ベイブ　都会へ行く』のヴィジュアルを使用しているお茶目な方ですが、表示名に

「Dr」の肩書きが。「おや」と思ったら、二〇二二年にVR研究で博士号を取得されたとのこと。さらには気候変動問題の環境活動家でもあるそうで、著者自身がなかなか興味深い経歴の持ち主です。

本書で認識を新たにしたのは、ミラーと共同で《マッドマックス》を生みだした故バイロン・ケネディがシリーズにもたらした影響力の大きさです。大の車好き、スピード狂の彼がいたからこそ、車やバイク愛好家たちからかくも熱く支持される作品になったのだと、得心いたしました。本書でも、撮影に使用されたのち放置されたインターセプターをレストアしたファンや、ロケ地に『マッドマックス2』の博物館を建てたファンに触れていますが、なかにはインターセプターを自作してしまう剛の者もいて、そのひとりに日本で〈THE REAL INTERCEPTOR〉http://www.realinterceptor.comというウェブサイトを運営されている檀崎行宏氏がいます。なんと、オーストラリアからフォード・ファルコンの中古車を輸入し、それをベースにスーパーチャージャーを搭載するなどの加工をして、実際に走行可能なインターセプターを製作してしまったすごい人です。本書には車両関係の描写が多々出てきますが、訳文のチェックを檀崎氏にお願いしたところ、ご快諾いただけました。案の定、Ｍａｃｋトラックのギアの説明などに変な部分がみつかり、ご指摘いただいたおかげで、とんちんかんな訳のまま世に出さずにすみました！　ありがとうございます！　それでもまだ訳に変な箇所がありましたら、責任は訳者にあります。カオスなスケジュールのなか迅速に処理を進めてくださった竹書房の富田さま、細かく注を入れてくださった校正の魚山さまにも、お礼申しあげます。

二〇二四年四月二十五日　アンザック・デー　　有澤真庭

米公開日：2015/5/15
日本公開日：2015/6/20
上映時間：120分
製作会社：ワーナー・ブラザース／ヴィレッジ・ロードショー・ピクチャーズ／ケネディ・ミラー・プロダクション
米配給：ワーナー・ブラザース
日配給：ワーナー・ブラザース
アスペクト比：1：2.39
サウンド：ドルビーデジタル／ドルビー・アトモス
上映フォーマット：35mm／デジタル／3D／IMAX

**STAFF**
監督：ジョージ・ミラー
脚本：ジョージ・ミラー、ブレンダン・マッカーシー、ニック・ラソウリス
制作：ジョージ・ミラー、ダグ・ミッチェル
撮影：ジョン・シール
プロダクション・デザイン：コリン・ギブソン
音楽：ジャンキーＸＬ
編集：マーガレット・シクセル

**CAST**
トム・ハーディ、シャーリーズ・セロン、ニコラス・ホルト、ロージー・ハンティントン＝ホワイトリー、ゾーイ・クラヴィッツ、ライリー・キーオ、ネイサン・ジョーンズ、メーガン・ゲイル、ヒュー・キース・バーン、ジョシュ・ヘルマン

## マッドマックス　怒りのデス・ロード　ブラック＆クロームエディション
*MAD MAX FURY ROAD BLACK & CHROMEMAD MAX FURY ROAD BLACK & CHROME*

米公開日：2016/11/1
日本公開日：2017/1/14

## マッドマックス　フュリオサ
*FURIOSA: A MAD MAX SAGAFURIOSA: A MAD MAX SAGA*

製作国：オーストラリア／アメリカ
米公開日：2024/5/24
日本公開日：2024/5/31

STAFF
監督：ジョージ・ミラー
脚本：テリー・ヘイズ、ジョージ・ミラー、ブライアン・ハナント
製作：バイロン・ケネディ
撮影：ディーン・セムラー
プロダクション・デザイン：グラハム・ウォーカー
編集：マイル・バルソン、ディヴィッド・スティヴン、ティム・ウェルバーン
音楽：ブライアン・メイ
CAST
メル・ギブソン、ブルース・スペンス、ヴァーノン・ウェルズ、エミール・ミンティ、マイケル・プレストン、ケル・ニルソン、ヴァージニア・ヘイ、シド・ヘイレン

## マッドマックス　サンダードーム
*Mad Max Beyond Thunderdome*

製作国：オーストラリア
豪公開日：1985/8/8
米公開日：1985/7/10
日本公開日：1985/6/29
上映時間：107分
製作会社：ケネディ・ミラー・プロダクション
米配給：ワーナー・ブラザース
日本配給：ワーナー・ブラザース
アスペクト比：1：2.39［35mm］／1：2.20［70mm］
サウンド：ドルビーステレオ［35mm］／6チャンネル［70mm］
上映フォーマット：35mm／70mm

STAFF
監督：ジョージ・ミラー、ジョージ・オギルヴィー
脚本：テリー・ヘイズ、ジョージ・ミラー
製作：ジョージ・ミラー
撮影：ディーン・セムラー
プロダクション・デザイン：グラハム・ウォーカー
編集：リチャード・フランシス・ブルーズ
音楽：モーリス・ジャール
CAST
メル・ギブソン、ティナ・ターナー、アンゲロ・ロッシト、ヘレン・バディ、レッド・図アニック、フランク・スリング、アングリー・アンダーソン

## マッドマックス　怒りのデス・ロード
*MAD MAX: FURY ROADMAD MAX: FURY ROAD*

製作国：オーストラリア／アメリカ
豪公開日：2015/5/14

# INDEX

## 人物（バンド・団体も含む）

## 作品

## 本・戯曲

## 新聞・雑誌・ウェブサイト・テレビ局



## 会社

# 作品データ

## マッドマックス
*Mad Max*

製作国：オーストラリア
豪公開日：1979/4/12
米公開日：1980/3/5
日本公開日：1979/12/15
上映時間：93 分／ 88 分
製作会社：ケネディ・ミラー・プロダクション
米配給：アメリカン・インターナショナル・ピクチャーズ（AIP）
日本配給：ワーナー・ブラザース
アスペクト比：1：2.39
サウンド：モノラル　＊日本公開版 4 チャンネル・ステレオ・サウンド
上映フォーマット：35mm

**STAFF**
監督：ジョージ・ミラー
脚本：ジョージ・ミラー、ジェームズ・マッカウスランド
原案：ジョージ・ミラー、バイロン・ケネディ
製作：バイロン・ケネディ
撮影：デイヴィッド・エグビー
プロダクション・デザイン：ジョン・ダウディング
編集：クリフ・ヘイズ、トニー・パターソン
音楽：ブライアン・メイ
**CAST**
メル・ギブソン、ジョアン・サミュエル、ヒュー・キース・バーン、スティーヴ・ビズレー、ティム・バーンズ、ロジャー・ワード

## マッドマックス 2
*Mad Max II*／*Road Warrior*（全米公開タイトル）

製作国：オーストラリア
豪公開日：1981/12/24
米公開日：1982/5/21
日本公開日：1981/12/19
上映時間：96 分
製作会社：ケネディ・ミラー・プロダクション
米配給：ワーナー・ブラザース
日本配給：ワーナー・ブラザース
アスペクト比：1：2.39［35mm］／1：2.20［70mm］
サウンド：ドルビーステレオ［35mm］／6 チャンネル［70mm］
上映フォーマット：35mm

【著】ルーク・バックマスター　Luke Buckmaster

1997年から映画について執筆している、受賞歴のあるライター、映画評論家。ウェブサイト〈ガーディアン・オーストラリア〉の映画批評家、ウェブサイト〈Flicks.com.au〉の編集長を務める。他にＢＢＣカルチャー、〈シドニー・モーニング・ヘラルド〉紙、〈エイジ〉紙などのさまざまな媒体に寄稿、貢献してきた。

【訳】有澤真庭　Maniwa Arisawa

千葉県出身。アニメーター、編集者等を経て、現在は翻訳者。主な訳書に『マッドマックス 怒りのデス・ロード　口述記録集』『いとしの〈ロッテン〉映画たち』（竹書房）、『スピン』（河出書房新社）、『ミスエデュケーション』（サウザンブックス社）。字幕に『ぼくのプレミア・ライフ』（日本コロムビア）がある。

# ジョージ・ミラーとマッドマックス
## シリーズ誕生から伝説までのデス・ロード
MILLER AND MAX : GEORGE MILLER AND THE MAKING OF A FILM LEGEND

2024年6月11日　初版第一刷発行

著　ルーク・バックマスター

訳　有澤真庭
カバーデザイン　石橋成哲
本文組版　IDR
編集協力　魚山志暢／檀崎行宏

発行所
株式会社 竹書房
〒102-0075
東京都千代田区三番町8-1
三番町東急ビル6F
email：info@takeshobo.co.jp
https://www.takeshobo.co.jp
印刷所
中央精版印刷株式会社